JN089176

改訂新版

まるごと
授業 社会 6年

喜楽研の
QRコードつき授業シリーズ

板書と授業展開が
ょくわかる

著者：羽田 純一・中楯 洋・倉持 祐二・松森 靖行

企画・編集：原田 善造

わかる喜び学ぶ楽しさを創造する教育研究所　略称 喜楽研

はじめに

　社会科の授業では，様々な人との出会いから学び，具体物に触れて感じ取り，事実や資料から読みとるなど多様な活動が展開できます。6年社会科では，これらの活動に主体的に取り組み，考えたり話し合ったりしながら，社会的・歴史的認識と判断力を身につけ，現在と未来に生かしていくことが大切です。

　児童が「社会科嫌い」になる一番の理由は「覚えることが多いから」です。年号や用語などの暗記中心の授業では，楽しい授業にはなりません。教科書をそのまま教えるのではなく，内容を深めたり広げたりする工夫が先生方には求められます。

　先生が「社会科を教えるのが楽しくなってきた」，児童が「社会科が好きになってきた」と思えるような授業づくりに，本書が少しでも役立つことを願っています。

楽しく＆わかる社会科授業を目指して

　「楽しく，わかる」社会科授業をするためのポイントは二つあります。一つは，児童の関心を引きつけ，教える目標に迫れるような魅力的な教材と，そのための資料（絵画，文書，遺跡や遺物資料，年表など）を準備することです。二つ目は，資料を読み解き，考えたり話し合ったりする児童の活動を十分に取り入れ，授業の進め方を工夫することです。

　教材（何を）と授業方法（どう教えるか）は，社会科学習を進める両輪です。二つがかみ合ったときに，「楽しく＆わかる」授業ができるのです。

　ICTの活用が広がり，貴重な資料が見られ，遠くはなれた遺跡や外国の様子なども児童のタブレットなどを通して見られるようになりました。授業の中でも，様々に活用できる幅が広がっています。これを上手く活用すれば，「楽しく，わかる」授業に新たな要素が加わることになります。本書でも，その活用例を取り上げています。

　同時に，実物や現地を見たり，直接人から話を聞くといったような，児童自身が地域に足を運んで調べる活動が持つ教育的な「力」も重要です。ここから得られる「感動」や「事実の重み」は機械で代替することができません。ICTの便利さとアナログ活動の持つ力，その両方の使い分けも必要なことです。

小学校社会科のまとめ

　6年生では，憲法と政治，歴史，世界の中の日本の三つの領域の学習をし，小学校の社会科学習の総まとめをします。3・4年生の学習経験をもとに地域を調べ，地域から政治・歴史・世界を見ていくことで，より主体的な認識を育てることができます。5年生の学習で身につけた資料を活用する力，資料を通して事実をつかみ考え判断していく姿勢を，6年生の学習に生かすことができます。

　6年生の学習では，中学校での地理・歴史・公民の学習に生きてくるように，「興味や疑問を膨らませる意欲」，「事実を調べる方法」，「事実を基に考え判断できる力」など社会科学習の基礎をしっかりと鍛えておきましょう。

QRコードに収録した資料の活用を！

　歴史学習は，今の時代とは全く違った未知の世界を学習します。その場合，遺跡や遺物，絵巻物や屏風絵などの絵画や様々な文化財，昔の道具などがそのまま資料になる場合が多くあります。また，絵画資料は，実物の写真を見るのもインパクトがあってよいのですが，イラスト化した方が小学生には読みとりやすい場合もあります。本書では，QRコードから可能な限りこうした資料を得られるようにしました。

　教科書会社によって，取り上げている教材や資料にも違いがあります。本書には，どの教科書を使っていたとしても活用できるような展開や，資料・画像などを補足した教材も収録しています。補充教材も，いくつか挿入しています。時間に余裕があるときに取り上げたり，他の教材と入れ替えて扱っていただくのもよいでしょう。

本書で楽しく・わかる授業を！

全ての単元・全ての授業の指導の流れを掲載！

学習する全単元・全授業の進め方が掲載されています。学級での日々の授業や参観日の授業，研究授業や指導計画作成の参考にして頂ければと思います。

本書の各単元の授業案の時数は，ほぼ教科書の配当時数にしてあります。

QR コードを使って見せる授業ができる

授業1時間ごとの写真・動画・資料・解説・イラスト・ワークシートを各ページに載せてある QR コードに収録しました。写真や動画はカラーでよくわかり，児童が喜ぶので是非ご活用下さい。

1 時間の展開例を見開き 1 ページで説明

どのような発問や指示をすればよいか具体例が掲載されています。先生方の発問や指示の参考にして下さい。

板書例だけでは，細かい指導の流れがわかりにくいので，詳しく展開例を掲載しておきました。是非本書を参考に，クラスの実態にあわせて展開の仕方を工夫してください。

板書例をわかりやすく掲載

教室の黒板は，「たて」と「横」の比が，1：3〜1：4です。本書も実際の黒板のように横長にして，見やすい工夫をしました。

各時間のねらいと ICT 活用のポイント

本書では，各時間のはじめに，その時間で大切にしたいことや，児童に身につけさせたい学習の力等々を，「本時の目標」にまとめてあります。また，ＩＣＴを活用して授業を進めるポイントを「ＩＣＴ」欄に記載しています。

6年（目次）

QR コンテンツについて

　授業内容を充実させるコンテンツを多数ご用意しました。右の QR コードを読み取るか下記 URL よりご利用ください。

URL：https://d-kiraku.com/4521/4521index.html
ユーザー名：marugotoshakai6
パスワード：W3uSgq

※各授業ページの QR コードからも，それぞれの時間で活用できる QR コンテンツを読み取ることができます。
※上記 URL は，学習指導要領の次回改訂が実施されるまで有効です。

本書の特色と使い方

◆**板書例について**

　見やすく，1時間の授業内容がひと目でわかるのがよい板書です。板書例を参考にしながら，文字が多くなりすぎないように，拡大表示された図表，絵，写真，記号なども配した板書を工夫してください。特に目立たせたいところや大事なところは，赤字や赤のアンダーライン・囲みで表しています。QR コードには，板書用の写真や図表なども収録していますので，活用してください。

◆**本時の目標について**

　1時間の学習を通して，子どもたちにわからせたい具体的目標。

◆ POINT について

　子どもが社会の見方・考え方を働かせたり，資質や能力を養ったりできるためのポイント等が書かれています。こうした授業につながる学習活動の意図や，子どもの理解を深めるための工夫など，授業作りにおいて指導者が留意しておくべき事項について示しています。

第1時
江戸から明治へ変わったことは?

| 本時の目標 | 江戸から明治へ，町のようすや人々の生活が変わったことに気付き，詳しく調べたいことを考える。 |

板書例

ⓜ 江戸時代から明治時代へ
　どんなことが変わっただろう?

① 〈江戸時代の町のようす〉　② 〈明治時代の町のようす〉

かご
さむらい・馬
頭を下げる人
荷車

家来がやり
ちょんまげ
着物

馬車・人力車
ざんぎり頭
洋服

日がさ　ガス灯
洋風の建物
（テラス，
　フェンス，石造り）

POINT 比較して話し合ったことをもとに，疑問に思ったことをまとめ，学習計画を立ててもよい。

1 江戸時代末頃の町の様子を見て，分かることを見つける。

江戸時代末の日本橋近くの絵 QR を見せる。

T これは日本橋近くの絵です。いつ頃の風景ですか?
C 江戸時代の終わりの1860年ごろです。
T 絵の中を歩いてみて，見えたことを発表してください。
C 駕籠に人が乗っている。侍と家来もいる。
C 荷馬車を押して荷物を運んでいる。
C 荷馬車? えっ，どこにいる?
T 分からないときは，みんなで探しましょう。
C 絵の右の奥の方にあるよ。
C わかった! 小さくてわかりにくかったんだ。
T 他にもあれば，どんどん発表しましょう。
C 左側に，侍に頭を下げている人がいるよ。
C 着物を着て，頭はちょんまげをしている。

2 明治時代の初めの町の絵を見て，江戸時代の絵にないものを見つける。

明治時代初めの日本橋近くの絵 QR を見せる。

T この絵は約20年後の同じ所です。絵の中を歩いて前の絵にはなかったものを見つけましょう。
C 傘をさしている人がいる。日傘みたいだね。
C 洋服を着ている人もいるよ。
C 男の人の頭には帽子をかぶっているのかな?
C 馬車や人力車が走っている。
C 警官がいるみたいだよ。
C 家の前に立っているのは街灯かな?

ガス灯の写真 QR を見せて説明する。

C 洋風の建物もある。
T 建物が洋風なのはどこで分かりますか?
C 2階にテラスがあって，家の周りにフェンスもある。
C 建物の形が違う。石造りの家や門がある。

178

◆**授業の展開について**

①1時間の授業の中身を基本4コマの場面に分け，標題におよその授業内容を表示しています。

②本文中の「T」は，教師の発問です。

③本文中の「C」は，教師の発問に対する子どもの反応や話し合い，発表です。

④太字で書かれている分は，教師や児童の活動への指示，教師が留意しておきたいことなどです。

◆ 準備物について

　1時間の授業で使用する準備物が書かれています。授業で使用する道具，準備物については，教科書に掲載されている物や教材備品，QRコードの中のものを載せています。教師用に，参考資料・参考文献なども書いています。

◆ ICT について

　指導者が1時間の中でどのように端末を活用するのか，子どもにどのように活用させるのかについて具体的な例を示しています。資料の配布・提示をはじめとした様々な用途で活用することを想定しています。

　ただし，端末利用に捉われず，身の回りの出来事や日々の暮らしとの繋がりを意識させるような使い方をすることが目的です。

◆ QR コードについて

　本文中の QR コードを読み取っていただくと，板書に使われているイラストや，授業で使えそうな関連画像・動画，資料等を見ることができます。教科書に書かれた内容をより深く理解するために色々な資料を揃えているので，場面や展開に応じて柔軟な使い方をすることができます。

　また，資料をプリントではなく，画像データで配児童のタブレットに信することができるので，授業準備にかかる負担を軽減することができます。

※ QR コンテンツを読み取る際には，パスワードが必要です。パスワードは本書 P4 に記載されています。

| 準備物 | ・教科書のイラスト拡大版（例：江戸時代末と明治の初めの日本橋近く）QR
・グループ毎にホワイトボードと黒マジック・画像 QR |

| ICT | 江戸時代と明治時代のイラストを児童のタブレットへ送信する。それぞれを比較して，「変化した点」を話し合わせる。建物や服装など，視点を持って比べる。 |

❸〈江戸時代から明治時代への変化〉

・かごは馬車・人力車へ
　→乗り心地が良い，たくさんのれる

・勉強する場所が，寺子屋から小学校になった。

・明治時代になって，ガス灯がついた
　→町が明るくなった

・明治時代には，さむらいがいなくなった。

❹〈調べてみたいこと〉

・明治維新で活やくした人について

・人々のくらしや子どもの生活

・明治になってよかったこと，悪かったこと

---

3 江戸時代と明治時代の2つの絵を見て，変わったところを話し合う。

2枚の絵で変わったところを書き出して，気付いたことをグループで話し合う。

C　駕籠や馬に乗っていたのが，馬車や人力車に変わった。
C　乗り心地がよくなったみたい。
C　馬車の方が大勢乗れるよ。
T　グループで話したことを発表してください。
C　着物から洋服の人が増えてきた。
C　寺子屋から小学校へ変わった。
C　江戸時代は灯りがなかったけど，ガス灯がついて町が明るくなったと思います。
T　気付いたことや思ったことも出てきましたね。
C　侍がいなくて，頭を下げている人もいないね。
C　明治になって侍がいなくなったんじゃないかな。

4 江戸時代の終わりから，明治時代の前半について，調べてみたいことを考える。

T　江戸時代から明治の世の中へ社会全体が大きく変わっていきました。この変化を何と呼びますか？
C　明治維新です。
T　江戸から明治に変わる 20～30 年の間で，もっと調べたいことをグループで考えましょう。
C　町の様子以外に変わったことは何かな。
C　ぼくは，坂本龍馬とか西郷隆盛とか活躍した人を調べたいな。
C　絵だけでなくもっと生活のことを知りたい。
　グループごとにホワイトボードに書いて発表させる。
C　人々の暮らしや子供の生活の中で変わったことは何かを調べてみたいです。
C　変わったことを調べるのも大事だけど，よかったことや，反対に悪かったことを調べるのも大事だと思います。
T　では，次の時間から調べていきましょう。

◆文中のアンダーライン，赤字について

　本時の展開で特に大切な発問や授業のポイントにアンダーラインを引いたり，赤字表示をしています。

6 学年の授業のポイント

1 まずは，より多くの資料に目を通す

本書では，様々な形態の資料を QR コードから入手することができます。社会科授業の成功は，資料の選定が決め手であると言っても過言ではありません。

本書の QR コードには，画像，動画，地図，イラストなど様々な形態の資料が収められています。まずは，授業準備の際，指導者である教師がそれらの資料に1度，目を通しましょう。ベテランの先生にとっても，新たな発見があり，児童も教師もワクワクする授業作りへの第1歩になります。

2 児童の様子を想像しながら

本書の大きな特徴の1つは，資料を多く取り扱っていることです。しかし，45分間の授業でその全ての資料を使用することはできません。時間的に制約がある場合や学ぶ環境の実態に即してない場合があります。必ず，児童の様子を想像しながら資料に目を通しましょう。「この資料，私のクラスなら，どのように提示しようかな。」「この資料は，あの子がこう発言して…，」と想像しながら進める教材研究は楽しいものです。逆に，児童が学ぶ環境の実態を考えると，今のクラスでは，使わない方が良い資料もあります。そのような場合は，教師の知識として留めておき，児童には，資料の要点などをわかりやすく説明するなどして，活用してほしいと思います。

3 資料を活用，加工する

本書の資料は，先生方が授業で活用しやすいように，自分なりに加工してくださっても構いません(ただし，喜楽研のロゴが入っているものに限ります)。画像は，一部を隠して，どのようになっているのかを想像させてもよいでしょう。グラフなどは，後半を隠し，どのように変化をするのか，話し合わせることで授業が盛り上がります。ワークシートは，状況に応じて一部を削除，加筆することも可能です。

4 他人事から我が事へ

社会科は，資料を通して，自分たちの世界から歴史の世界，政治の世界，世界中の国々へ没入していく教科です。「他人事」(ひとごと) から「我が事」(わがこと) になるような授業展開が，この本にはたくさんあります。

授業の進め方－（ICT を活用した深い学びを目指して）－

1 「あれっ？ 言われてみれば」を大切に

　社会科の学習内容は，知ったつもりになっているものがほとんどです。「あっ！ 知っている！」から，「あれっ？ 言われてみればどうなんだろう。」と児童の思考を，導入でゆさぶります。児童のタブレットに資料を送信すれば，手元で資料を見ながら，じっくりと考えることができます。

2 政治学習は，理想と現実の比較

　政治学習は，「理想」と「現実」の比較です。その比較を通して，みんなが幸せに暮らせる「理想」と今の状態の「現実」を比較しながら学習を進めていきます。小学校でも，政治の仕組みを学ぶだけでは不十分です。その仕組みに至るまでの人々の想い，願い，そして苦労に気が付く学習にしましょう。

3 歴史学習は，今と昔との比較

　歴史学習は，「今」と「昔」の比較です。その比較を通して，「今」と「昔」，それぞれの良さと反省点を考え，話し合っていくことが大切です。「昔」を知るためには，たくさんの資料が必要です。資料を教師が独り占めするのではなく，児童のタブレットに送信しておくことで，いつでも資料を使って考えることができるようにしておきましょう。

4 国際理解は，世界と日本の比較

　小学校の最後に学習する国際理解は，世界の国々と日本との比較です。それぞれの国の良さと違いを理解し，お互いの国を尊重する気持ち，日本をより愛する気持ちを育てます。世界の国々の様子は，インターネットを使って，調べることができます。また，地図アプリを活用することで，よりリアルに学習できます。

5 それでも，平和を愛する人を育てる

　学習していくと，悲惨な現実を知ることも多いでしょう。それでも，社会科は「平和を愛する人」を育てる教科です。それを忘れないようにしましょう。

QRコンテンツで楽しい授業・わかる授業ができます
児童のタブレットに配信できます

見てわかる・理解が深まる動画や画像

　本書には，実際に見に行くことができない地域の画像や動画など多数収録されています。一目瞭然といわれるように，動画や画像を見せることでわかりやすく説明できます。児童の理解を深めると同時に，児童が興味を持って授業に取り組めます。児童のタブレットに配信し，拡大して見ることができます。

◇ 動画

三内丸山遺跡を上空から撮影した様子

石器で鶏肉を切る様子

◇ 画像

江戸の町の様子

法隆寺の五重塔

授業で使える「白年表」「白地図」「ワークシート」など

世界白地図

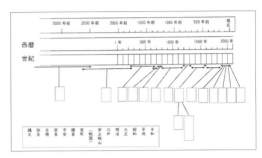

年表

　授業の展開で使える「ワークシート」や「白年表」,「白地図」などを収録しています。印刷して配布したり，児童のタブレット等に配信してご利用ください。

板書づくりにも役立つ「イラストや細密画，図」など

江戸時代末ごろの日本橋近くの様子

　わかりやすくきれいな板書に役立つイラストや図がたくさん収録されています。
　黒板に投影したり，児童のタブレット等に配信してご利用ください。
　また，印刷して大切な所に印をつけたり，色ぬりをさせるのも，児童の理解を深めるのに，とても有効な方法です。

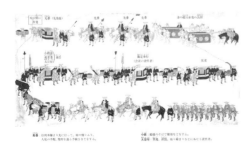
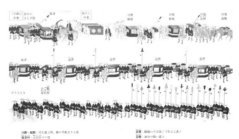

大名行列図

わたしたちのくらしと日本国憲法

全授業時間6時間

◉ 学習にあたって ◉

◇何を教えるのか　-この単元の特徴-

　　現在の日本の民主政治は，日本国憲法の基本的な考え方に基づいて動いています。そのため，日本の政治的な考え方や仕組み，その働きについて理解するには，日本国憲法の内容について理解することが基本となります。

　　日本国憲法の学習で大切にしたいことは，憲法がくらしの中に根付いていることを児童に実感させることです。児童は，日常生活で何となく「法律で自分たちの生活が守られている」ことを感じています。しかし，具体的には考えたことはないでしょう。まずは，自分たちのくらしの中にどのように日本国憲法が関わっているか考えることから始めます。

　　導入の後，日本国憲法は誰のために存在するのか，基本的人権の尊重，国民主権，平和主義について学習を進めていきますが，今回の改定により，憲法学習が歴史学習よりも前に配置された関係で，戦時下の政治や大日本帝国憲法と比較しながらの授業展開が難しくなりました。そこで，1947年に作られた『あたらしい憲法のはなし』を補助資料として活用するとよいでしょう。憲法学習は，内容をしっかりと押さえる事も大切ですが，憲法を通して自分たちの生活や未来を考えたり，お互いを思いやったり，社会の動きに対して興味や関心をもつきっかけをつくることも必要です。

◉ 評　価 ◉

知識および技能	・日本国憲法は前文において国家の理想を示している。また，それを実現するために，日本国憲法は，国民主権，基本的な人権の尊重，平和主義の3つの柱を重点にして全体が貫かれていることがわかる。
思考力，判断力，表現力等	・現在の日本の民主政治は，日本国憲法の基本的な考えに基づいて行われていることがわかる。 ・日本国憲法の基本的な考え方に着目して，日本の民主政治を捉え，日本国憲法が国民生活に果たす役割を考え，表現することができる。
主体的に学習に取り組む態度	・社会的事象について，主体的に学習の問題を解決しようとする。 ・より良い社会を考え，学習したことを社会生活に生かそうとする。 ・多角的な思考や理解を通して，日本の将来や平和を願う日本人として，世界の国々の人々と共に生きることの大切さについて学ぼうとする。

◉ 指導計画　6時間 ◉

時数	授業名	学習のめあて	学習活動
1	憲法って何だろう	・日本国憲法前文の中にある言葉に注目し，大事にしている3つの柱に気づく。	・日本国憲法前文でたくさん使われている言葉を探す。 ・日本国憲法で大事にしていることを話し合う。 ・市民が憲法を活用しているコスタリカの様子を知る。 ・日本国憲法を一番守らなければならない人は誰かを考える。

2	くらしの中の憲法・政治はだれのために	・日本国憲法に示された「国民主権」の意味や，それを実現するために何をすればよいかを考える。	・誰が，政治のあり方を決める選挙をするのかを知る。 ・何のために選挙をするのかを考える。 ・選挙ではどんな人を選べばいいかを話し合う。 ・国民の意見を政治に生かすにはどうすればいいかを探る。
3	くらしの中の憲法・男女平等	・憲法に書かれた基本的人権を，努力し活用していくことで，世の中が変わっていくことに気づく。	・自分たちで調べた「女性が仕事を辞める時」を発表する。 ・女性は結婚したら仕事を辞めるのかどうかを考える。 ・例の会社は女性を辞めさせることができたかどうかを知る。 ・例の会社のルールは憲法のどの条文に違反しているかを探る。
4	くらしの中の憲法・心の中は自由だ	・人は，心の中で思うことを他人から変えるように強制されない権利を持っていることがわかる。	・「うさぎとかめ」の話を読む。 ・「うさぎとかめ」の話が教えてくれることを考える。 ・山本先生の「うさぎとかめ」の授業を受ける。 ・山本先生の授業のおかしなところを話し合う。
5	くらしの中の憲法・基本的人権の尊重	・日本国憲法が保障する「基本的人権」には，どのような権利があるのかをつかむ。	・基本的人権には，どんなものがあるかを調べる。 ・基本的人権を同じ種類ごとに仲間分けする。 ・憲法25条，26条はどの権利にあたるのかを考える。 ・日常の事例は，どの権利に当てはまるのかを話し合う。
6	くらしの中の憲法・平和主義	・日本国憲法の「平和主義」の具体的な意味について考える。	・日本はこれまで，どのような戦争をしてきたかを知る。 ・憲法9条の条文を読む。 ・『あたらしい憲法のはなし』のさし絵について考える。 ・憲法9条を自分の言葉で書いてみる。

● 指導計画 B案　6時間 ●

時数	授業名	学習のめあて	学習活動
1	くらしの中の日本国憲法	・自分たちのくらしが，どのような仕組みで支えられているか，関心を持つことができる。	・イラストを見て気づいたことを発表する。 ・暮らしと政治がどのように結びついているのか考える。
2	日本国憲法の考え方	・日本国憲法前文の中にある言葉に注目し，大事にしている3つの柱に気付く。	・日本国憲法前文でたくさん使われている言葉を探す。 ・日本国憲法で大事にしていることを話し合う。 ・市民が憲法を活用しているコスタリカの様子を知る。 ・日本国憲法を一番守らなければならない人は誰かを考える。
3	くらしの中の国民主権	・国民主権の意味や天皇の象徴制について理解し，国民主権がどのように反映されているのか話し合う。	・誰が，政治のあり方を決める選挙をするのかを知る。 ・何のために選挙をするのかを考える。 ・選挙ではどんな人を選べばいいかを話し合う。 ・国民の意見を政治に生かすにはどうすればいいかを探る。 ・天皇の象徴制について話し合い，確認する。
4	くらしの中の基本的人権の尊重	・日本国憲法が保障する「基本的人権」には，どのような権利があるのかをつかむ。	・基本的人権には，どんなものがあるかを調べる。 ・基本的人権を同じ種類ごとに仲間分けする。 ・憲法25条，26条はどの権利にあたるのかを考える。 ・日常の事例は，どの権利に当てはまるのかを話し合う。
5	くらしの中の平和主義	・日本国憲法の「平和主義」の具体的な意味について考える。	・日本はこれまで，どのような戦争をしてきたかを知る。 ・憲法9条の条文を読む。 ・『あたらしい憲法のはなし』のさし絵について考える。 ・憲法9条を自分の言葉で書いてみる。
6	まとめよう	・くらしと日本国憲法がどのようにつながっているのか，考え，まとめたうえで話し合う。	・日本国憲法が生かされている場面を考え，話し合う。 ・新しく生まれている権利について考え，日本国憲法がなぜ大切にされているかを話し合う。

憲法って何だろう

板書例

㋡ 日本国憲法が大切にしている考えを探ろう

1,2 〈日本国憲法〉

1946 年 11 月 3 日公布

　一般の国民を守ることを目的にしたきまり

前文…国民（9 回）　われら（4 回）

・主権は国民にある：国民主権

・恒久の平和：平和主義

・基本的人権の尊重

---

1 日本国憲法にたくさん使われている言葉を探そう。

資料プリント QR を配る。

T　プリントの 1 は，日本国憲法の前文の一部です。読んでみましょう。この文には，何回もくりかえし使われている言葉があります。どんな言葉でしょうか。

C　「国民」という言葉が 9 回も使われている。

C　「われら」というのも 4 回出てくる。

T　「われら」というのは誰のことでしょう。

C　わたしたち，国民のこと。

T　主権という言葉を探してください。主権が誰にあるといっていますか。

C　主権は国民に存する，国民にある。

T　国民が中心ということで，国民主権といいます。

2 日本国憲法で大事にしていることは何だろう。

T　プリントをもう一度見ましょう。日本国民は何を念願するといっていますか。

C　恒久の平和。

T　いつまでも続く平和を願って大切にしていくという意味です。このことを平和主義といいます。

T　プリントの 2 は，日本国憲法の説明です。憲法は，いつ公布され，いつから施行されましたか。

C　1946 年 11 月 3 日に公布され，1947 年 5 月 3 日から施行された。

T　他に，日本国憲法では，基本的人権を尊重することがあげられています。国民主権，平和主義，基本的人権の尊重を憲法の 3 本柱といいます。

③ 〈憲法をくらしに活かすコスタリカ〉

小学校の空き地にゴミの山

↓

勉強できない，校庭で遊べない

↓

小学生が学習と環境に対する権利を訴えた

↓

裁判所が認めた！

④ 〈憲法の目的〉

> 力を持っている人が勝手なことをしないように，
> 一般の国民を守ること！

---

3 市民が憲法を活用しているコスタリカの様子を知ろう。

T　南北のアメリカ大陸の真ん中に位置するコスタリカという国で，市民が憲法を生活の中で活かしている話をしましょう。まず地図帳で，コスタリカという国を探してください。

T　ある時，小学校の空き地に産業廃棄物業者がゴミを大量に棄てました。匂いがひどく，落ち着いて勉強もできないし，校庭で楽しく遊ぶこともできない。さて，この学校の子どもたちはどうしたと思いますか。

C　業者にゴミをどけてもらうように言った。

C　裁判所に訴えた。

T　そうです。私たちの学習や生活の権利が侵されたと裁判所に訴えました。最高裁判所は妥当な訴えだと認め，子どもの学習環境に対する権利を認め，業者にはごみの回収を，行政には不法投棄させない対策をとらせる判決を下しました。

4 日本国憲法を一番守らなければならない人は誰だろう。

T　日本国憲法 99 条は，【天皇又は摂政及び国務大臣，国会議員，裁判官その他の公務員は，この憲法を尊重し擁護する義務を負ふ】と定めています。どう思いますか。

C　偉い人は憲法を守らないといけない。

C　ぼくらも守らないといけない。

T　でも，よく見ると，国民という言葉がないよね。前文では一番多かったのに。一度も出てこない。

C　じゃあ，国民は守らなくてもいいのかなあ。

T　この規定は力を持っている人が勝手なことをしないようにし，一般の国民を守ることを目的としています。日本国憲法があるから，基本的人権も保障されているし，無茶苦茶な税金を取られないですむのです。

くらしの中の憲法・政治はだれのために

㋁ なんのために選挙をするのか考えよう

1,2 〈誰が，何のために選挙をするのだろう〉

板書例

選挙する人

18才以上の国民 QR

・自分たちの願いを実現してくれる
　国民の代表を選ぶ

国民主権

---

1 誰が，政治のあり方を決める選挙をするのだろう。

授業プリント QR を配る。

T　プリントの1の絵は何をしているところでしょう。

C　選挙で投票しているところ。

T　選挙で投票できるのはどんな人ですか。

C　日本の国民だよ。

T　2016年から投票できる年齢が変わったよね。

C　18歳以上の人なら誰でも選挙できるようになった。

T　プリントの（　　）の中に18と書き入れましょう。

T　誰でも選挙できるといいますが，女の人が選挙できるようになったのは戦争が終わってからでした。

2 何のために選挙をするのだろう。

T　プリントの2を見ましょう。選挙は何のためにするのでしょうか。

C　みんなが集まって話し合うことができないから，代表を選ぶ。

C　国民の代表を選ぶ。

C　自分たちの願いを，代わりに実現してくれる人を選ぶため。

T　日本国憲法の3本柱のひとつに，国民の意見や願いで政治をすることがあげられています。この考え方を何といいますか。

C　国民主権。

T　1947年に文部省が中学校1年生向けに発行した『あたらしい憲法のはなし』には，「国を治めてゆく力のことを『主権』といいますが，この力が国民ぜんたいにあれば，これを『主権は国民にある』」と説明しています。

| 準備物 | ・授業プリント QR ・イラスト（選挙する人，投票のようす）QR | I C T | インターネットで直近の選挙や各政党について調べる。授業は教育の場なので，特定の政党を応援する形にならないように十分に配慮する必要がある。 |

3 〈どんな人を選べば良いのだろう〉

衆議院・参議院・市区町村議員
知事・市町村長
↓
・公約や政策のよい人
・願いを実現してくれそうな人

4 〈国民の意見を政治に生かす〉

当選した議員の役目
・公約の実現
・国民・住民の意見を聞く
・みんなのために働く

選挙以外に自分たちの意見を政治に生かす方法

署名・集会・請求など

3 選挙ではどんな人を選べばいいだろう。

T　プリントの3を見ましょう。日本では，誰を選挙で選びますか。
C　衆議院議員や参議院議員。
C　都道府県知事と市区町村長。
C　都道府県と市区町村議会の議員。

T　では，立候補できるのはどんな人ですか。
C　都道府県知事と参議院議員は30歳以上。
C　その他は25歳以上で立候補できる。

T　<u>選挙ではどんな人を選べばいいと思いますか。</u>
C　自分たちの願いや意見を実現してくれる人。
C　約束を守ってくれて，実行力のある人。

4 国民の意見を政治に生かすには，どんな方法があるだろう。

T　当選した議員はどんな活動をするべきだと思いますか。
C　公約を実現するためにがんばる。
C　国民や住民の意見をよく聞いて活動する。

T　<u>選挙のほかに，自分たちの意見を政治に生かすには，どんな方法があるでしょう。</u>プリントの4を見て考えましょう。
C　憲法改正については国民投票ができる。
C　最高裁判所裁判官の国民審査ができる。
C　条例改正などの請求ができる。
C　署名を集めたり，集会を開く。
C　「大阪都構想」など，自分たちが住んでいる地域の大事なことへの意見を出すために住民投票に参加する。

板書例

㊌ 会社は，女性が結婚したらやめさせることができるのかを考えよう

1〈女性が仕事をやめた時〉

・結婚
・子育て
・親の介護
―――
男性は？

2〈鈴木節子さんの例〉

1960年　セメント会社に就職
1963年　結婚

退職しなさい（会社のルール）

えっ，どうして？

結婚したからやめてください

鈴木節子さん

POINT　ジェンダーフリーや LGBTQ などの概念を，児童は同じ感覚で理解してしまう恐れがある。まずは，教師が違いをしっか

1　女性が仕事を辞める時はどんな時だろう。

　授業の前に，母親・祖母・近所のおばさんなどに，次のことを聞き取らせておくとよい。
　①若いころ働いていたか。
　②働いていて辞めた人は，いつ，なぜ辞めたのか。

T　聞き取りの中で，若いときに仕事をしていて，ある時期に辞めた人はいませんでしたか。

C　仕事をしていたけれど結婚でやめた。

C　子どもができたときにやめた。

T　男の人が，結婚したときや子どもができて仕事を辞めたという話を聞いたことがありますか。

C　仕事を変える人はいるけど，男の人は何か仕事をしている。

C　ない。男の人は仕事を続けている。

2　女性は結婚したら仕事を辞めるかどうかを考えよう。

T　鈴木節子さんは 1960 年，あるセメント会社に就職できました。49 人応募した中でたった 2 人合格したうちの 1 人でした。仕事が大好きで，よく働きました。ところが，3 年後結婚して新婚旅行から帰って会社に行くと，たいへんなことを言われました。

　　　　　　　授業プリント QR を配る。

T　プリントの 1 を見てください。鈴木さんの会社の規則は，「結婚したときには自発的に退職すること」とされていました。また，結婚しなくても，「女性は 35 歳で退職」と決まっていました。この規則をどう思いますか。

C　そんな規則はおかしいと思う。

C　規則だったら仕方がないと思う。

3 〈裁判〉

鈴木さんが, 裁判に訴えた結果…

> 女子のみに結婚を理由に退職させるのは（性別）による差別待遇である。
> 結婚退職制は（憲法）違反。

4 〈日本国憲法　第14条〉

すべて国民は平等
…性別によって…差別されない

男女平等

他に平等になっていないことは？

・会社のえらい人たちは男のひとばかり
・人種差別の問題が起こっている

り理解して説明できるようにすることが必要。

---

3 会社は鈴木さんをやめさせることができたかどうかを考えよう。

T　鈴木さんは絶対仕事を辞めたくなかったので, 辞めないと言いました。あなたならどうしますか。プリントに自分の考えを書きましょう。

　　生徒同士で意見交換させる。

T　では, 会社は鈴木さんを辞めさせることができたのでしょうか。

C　会社の規則だから辞めさせた。

T　プリントの2を見てください。鈴木さんは裁判所に訴えました。そして2年半後に判決が下りました。"女子のみに結婚を理由に退職させるのは（①）による差別待遇である。結婚退職制は（②）違反。"
さて, （　）にはそれぞれどんな言葉が入るでしょう。
答え：①性別　②憲法

4 会社のルールは憲法のどの条文に違反しているのだろう。

T　その後も会社と話し合い, 1968年に鈴木さんはようやく会社に戻ることができました。鈴木さんの場合, 会社のルールは憲法違反だと認められました。それは憲法に書かれた基本的人権の一つに違反していたのです。では, 結婚退職制はどの条文に違反しているのでしょうか。教科書を使って調べましょう。

C　個人の尊重かなぁ。

C　男女平等だ！　第14条です。

T　そう, 第14条です。性別によって差別されないということを男女平等といいます。鈴木さんの例のように, 多くの人たちの努力によって守られるようになってきました。しかし, 憲法で決まっていても実際に守られていないことはたくさんあります。男女平等など, 平等になっていないなぁと思うことはありませんか。

くらしの中の憲法
・心の中は自由だ!

板書例

㊙ 人は，心の中で思うことを，他人から変えるように強制できるのかを考えよう

1,2 〈うさぎとかめの話〉

「うさぎとかめが競走し，うさぎがかめをリードして余裕があったので，昼寝をしていたら，かめの方が先にゴールしたという話。」

教えてくれることは？

→

なまけてはダメ
努力が大切である
など

※他にも児童の意見があれば，板書する

1 山本先生の「うさぎとかめの話」を聞こう。

授業を始める前に，別の先生（山本先生）の授業のまねをすることを説明しておく。授業プリント QR を配る。

T　山本先生の「うさぎとかめ」の授業を始めます。みなさんは，「うさぎとかめ」の話を知っていますか。あらすじを発表できる人はいますか。

C　うさぎとかめが競走して，うさぎがかめをリードして，余裕があったので昼寝をしていたら，かめが先にゴールしたという話。

T　では，プリントの1を読みましょう。

「もしもしカメよ，カメさんよ。世界のうちでおまえほど…」という歌をしっていたら，いっしょに歌うとよい。

2 「うさぎとかめの話」が教えてくれることは何だろう。

T　この話が私たちに教えてくれることは何でしょうか。プリントの2に書きましょう。

C　何でも適当にやるより努力した方がよい。

C　たとえ遅くても，こつこつ努力していれば，何もやっていない人に勝てる。

C　なまけていてはダメ。

C　人をバカにしたら，自分もバカにされる。

C　こつこつ努力したら，できることが増える。

C　こつこつ努力していれば，いつかできる。

C　人を見下してはいけない。

C　できが悪くても，こつこつやっていたら，すごくできのよい人にも勝てる。

3 〈どちらの生き方をすべき？〉　**4** 〈日本国憲法　第19条〉

「うさぎ」のように生きたい
・早くやるとあとが楽だ
・コツコツするのが苦手だ

「かめ」のように生きたい
・なんでもコツコツやるのが大事
・努力すれば，自分のためになる

※他にも児童の意見があれば，板書する

「思想および良心の自由は，これを侵してはならない」

心の中は自由だ！

3 山本先生の授業を受けてみよう。

T　あなたはどちらの生き方をしたいですか。うさぎですか，かめですか。理由もプリントに書きましょう。

C　ぼくは，うさぎになりたいです。なぜなら，速く走るとあとが楽だからです。

C　私はかめになりたい。何でもこつこつやれば，自分のためになるから。

T　うさぎになりたいと言った者は，今すぐ考えを変えなさい。楽をして生きるなんて甘い！うさぎの生き方は間違っているよなぁ，みんな。かめの生き方こそ得をするのだ。いいな，今日からかめの生き方をするのだぞ。では，今日の山本先生の授業は終わります。

4 山本先生の授業のおかしなところはどこだろう。

T　山本先生の授業の中で，おかしいと思ったことは何ですか。

C　山本先生が自分の意見や，みんなの意見を，無理やり変えさせたのはおかしいと思う。

C　山本先生は生き方を変えろというけど，他人の人生なんだからほっといてほしい。

T　では，どこがおかしいのでしょう。憲法には，第19条に "思想および良心の自由" という条文があります。人は，心の中で思うことを他人から変えるように強制されない権利を持っているというものです。山本先生の授業は戦前の授業をそのまま再現してみたものでした。

くらしの中の憲法・基本的人権の尊重

板書例

ⓜ 憲法が保障する基本的人権にはどんな権利があるのだろう

1,2 〈基本的人権〉

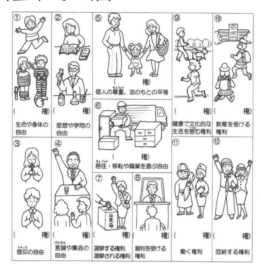

参政権…⑦

社会権…⑨⑩⑪⑫

請求権…⑧

平等権…⑤

自由権…①②③④⑥

POINT タブレットを使って撮影をする場合, 個人が特定できないようにするなど配慮する事項がある。撮影前にしっかりと指導を

1 日本国憲法が保障する基本的人権には, どんなものがあるのだろう。

T 日本国憲法第11条では, 基本的人権はだれもおかすことのできない永久の権利と定められています。

授業プリント QR を配る。

T では, 基本的人権にはどのような権利があるのでしょうか。プリントの1を見てください。聞いたことがある権利はありますか。

C 男女平等の授業で習った, 法の下の平等。

C 心の中は自由だという権利。思想・学問の自由かなぁ。

T 他に知っている権利はありますか。

C 信仰の自由。

T 信仰の自由ってどんな権利かなぁ。

C どの宗教を信仰してもよいこと。

2 同じ種類の権利に仲間分けしてみよう。

T プリント1の①〜⑫の権利を仲間分けしていきます。まず, ⑦は, 選挙に関する権利で参政権といわれます。（　）に「参政」という字を書きましょう。

T ⑨⑩⑪⑫は同じ種類です。現代社会の中で生きていく上で必要な権利で, 社会権といわれます。（　）に「社会」という字を書きましょう。

T ⑧は, 裁判に関する請求権です。（　）には「請求」と書きましょう。

T ⑤は平等権といわれます。（　）には「平等」と書きましょう。

T ①②③④⑥は何権といわれるでしょうか。

C どれも自由という言葉を使っているから自由権だと思う。

T そうです。（　）には「自由」と書きましょう。

3 〈憲法第22条と第25条〉

第22条　居住，移転及び職業選択の自由…⑥

第25条　健康で文化的な最低限度の生活…⑨

4 〈日常の事例から権利について考えてみよう〉

どの権利に当てはまるだろう

・学校での勉強…⑩

・友達の引っ越し…⑥

・戦争反対の集会…④

・神様を信じるかどうか，自分で決める…③または②

・選挙…⑦

・メーデー…⑫

・考えのちがい…②

しておきたい。

---

3 第22条と第25条はどの権利を指しているのだろう。

T　プリント2を見ましょう。第22条を声に出して読んでみましょう。どんな権利ですか。

C　居住，移転及び職業選択の自由。

T　プリント1の何番のことだと思いますか。

C　⑥です。

T　では，第25条を，声に出して読んでみましょう。どんな権利ですか。

C　健康で文化的な最低限度の生活を送ることができる。

T　プリント1の何番のことだと思いますか。

C　⑨です。

4 日常の事例はどの権利にあてはまるのかを考えよう。

T　プリントの3をみましょう。それぞれのできごとは，プリント1の何番の権利と結びついていますか。

C　（⑩）学校で勉強している。

C　（⑥）友だちが引っ越しした。

C　（④）戦争反対の集会をしている。

C　（③または②）神様を信じるように命令されない。

C　（⑦）となりのお兄さんは選挙に行った。

C　（⑫）メーデーにいろいろな組合の人が集まった。

C　（②）私は友だちと考えが違う。

T　私たちは，お互いの権利を尊重する態度を身につけるよう努力することが求められます。

第６時

くらしの中の憲法・平和主義

本時の目標　日本国憲法の平和主義の具体的な意味について考える。

板書例

㋱ 憲法の平和主義とはどのような考え方なのだろう

1 〈日本が戦った戦争〉

〔1945 年まで〕
・日清戦争
・日露戦争
・第一世界大戦
・満州事変
・日中戦争
・アジア・太平洋戦争

2 〈憲法の平和主義〉

第9条
・日本人は心から平和を望みます。
・他の国との仲が悪くなっても，解決するために戦争したりはしません。
・戦争をするための軍隊は持ちません。

⇩

1945 年からは
日本が戦争を行うことはない

POINT 新しい憲法の話のワークシート AB を児童のタブレットに送信しておき，空欄に何が入るかを考え，学級全体で共有する。

1 日本はこれまでどのような戦争をしてきたのだろう。

授業プリント QR を配る。

T　1945 年までの戦争で日本人はたいへんな経験をしましたが，その後も世界ではたくさんの戦争がありました。プリントの１で，日本が戦った戦争はどれですか。

C　日清戦争，日露戦争，第一次世界大戦，満州事変，日中戦争，アジア・太平洋戦争。

T　日本が戦争していたのは何年までですか。

C　1945 年までは戦争ばかりしていた。

C　1945 年からは一度も戦争をしていない。

T　では，どうして日本は 1945 年以降戦争をしていないのでしょう。

C　日本国憲法の柱に平和主義があるから。

2 憲法第９条を読んでみよう。

T　日本国憲法の平和主義が書かれているのは第何条ですか。

C　第９条。

T　プリントの２の第９条を，声を出して読んでみましょう。

T　1946 年に制定された憲法では，前文に平和を大切にすることを明記し，第９条で戦争をしないことを決めています。そして，日本国憲法が制定されてすぐ，文部省（今の文部科学省）は，『あたらしい憲法のはなし』という小冊子を発行し，中学１年生はそれを教科書にして勉強しました。

3,4 〈あたらしい憲法のはなし〉

A

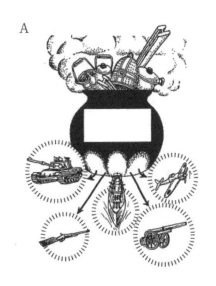

B

3 "るつぼ" から出てくるものは何だろう。

T　プリントの3の絵は，『あたらしい憲法のはなし』の挿絵です。黒い壺は "るつぼ" といって，鉄などを溶かすものです。るつぼに何が入れられていますか。

C　Aは，なべ，やかん，お寺の鐘，レール，バケツ。

C　Bは戦闘機，戦車，ロケット，軍艦など。

T　Aのるつぼから出てきたものは何ですか。

C　戦闘機，戦車，軍艦，鉄砲。

T　『あたらしい憲法のはなし』の挿絵として，AとBのどちらが本物に近いでしょう。

C　Aは戦時中の絵みたいだから，Bが近い。

4 憲法第9条を自分の言葉で書いてみよう。

T　そうです。Bのるつぼには "戦争放棄" と書いています。もう戦争はしないという意味です。では，Bのるつぼからは何が出てくればいいと思いますか。

C　電車，飛行機，自動車。

T　Aのるつぼの □ に言葉を入れるとしたら何と書きますか。

C　戦争協力。

T　憲法第9条では，日本は永久に戦争を放棄すると決めています。第9条を自分なりの言葉でわかりやすく言い換えてみましょう。

C　他の国との仲が悪くなったとしても，それを解決するために戦争したりはしません。

C　戦争をするための軍隊は持ちません。

くらしの中の日本国憲法

わたしたちの暮らしの中にある取り組みの多くが，日本国憲法にもとづいて考えられ，行われていることに気付く。

板書例

ⓜ 私たちのくらしを支える日本国憲法について知ろう

1,2 〈くらしを支える日本国憲法〉

・選挙の演説
・書店にたくさんの本が並ぶ
・盲導犬とまちを歩く人

だれでも，本を自由に出版できる

政治家として，市民の願いの実現を目指す

日本国憲法とくらしのつながり

公共施設やお店に，盲導犬と入れる

平和を願い，平和のまち宣言

日本国憲法がくらしを支えている

---

1 街の様子のイラストを見て，どんな人が何をしているのかについて発表しよう。

　　街の様子のイラスト QR を配る，もしくは教科書のイラストを見せる。

T　街には色んな人がいますね。イラストを見て，何か気付いたことはありますか。

C　選挙の演説をしている。話を聞いている人もいる。

C　書店にはいろいろな人がつくった，たくさんの本が並んでいるよ。

C　盲導犬と街を歩いている人がいるね。

C　外国の人もいる。

T　日本国憲法って何でしょう。

　　児童に教科書本文と「ことば」で調べて答えさせる。

2 日本国憲法のおかげでできることをイラストを見せながら，話し合おう。

　　街の様子のイラストを提示する。もしくは教科書の写真を見せる。

T　イラストの中には日本国憲法があるからできることがたくさんあります。

C　僕たちがいろんな本を読めるのも，憲法があるからなんだ！

C　選挙で自分の主張をすることができるのも憲法のおかげなんだね。

C　目の不自由な人が盲導犬と一緒に駅やお店を使うことができるのも，憲法のおかげなんだ。

C　平和に暮らすことができるのも，憲法が関係しているんだね。

T　私たちの暮らしは憲法に支えられていることが分かりますね。

<table>
<tr><td>I C T</td><td>憲法と生活との結びつきについて，事前に調べておくとよい。「新しい憲法の話」は，単元を通して使うので，児童のタブレットに送信し，要約させてもよい。</td></tr>
</table>

3 〈憲法がないと，どうなる？〉

・自由に本が出版できなくなる
・政治家が自由に自分の主張ができない
・平和な社会を維持できない
・不平等なことが増える

4 〈日本国憲法を調べよう〉

・内容や作られた時期
・学校生活との関係
・戦争との関係　　　　など

3 日本国憲法がなかったら，どうなるのか話し合おう。

T　それでは日本国憲法がなかったら，私たちの暮らしはどうなると思いますか。

C　自由に本を出版できなくなるってことは，読むことができる本が限られてくるね。好きな本も読めなくなるかもしれない。

C　政治家が自分の主張をできなくなったら，私たちの願いを実現してくれる候補者がいなくなってしまうかもしれない。たくさんの人に影響が出てくるんじゃないかな。

C　平和な社会が実現できていることも，憲法とのつながりがあるみたい。憲法がなかったら平和じゃなくなるのかな。

C　目の不自由な人が盲導犬と一緒に駅やお店を使えなくなったら，不平等だと思う。

T　憲法が無いと今のような生活ができなくなってしまいます。

4 暮らしの中にある取り組みを支える日本国憲法について調べよう。

T　日本国憲法がみんなの願いを実現するために，必要なことがわかりましたね。それでは，みんなの取り組みを支える日本国憲法について気になることはありませんか。

C　どんな内容になっているんだろう。

C　いつ作られたの？

C　私たちが毎日していることと憲法で決められていることの関係をもっと知りたいな。

C　平和に暮らすことができることと，憲法との関係について，もう少し勉強したい。

T　それでは，次の時間から憲法の内容について勉強していきます。

日本国憲法の考え方

板書例

㋯ 日本国憲法が大切にしている考えを探ろう

1,2 〈日本国憲法〉

日本国憲法のお祝い

前文に出てくることば
国民（9回）　われら（4回）

⬇

主権は国民にある

1946年11月3日公布…国民に伝える
1947年5月3日施行…実際に法を使う

1　イラストを見て，何をしているところか考えよう。

T　イラストを見てみましょう。何をしているでしょうか。

C　日本国憲法って書いてある。

C　何かお祝いしているみたいだよ。

T　そうです。これは日本国憲法ができたときに，みんなでお祝いをしているのです。憲法は，いつ公布され，いつから施行されましたか。

C　1946年11月3日に公布され，1947年5月3日から施行された。

T　日本国憲法は，長い戦争で大きな被害をもたらしたことを反省し，二度と戦争を起こさない願いのもと生まれました。

※「なぜ，公布と施行の間に6か月あるのか」を考えさせてもよい。
　→憲法の考えを周知させるため。

2　日本国憲法にたくさん使われている言葉を探そう。

資料プリント QR を配る。

T　日本国憲法は，前文と11章103条から構成されています。プリントは，日本国憲法の前文の一部です。読んでみましょう。この文には，何回もくりかえし使われている言葉があります。どんな言葉でしょうか。

C　「国民」という言葉が9回も使われている。

C　「われら」というのも4回出てくる。

T　「われら」というのは誰のことでしょう。

C　わたしたち，国民のこと。

T　主権という言葉を探してください。主権が誰にあるといっていますか。

C　主権は国民に存する，国民にある。

T　国民が中心ということで，国民主権といいます。

3 〈日本国憲法の三原則〉

・国民主権：国の政治のあり方を国民が決める

・平和主義：悲惨(ひさん)な戦争を二度とくり返さない

・基本的人権の尊重：だれもが持っている
　　　　　　　　　　　自分らしく生きる権利

4 〈くらしとのつながりを考えよう〉

・学校で使う教科書は無償で配られている

・18才になったら, 投票できるし, 結婚もできる

・自由に仕事を選ぶことができる　　　　など

※児童の発表を板書する

3 日本国憲法で大事にしていることは何だろう。

T　プリント前半のキーワードは「国民」でした。後半は何でしょう。

C　「平和」です。

T　日本国民は何を念願するといっていますか。

C　恒久の平和です。

T　いつまでも続く平和を願うという意味です。教科書には何と書かれていますか。

C　「長い戦争で～二度と戦争を起こさない」

C　「悲惨な戦争を二度とくりかえさない」

T　これを平和主義と言います。

T　日本国憲法で尊重するものとしてあげられている基本的人権とは何ですか。

　　　教科書で確かめる。

C　国民だれもが持っている自分らしく生きる権利です。

C　図には, 生まれながらの権利と書いてある。

4 3原則が暮らしのどのようなところで繋がっているのか話し合おう。

T　国民主権, 平和主義, 基本的人権の尊重を憲法の3本柱（3つの原則）といいます。3つの原則は, みんなの暮らしのどんなところに生かされていると思いますか。

C　18才になったら選挙に行ける。

C　誰でも学校に行くことができる。

C　絶対に戦争をしないと言っているよ。

C　目の不自由な人のための工夫が街にあるね。

T　3原則について不思議に思ったことはありますか。

C　教科書はどうやって無料にしているのだろう。

C　日本にいる外国の人には, 関係するのかな。

C　戦争はしないって言っているけれど, 日本も兵器は持っていると思う。

C　本当に3つの原則は, 守られているのだろうか。

くらしの中の国民主権

板書例

ⓜ なんのために選挙をするのか考えよう

1 〈選挙の目的〉

18才以上の国民

・自分たちの願いを実現してくれる国民の代表を選ぶ

国民主権

2 〈どんな人を選べば良いのだろう〉

衆議院・参議院・市区町村議員
知事・市町村長

↓

・公約や政策のよい人

・願いを実現してくれそうな人

・約束を守ってくれて，実行力のある人

---

1 誰が，何のために選挙をするのだろう。

授業プリント QR を配る。

T プリントの1の絵の人は何をしていますか？

C 選挙で投票している。

T 選挙で投票できるのはどんな人ですか。

C 日本の国民だよ。

C 18歳以上なら誰でも選挙できる。

C ぼくたちもあと6年で選挙ができるんだね！

T プリントの2を見ましょう。<u>選挙は何のためにするのでしょうか。</u>

C 国民の代表を選んで，自分たちの願いを，代わりに実現してくれる人を選ぶため。

C 国民がみんな集まるのは無理だから，代理の人を選ぶのが選挙なんだ。

T 日本国憲法の3本柱のひとつに，国民の意見や願いで政治をすることがあげられています。この考え方を何といいましたか。（前時でも学習）

C 国民主権。※教科書で確認する。

2 選挙ではどんな人を選べばいいだろう。

T プリントの3を見ましょう。日本では，誰を選挙で選びますか。

C 衆議院議員や参議院議員。

C 都道府県知事と市区町村長。

C 都道府県と市区町村議会の議員。

T では，立候補できるのはどんな人ですか。

C 都道府県知事と参議院議員は30歳以上。

C その他は25歳以上で立候補できる。

T <u>選挙ではどんな人を選べばいいと思いますか。</u>

C 自分たちの願いや意見を実現してくれる人。

C 約束を守ってくれて，実行力のある人。

3 〈国民の意見を政治に生かす〉　　**4** 〈天皇の象徴制〉

当選した議員の役目
・公約の実現
・国民・住民の意見を聞く
・みんなのために働く

選挙以外に自分たちの意見を
政治に生かす方法

署名・集会・請求など

・天皇＝象徴
　国事行為
　　　↓
・国会を召集すること
・衆議院を解散する
　ことなど

---

3 国民の意見を政治に生かすには，どんな方法があるだろう。

T　当選した議員は，自分に投票した人か，国民みんなか，どちらのために活動するべきだと思いますか。

C　自分を当選させてくれた人のためにはたらくのが当然だと思う。

C　議員は，国民みんなの代表なのだから，一部の人のためでなくみんなのために働くべきです。

T　<u>選挙のほかに，自分たちの意見を政治に生かすには，どんな方法があるでしょう。</u>プリントの4を見て答えましょう。

C　憲法改正については国民投票ができる。

C　条例改正などの請求ができる。

C　署名を集めたり，集会を開く。

C　「大阪都構想」など，自分たちが住んでいる地域の大事なことへの意見を出すために住民投票に参加する。

4 日本国憲法から，天皇の象徴制について読み取り，話し合い，確認しよう。

T　日本国憲法の天皇の部分を読みましょう。天皇は日本国の何とされていますか。

C　象徴です。※国語辞典で意味を調べる。

T　天皇はどんな仕事をしているのでしょうか。教科書や資料集で調べてみましょう。

C　政治については，権限をもたない。

C　国会を召集する。

C　衆議院を解散する仕事。

C　憲法の改正や法律，条約を公布する仕事。

C　総選挙を行うことを国民に知らせる仕事。

T　これらの天皇の仕事は，日本国憲法に定められている仕事で，「国事行為」と言います。国事行為は，内閣の助言と承認にもとづいて行います。

くらしの中の基本的人権の尊重

板書例

ⓜ 憲法が保障する基本的人権には，どんな権利があるのだろう

１ 〈基本的人権〉

自由権…①③④

平等権…②

社会権…⑦⑧⑨⑩

参政権…⑤

請求権…⑥

①言論や集会の自由　②個人の尊重 法の下の平等　③住居移転や職業を選ぶ自由　④思想や学問の自由　⑤政治に参加する権利　⑥裁判を受ける権利　⑦健康で文化的な生活を営む権利　⑧教育を受ける権利　⑨働く権利　⑩団結する権利

QR

２ 〈身近な例〉

お母さんのパート…⑨

お兄ちゃんの選挙…⑤

男女一緒に勉強…②

POINT　タブレットを使って撮影をする場合，個人が特定できないようにするなど配慮する事項がある。撮影前にしっかりと指導を

１ 日本国憲法が保障する基本的人権とは，どのようなものなのだろう。

T　基本的人権とは，どのようなものでしょう。教科書の説明（ことば）を読みましょう。

C　人が生まれながらにして持っているおかすことのできない権利。誰もが個人として尊重される。

C　すべての国民に保障されている。

T　教科書の絵を見て下さい。みんなにもよく分かる権利はありますか。

C　教育を受ける権利や働く権利はよく分かる。

C　居住や移転の自由は，引っ越しが自由にできるということだね。

T　基本的人権は，「自由権」「平等権」「社会権」「参政権」「請求権」に分けられます。

　　ワークシートQRで，教科書記載の権利を分類する。

C　自由権は，分かりやすい。①③④だね。

C　社会権は難しいけど…⑦⑧⑨⑩かな…。

C　平等権は②，参政権は⑤，請求権は⑥だね。

　　他の基本的人権も発展課題として調べさせてもよい。

２ 身近なところで基本的人権の例を探してみよう。

T　みなさんの身近なところで，教科書に載っている10の基本的人権のうち，どんな具体的な例があるか探してみましょう。

C　お母さんがパートで働いているは，「働く権利」だと思う。

C　お兄ちゃんが18歳になったので，選挙の投票に行った。これは「政治に参加する権利」だね。

C　駅前でビラを配って演説をしている人がいた。これは「言論や集会の自由」だと思う。

C　吉田君が福岡県に引っ越したのは，「住居移転の自由」です。

T　自分のことで何かありませんか。

C　読みたい本を買って読んでいる。これって「思想や学問の自由」になるのかな？

C　毎日学校へ通えるのは「教育を受ける権利」。

C　男の子も女の子も一緒に勉強できるのは，平等権だね。

3 〈ユニバーサルデザインと生存権〉

☆みんなが使いやすい，くらしやすい

・バリアフリートイレ
・点字ブロック・音の鳴る信号
・ノンステップバス
・自動ドア　など
→
健康で文化的な生活
・衣食住
・人間らしく
↑
国（健康保険など）

4 〈国民の義務〉

権利：多い ◄┈┈┈► 義務：3つ
↑
憲法が一番大切にしている

・納税の義務
・仕事に就いて働く義務
・教育を受けさせる義務

税金は国の取り組みに使われる
仕事・教育＝大切

しておきたい。

3 「ユニバーサルデザイン」と「健康で文化的な生活」について知ろう。

教科書で「ユニバーサルデザイン」を調べる。

C　すべての人が使いやすい形や機能を考えたデザイン。みんなの暮らしやすさに繋がる！

C　バリアフリートイレは車いすの人でも使うことができる。

T　他にも知っている例はありませんか。

C　点字ブロックや信号で音楽が鳴るのは，目が不自由な人でも困らないような仕組みだと思う。

身のまわりにある例を出し合う。センサー式の蛇口，自動ドア，ノンステップバス，スロープなど

T　これらは，どの権利に当てはまりますか。

C　「健康で文化的な生活を営む権利」だと思う。

C　「個人の尊重」「平等」も当てはまるかも…

T　ワークシートでもっと「健康で文化的な生活」について考えてみましょう。

ワークシート「生存権」に答える。

C　人間らしく生きるって言っても，いろいろあるね。

4 国民の義務について知り，権利と義務について気づいたことを話し合う。

T　権利と義務とは，一言で言うと何でしょう。

C　権利は自分が「できること」だね。

C　義務は「しなければいけないこと」かな。

T　どんな義務があるか教科書で調べましょう。

C　子どもに教育を受けさせる義務があるよ。

C　働くのも義務なんだ。

C　税金を納める義務は聞いたことがある。

T　教科書に載っている権利と義務を比べて気づいたことを話し合いましょう。

C　権利はたくさんある。義務は3つしかない。なぜだろう。

C　憲法が，1人1人が人間らしく生きられる権利を一番大事にしているからだと思う。

C　教育と働くことは，権利と義務の両方ある。

C　2つとも，権利も義務も大事だね。

C　国がいろいろな取り組みをするためには，お金がかかる。だから税金を納める義務も必要あるのだね。

くらしの中の平和主義

板書例

⊗ 憲法の平和主義とは，どのような考え方なのだろう

1 〈日本の戦争〉

・1945年までは戦争が多い

↓

＝1945年から後＝

・アジア周辺で戦争が続く

・日本が戦争を行うことはない

> 大きな被害，原爆もう戦争はイヤ！

2 〈憲法の平和主義〉

第9条

・心から平和を望みます。

・争いを解決するための戦争は永久にしません。

・軍隊は持ちません。国の交戦権も認めません。

憲法前文

・世界の人を信じて平和を守る。

・世界中の人が平和に生きる権利。

・自分の利益や幸福だけを考えない。

POINT 新しい憲法の話のワークシートABを児童のタブレットに送信しておき，空欄に何が入るかを考え，学級全体で共有する。

1 1945年から後に日本が戦争をしなかったのはなぜだろう。

資料「くらしの中の憲法・平和主義」QR の(1)を読む。

T　日本が戦争していたのは何年までですか。

C　1945年までです。戦争ばかりしていた。

T　1945年から後，アジア周辺で戦争はありましたか。日本はどうしましたか。

C　アジアでは，たくさんの戦争が起こっている。でも，日本は戦争をしていない。

T　では，どうして日本は1945年以降戦争をしていないのでしょう。

C　日本国憲法の柱に平和主義があるから。

C　それまでの戦争で大きな被害があったから，もう戦争は嫌だと思った。

C　原爆も落とされたから。

T　日本国憲法の平和主義はどこに書かれているのですか。

C　第9条です。前文にも書いてあります。

2 憲法第9条と憲法前文を読んでみよう。

T　資料の憲法第9条を，声に出して読んでみましょう。主にどんなことが書いてありますか。

資料「くらしの中の憲法・平和主義」QR の(2)を読む。

C　日本国民は平和を心から願う。

C　他の国との争いを解決するための戦争や武力の使用を永久にしない。

C　軍隊をもたず，国が戦争する権利も認めない。

T　教科書に憲法前文の平和に関する部分が載っています。読んで分かったことを言いましょう。

C　平和と正義を愛する世界の人を信じて，平和を守っていきたいと述べている。

C　全世界の人々が，平和に生きていく権利を持つことを認めている。

C　どんな国でも自分の利益と幸福だけを考えてはいけない。

準備物	・資料「くらしの中の憲法・平和主義」QR ・資料「平和のための取り組み」QR	I C T	太平洋戦争について理解していない児童も多いので，本書の戦争を扱うページから資料をダウンロードし，事前学習で使用することをお勧めする。	

3 〈平和の取り組み〉

〔原爆の子の像〕

広島の中学生から

全国・世界へうったえ

↓

はげましや募金

〔非核平和都市宣言〕

全国の自治体

〔身近な地域の取り組み〕

※児童が調べたことを板書してもよい

4 〈非核三原則〉

核兵器 作らない 持たない 持ち込ませない

〈自衛隊の役割〉

・日本の平和と安全を守る。
　兵器を持っているけど…？

・災害時の救助活動で活躍

私たちにできることを考えてみよう

---

3 平和の取り組みや憲法第9条を生かした取り組みを調べよう。

T　今の日本で，憲法第9条を生かした平和の取り組みには，どのようなものがあるでしょう。

　　資料「平和のための取り組み」QR の(1)を読む

T　読んで思ったことを話し合いましょう。

C　広島にある原爆の子の像は子どもたちが作ったとは知らなかった。絶対見に行きたい。

C　同じ学校の子が原爆で亡くなったら，「絶対に戦争はくり返さない」と思うのはよく分かる。

C　広島の子どもたちの訴えが，世界中に伝わったことは嬉しい。最後の言葉が感動するね。

　　資料「平和のための取り組み」QR の(2)を読む

T　読んで思ったことを話し合いましょう。

C　非核・平和宣言をしている自治体が多い！

C　みんな，核兵器をなくしたいと思っている。

T　自分の町でどんな平和の取り組みをしているか，調べてみましょう。

4 非核三原則と自衛隊の働きを調べて考えよう。

T　日本は「非核三原則」を掲げています。どういうものか調べてみましょう。

　　インターネットなどで調べる。

C　核兵器を「作らない，持たない，持ち込ませない」というのが非核三原則です。

C　「持たない」だから，買ってもダメなんだ。

C　日本にいるアメリカ軍は「持ち込んで」いることにならないのかな。これはどうなの？

T　自衛隊は，どんな仕事をするのですか。

C　日本の平和と安全を守ると書いてある。

C　戦車とかミサイルとか持っているけど，憲法第9条や平和主義と合うのかな？

C　自然災害などの救助活動で活躍している。

　　6年生では結論が出せないような問題は，今後の学習の課題としておく。

C　平和の大切さを，これからも伝えていきたい。

まとめよう

板書例

㊍ 日本国憲法とくらしのつながりを考えよう

1,2 〈憲法の3原則と私たちのくらし〉

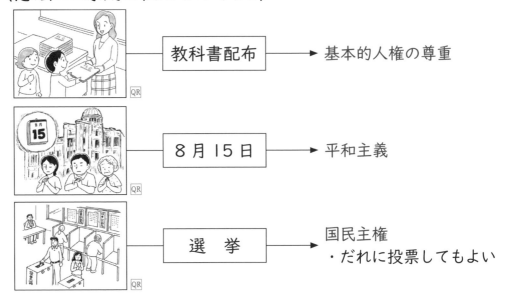

教科書配布	→ 基本的人権の尊重
８月１５日	→ 平和主義
選　挙	→ 国民主権 ・だれに投票してもよい

1 提示された場面で日本国憲法がどのように生かされているのか，考えて話し合う

３つの場面を表したイラストカード QR を提示する。

T　この３つの場面は，日本国憲法のどのような考えが生かされているか話し合いましょう。

C　みんなに教科書を無料で配っているね。

C　これは基本的人権の尊重かな。

C　選挙で投票をしている。

C　国民主権が生かされているよ。

C　８月15日に黙とうをしている。二度と戦争をしないって祈っているんだな。

C　これは平和主義の場面だね。

T　憲法の三原則が生かされているのは，この３つの場面だけでしょうか。

2 日本国憲法はどのような場面で生かされているか，様々な場面を考え，話し合う

T　３つの場面以外でも，憲法の三原則が生かされていることはありますか。ノートに書いて，話し合ってみましょう。

C　選挙では，候補者の誰に投票してもいいよね。

C　車椅子の人も通りやすいように工夫されているね。

C　どこで働いてもいいよね。

C　働く環境が悪かったら，ストライキを起こしているのを見たよ。

T　みんなが出した意見は，憲法の三原則のうち，どれに入りますか。

出された意見を「基本的人権の尊重」「国民主権」「平和主義」にグループ分けをする。

3 〈日本国憲法と外国人〉

　基本的人権の尊重＝生まれながらに持っている権利

　外国人＝日本にいる人も？

4 〈新しい権利〉

　・日照権
　・プライバシーの権利　　　すべて日本国憲法を
　・人格権　　　　　　　　　基準に考えられている
　・嫌煙権

---

3 日本国憲法の考えは，日本にいる外国人には生かされるのかを考え，話し合う

T　では，日本にいる外国人には，日本国憲法の考えを生かすことができるのでしょうか。

C　観光客にはどうなんだろう。

C　外国人から日本人になれると聞いたことがあるよ。

C　近くのコンビニでは，外国の方がたくさん働いたよ。

C　市役所では，英語や中国語で書かれた案内が増えたよね。

C　日本国憲法の考えは，日本にいたら生かされるのではないかな。

C　基本的人権は，人が生まれながらにもっている権利なので，国は関係ないんじゃないかな。

※憲法を深く解釈するのではなく，生活経験から考えさせる。

4 新しく生まれている権利について考え，日本国憲法が大切にされる理由を考えよう

T　実は基本的人権はどんどん増えていっているのです。新しい権利が誕生しています。次の権利は実際に認められているでしょうか。○か×かで答えましょう。（全て○）

・日照権（自宅の日当たりをよくする権利）

・プライバシーの権利（個人情報を守る権利）

・人格権（その人の人格・性格を守る権利）

・嫌煙権（タバコ吸いたくない人が吸わないようにできる権利）

T　では，これら新しい権利は，何を基準に考えられていますか。

C　日本国憲法です。

T　なぜ日本国憲法はこんなにも大切にされているのでしょうか。

C　日本だけでなく，世界も含めて平和に暮らせるような考えが多いからかな。

C　権利だけでなく，義務もきちんと守るように決められているからだね。

国の政治のしくみと選挙

全授業時間4時間

◉ 学習にあたって ◉

◇何を教えるのか　- この単元の特徴 -

　政治は国民の生活を決めるとても大切な場です。日本では，それが，国会，内閣，裁判所の三権によって行われています。そして，その中心となるのが「国民」，つまり自分たちです。生活や将来を決める政治の中心は自分たちであるということを，しっかりと理解する授業にします。そのために選挙をはじめとして，いかに国会，内閣，裁判所の三権が私たちの生活に関わっているかを考えるきっかけとします。

　しかし，実際には理解が難しい言葉も多く，避けてしまいがちな単元でもあります。そうした「難しそう」「よくわからない」といったイメージが若者の政治離れを生み出すきっかけになりうるので，より身近に捉えることができるような工夫を心がけるとよいでしょう。

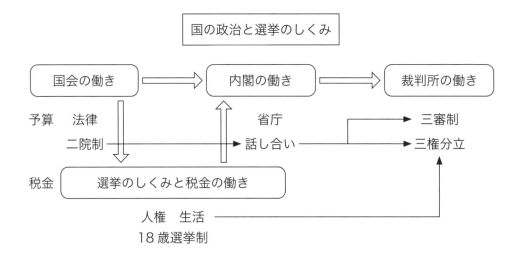

知識および技能	・国会，内閣，裁判所の役割を文章，イラスト，資料から調べ，まとめることができる。 ・三権分立の表にまとめるなど，司法権，行政権，立法権とそれぞれの立場で権力が偏らないようになっている仕組みを理解できる。
思考力，判断力，表現力等	・国会，内閣，裁判所の役割とその意義について考え，選挙の大切さについて考えることができる。 ・三権分立の意義を知り，その中心となるのが国民である自分たちであることを理解したうえで，自分たちはどのように行動するのがよいかを考えることができる。 ・教科書をはじめとした事例と自分たちのまちとを比較し，感想や意見を書いてまとめることができる。
主体的に学習に取り組む態度	・資料から読み取ったことをもとに自分の意見や疑問をもち，進んで話し合いに参加しようとしている。

● 指導計画　4時間 ●

時数	授業名	学習のめあて	学習活動
1	選挙のしくみと税金の働き	・選挙のしくみや税金の働きについて調べ，主権者としてどのように関わっていけばよいかを考える。	・20歳から18歳に選挙権の年齢が下がったことについて考える。 ・選挙で投票先を判断する一つである税金の使い方と集め方について調べる。 ・選挙に行く必要性とその時に気を付けることを話し合う。
2	国会の働き	・国会の働きについて調べ，整理したことを自分の言葉でまとめる。	・国会はどのような仕事をしているところかを調べる。 ・なぜ，二つの議院に分かれて話し合い（二院制）をするのかを考える。 ・国会の話し合いで大切にすることや自分たちがどのように関わればよいかを話し合う。
3	内閣の働き	・内閣の働きについて調べ，整理したことをまとめる。	・内閣はどのような仕事をしているところかを調べる。 ・省庁について調べ，自分が働いてみたい場所を決め，発表する。 ・内閣支持率が自分たちの暮らしにどのようにかかわっているのかを考える。
4	裁判所の働き	・裁判所と三権分立のしくみについて知り，その中心に国民である自分たちが存在していることを知る。	・裁判所はどのような仕事をしているかを調べる。 ・裁判が3回受けられる（三審制）の理由について話し合う。 ・裁判員制度について考える。

選挙のしくみと税金の働き

板書例

㊥ 選挙では何に気をつけて投票すればよいのだろう

1 〈選挙権〉

18才から投票できる（2016年7月〜）
・より多くの人の声が反映される
・若い人たちに関心を持ってもらえる

2 〈年代別投票率〉

若い人の投票率は低い

↓

どんな問題点があるだろう？

・一部の人の意見だけが取り入れられる
・若い年代の意見が政治に反映されにくくなる
・一部の人のための政治をする可能性

10代	40.49%
20代	33.85%
30代	44.75%
40代	53.52%
50代	63.32%
60代	72.04%
70代以上	60.94%
全体	53.68%

20代が特に低い！

POINT 各地方公共団体や政府のHPには，キッズページがある。分かりやすく，安心して児童に閲覧をさせることができるので，

1 20歳から18歳に選挙権の年齢が下がったよさを考えよう。

授業プリント QR を配る。

T　国会議員の選挙で，投票できる選挙権をもっているのは何歳からですか。

C　18歳です。

T　以前は20歳でしたが，2016年7月の参議院議員選挙から18歳になりました。年齢が引き下げられたよさを考えましょう。

C　若い人が政治に関心を持つようになる。

C　より多くの人の意見が政治に反映されるんじゃないかな。

C　若い人が政治に参加しやすくなるかな。

T　実際に2017年に行われた衆議院議員総選挙の年齢別投票率を調べてみましょう。

C　20代が一番少ない。10代よりも少ない！

C　60代の半分以下だ。

C　10〜30代は投票率が低い。

2 もし選挙に行かないと，どうなるのだろうか。

T　若い人の投票率が低いことがわかりますね。今後，多くの人が選挙に行かなくなったら，どんな問題が起きるでしょうか。

C　一部の人の意見だけで，法律や予算が決まってしまうかもしれない。

C　若い年代の意見は，政治に反映されにくくなるかもしれない。

C　選ばれた国会議員も，大勢の人のためではなく一部の人のための政治をするかもしれない。

T　どの候補者に投票するかを決めるには，候補者がどんな意見を持っているか知ることも大切です。政党というのを聞いたことはありますか。

C　ニュースで聞いたことがあります。

C　自民党とか民主党とか…。

T　政党は，同じ意見を持った国会議員が集まった団体です。政党の主張を知ることも大切です。

3 〈税金の集め方と使い方〉

集め方　　　　　　　　　　使い方

・ものを買ったとき
　（消費税など）
・給料をもらったとき
・商売をしているとき
・市区町村に住んでいるとき
・土地や建物をもっているとき
　　　　　　　　　　　　　　　　など

⇒

・道路工事
・医療
・公共サービス
・公共施設など
　　　　　　　　　　　　　　　など

4 〈予算〉

税金をどのように使うか（予算）…国会議員によって決められる

↓

選挙は重要

授業で活用してもよい。

---

3 選挙での投票先を判断する材料の一つ、税金の集め方と使い方を調べよう。

T　国会議員や政党がどんな主張をもっているのか、判断する材料の1つに、税金の集め方・使い方があります。まず、税金がどうやって集められているか調べましょう。

C　お父さんやお母さんが、お料理をもらった時に払っていると言っていた。

C　住民税って聞いたことがある。

C　ものを買ったときに消費税を払うね。

T　税金は何に使われているか知っていますか。

C　道路工事とか…。

C　医療保険も税金かな？

C　警察官や市役所の職員の給料は、税金から払っているって聞いたことがあります。

T　国や都道府県、市区町村による公共サービス・公共施設は、多くが税金によってまかなわれています。

4 選挙権を持った時にどうしたいか考えよう。

T　わたしたちがどうやって税金を納めるか、納めた税金をどのように使うか（予算）は、選挙で選ばれた国会議員が話し合って決めます。

C　国会の衆議院と参議院で話し合いをするんだったね。

T　選挙での投票は、わたしたち国民が政治に参加できる重要な機会です。みなさんが18歳になって選挙権をもったら、どんなことに気を付けたいですか。

C　選挙があったら、必ず投票に行くようにしなきゃ。

C　投票の前に、候補者や政党のことも調べないといけないね。

C　どの候補者を選ぶか、じっくり考えたい。

C　税金の使い方や法律のことも調べたい。

国会の働き

板書例

ⓜ 国会はどんな働きをしているのだろう

1,2 〈国会の役割〉…国権の最高機関

国の政治の方向を決める ————

- ・法律をつくる
- ・予算を決める
- ・内閣総理大臣を決める
- ・衆議院と参議院がある

> しんちょうに
> ていねいに
> 話し合う

〔衆議院〕
- ・465 人
- ・任期は 4 年
- ・解散がある

〔参議院〕
- ・248 人
- ・任期は 6 年
- ・解散がない

国会議事堂 〔QR〕

---

1 国会は何をするところかを調べてみよう。

国会議事堂のイラスト〔QR〕を黒板に貼り，授業プリント〔QR〕を配る。

- C　国会（国会議事堂）だ！
- T　国会はどんな仕事をするところか知っていますか。教科書で調べましょう。
- C　法律をつくれるのは国会だけ。(唯一の立法機関)
- C　テレビで国会議員が予算の話し合いをしているのを見たよ。(予算の議決)
- C　税金についても話していた。消費税とか…。
- C　憲法改正についてのニュースも見たことがあります。(憲法改正の発議)
- T　ほかにも国会議員の中から内閣総理大臣を選んだり，条約を認めたりします。また，国会には衆議院と参議院という 2 つの話し合いの場があります。(二院制)

2 なぜ，二つの議院に分かれて，時間をかけて話し合うのだろう。

- T　衆議院と参議院には，どんな違いがあるでしょうか。教科書で調べましょう。
- C　衆議院は 465 人で，2022 年から参議院は 248 人の人がいる。
- C　任期も 4 年と 6 年で違う。
- C　衆議院は解散があるけど，参議院には解散がない。
- T　国会では，衆議院と参議院の 2 つに分かれて時間をかけて話し合いをします。それはなぜでしょうか。
- C　いろいろな人が意見を出し合うからかな。
- C　国の大事なことを決めるから，じっくり話し合いをしないといけない。
- C　消費税も急に上がったら困るよ！
- C　話し合いが足りずに，法律が急に変わってしまったら困るね。

| 準備物 | ・授業プリント [QR]
・イラスト（国会議事堂，法律ができるまで）[QR] | ICT | 国会議事堂やその周辺の写真を児童の
タブレットに送信しておく。1枚1枚写真を
じっくりと観察することで，国会議事堂の
様子やその重要性をつかませる。 | |

3 〈法律ができるまで〉

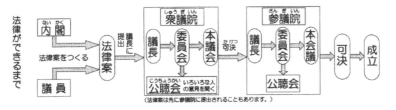

（法律案は先に参議院に提出されることもあります。）

【国会の話し合いで大切にすること】
- ・一部の人だけが幸せにならないように
- ・より多くの人たちの意見を集める
- ・税金を多くの人にとってよい方向に
- ・社会的に弱い立場の人のために

4 〈国会にどのように関わればよいだろう〉
- ・どんなことが話し合われているか知る
- ・予算や法律に関心を持つ

---

3 国会の話し合いで大切にすることは何だろう。

T　では，プリントの2の「法律ができるまで」を見て，国会でどんな話し合いが行われているのか考えましょう。

C　委員会や本会議など，衆議院の中でもいろいろな会議がある。

C　公聴会で，国会議員ではない人の意見も聞く。

C　法律の専門家の意見も聞いている。

T　予算や税金の使い方についても，同じように話し合われます。国会議員は，どんなことに気を付けて話し合えばよいでしょうか。

C　一部の人だけの利益にならないように。

C　公聴会でたくさんの人の意見を聞く。

C　反対の人の意見もちゃんと聞くようにする。

T　国会議員は，選挙によって選ばれています。責任をもって，社会的に弱い立場の人のことも考えながら，話し合いに臨んでほしいですね。

4 わたしたちは，国会にどのように関わればよいかを考えよう。

T　話し合いの後は，多数決で決定します。国民が望まない法律や税金の使われ方が決まったら，みなさんはどう思いますか。

C　そんなのいやだよ。

C　もっとわたしたちの意見を聞いてほしい。

T　そうですね。国会での決定は，わたしたちの生活に深くかかわってきます。私たちは国会に，どのように関わっていけばよいでしょう。

C　まず，国会でどんなことが話し合われているか知らないと，賛成も反対も意見が言えない。

C　どんな予算や法律が話し合われているか，関心を持つことが大切なんだ。

C　自分と同じ意見を持った国会議員を選ぶことも必要だと思う。

C　そうか。だから選挙に行かないといけないんだ。

内閣の働き

板書例

◎ 内閣とはどんな働きをするのだろう

1　〈内閣の役割〉

　　内閣総理大臣…どんな仕事？

　　・国会の召集や衆議院の解散
　　・外国との条約を結ぶ
　　・最高裁判所の長官を指名

　　〔内閣〕

　　内閣総理大臣　　会議（閣議）を
　　（任命）⇩　　　開いて
　　国務大臣　　　　政治の進め方を
　　⋮　　　　　　　話し合う
　　省庁

4　〈内閣支持率〉

　　・世論（国民の大多数の意見）の表れ。下がると次の選挙に影響を及ぼす

　　　　⇩

　　┌─────────────┐
　　│内閣も国民によって　│
　　│支えられている　　　│
　　└─────────────┘

1　内閣はどんな仕事をしているのだろう。

T　内閣総理大臣を知っていますか？どんなことをしている人でしょうか。

C　知っています！　○○さんです。

C　仕事は…。衆議院で会議に出ている。

C　外国の大統領と会ったり，国際会議に出席したりしている。

T　内閣総理大臣は首相とも呼ばれ，内閣の最高責任者です。では，内閣とはどのようなものでしょうか。教科書で調べましょう。

C　国会で決められた予算や法律にもとづいて仕事をする。

C　専門的な仕事は国務大臣を任命して，会議（閣議）を開いて進め方を相談する。

C　最高裁判所の長官も指名できるんだ。

C　国会を召集したり，衆議院を解散したりもできる。

2　内閣ではどのような国務大臣や省庁があるのだろう。

T　内閣にはさまざまな仕事がありました。実際の仕事は，省や庁と呼ばれるところが受け持ちます。どんな省庁を知っていますか。

C　5年生の学習で，環境省を知りました。

C　宮内庁という言葉を聞いたことがある。

C　地震の特集のテレビで，復興庁っていうところが出てきた。

C　前に観た映画には防衛省が出てきたよ。

　　資料プリント を配る。

T　教科書や省庁の仕事を見て，どんな仕事をしているか調べましょう。

C　宮内庁は皇室に関する仕事をするんだね。

C　警察の最高機関は国家公安委員会っていうんだって！　「公安」はテレビで見たことがある。

C　学校のことについては，文部科学省というところが担当しているみたい。

2,3 〈各省庁の役割〉

【どの省庁で働きたい？】

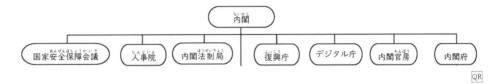

・環境省　環境をよくしたい

・農林水産省　日本の農業を豊かにしたい

・文部科学省　科学の発展に貢献したい

※実際の授業では 2,3 を左に書き， 4 をその右に書きます。

3 自分だったらどの省庁で働きたいかを考えよう。

T　みなさんなら，どの省庁でどんなことをしてみたいですか。

C　文部科学省で，科学の発展のために何かしたいな。

C　外務省で外国の人と仕事をしてみたい。いろいろな国の言葉が話せないといけないよね。

C　国家公安委員会で働いてみたい！

C　環境省に入って，環境汚染をなくしたい。

T　みなさんの省庁での仕事は，国民の願いを実現するものになっているでしょうか。

C　もちろん，みんなのことを考えて頑張るよ。

T　内閣の仕事や大臣の発言など，国民が見て，支持するか，しないかを判断します。内閣を支持する国民の割合を，内閣支持率といいます。

C　内閣支持率ってニュースで見たことがあります。

4 内閣支持率について考えてみよう。

T　内閣支持率は世論の表れです。内閣の取り組みによって内閣支持率が下がってきたら，首相や大臣はどうするでしょうか。

C　国民に支持されていないのだから，取り組みを変えるのじゃないかな。

C　でも，そんなに簡単に変えられるのかな。

T　もしも支持率が下がっても取り組みを変えなかったら，次の選挙のときに，どのように考えますか。

C　私たちの願いとは違うことをしている人には投票したくない。

C　もっと別の，私たちの願いを実現する候補者を選ぶかもしれないな。

T　そうですね。だから国民の支持によって，内閣の取り組みが変わることはあります。内閣も国民によって支えられているのです。

裁判所の働き

板書例

め 裁判所の働きを調べよう

1 〈裁判所の役割〉

裁判所ってどんなところ？

有罪か無罪を決める？

もめごとを解決する？

※児童の意見を板書する

↓

法律にもとづいて
・問題を解決
・国民の権利を守る
・3回まで裁判を受けられる…正しい裁判をするため

2 〈裁判員制度〉

国民（20歳以上）が裁判官になる制度

ひとりひとりが法律や裁判に関心を持つことが大切

---

1 裁判所の働きを調べよう。

T　争いや犯罪が起きたとき，日本ではどのようにして解決をしていますか。

C　警察が捜査をして犯人を捕まえる。

C　犯人は裁判をして，罰を受ける。

T　そうです。争いや犯罪，事故などが起きたとき，法律にもとづいて問題を解決するのが裁判所です。裁判所について，どんなことを知っていますか。

C　裁判官が有罪か無罪かを決めるんだ。

　　授業プリント QR を配り，答えを書き込ませる。

C　3回まで裁判を受けられる制度もあるね。

C　裁判員制度って聞いたことがあるよ。

C　国民はだれでも裁判を受ける権利がある。

T　そのほかにも，国会で決められた法律や内閣の政治が，憲法に違反していないか調べる役割があります。

2 なぜ，裁判は3回受けられるのだろう。裁判員制度について考えよう。

T　もし無実の罪を着せられて，裁判で有罪の判決が出てしまったらどうなるでしょうか。

C　知っています！　そういうの冤罪って言うよ。

C　ひどい！　裁判をやり直さないとダメだ。

T　そういった間違いを防ぎ，人権を守るために，同じ事件や事故に対して3回まで裁判を受けることができるようになっているのです。

T　また，2009年から裁判員制度が始まりました。国民が裁判官になって，裁判に参加する制度です。選挙権を持っている20歳以上の人から選ばれます。もし選ばれたらどうしますか。

C　僕たちが有罪か無罪か決めるの？

C　どんな刑にするのかも決めるのかな。

C　法律や事件のことを勉強しないと…。

T　普段から法律や裁判に関心を持つことが大切ですね。

| 準備物 | ・授業プリント [QR]
 ・三権分立関係図 [QR] |

| I C T | 裁判の様子を知らない児童が多い。事前に，インターネット上にある裁判の様子の動画を見せるとよい。また，自分が住む地域の裁判所の様子を調べるとよい。 |

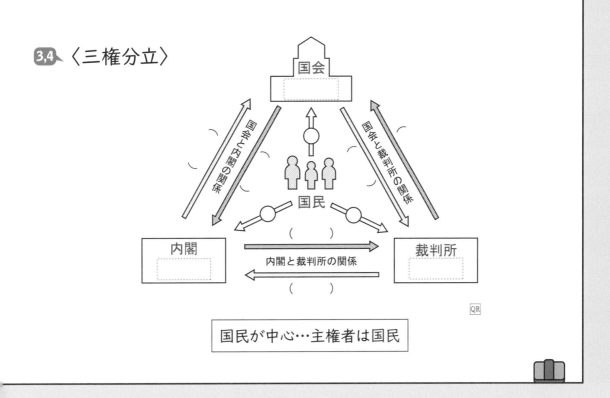

3,4 〈三権分立〉

国会

国会と内閣の関係

国会と裁判所の関係

国民

内閣 ── 内閣と裁判所の関係 ── 裁判所

（　　　）

（　　　）

国民が中心…主権者は国民

3 三権分立ってなんだろう。

T 国会・内閣・裁判所は国の重要な仕事を分担しています。この仕組みを三権分立といいます。では，<u>三権分立について，教科書を見ながらプリントの2に答えを書き入れましょう。</u>

・国会→内閣には⑤⑦，内閣→国会には④⑧
・内閣→裁判所には②，裁判所→内閣には①
・国会→裁判所には③，裁判所→国会には⑥

T 三権分立は，司法・立法・行政のそれぞれに権力が偏らないようにする仕組みです。たとえば，<u>立法権を持っている国会が「政府に反対したら勝手に捕まえてもよい」という法律をつくったら，どうなりますか。</u>
C そんな法律をつくらせたらいけない！
T 国会がつくる法律が憲法に違反していないか，裁判所が確認をしています。

4 わたしたち国民は国会・内閣・裁判所にどうかかわっているのだろう

T では，私たち国民は，国会・内閣・裁判所にどう関わっているのでしょうか。これまでの学習をふり返って考えましょう。
C 国会議員は，国民が選挙で選びます。
C 内閣の取り組みには，内閣支持率で国民の意思を伝えます。
C 裁判所には，裁判員制度で参加します。
T 裁判所については，最高裁判所の裁判官がふさわしい人かどうか，選挙の投票で決める制度（国民審査）もあります。

【三権分立】三権分立は，児童が理解するには難しい。「裁判所が，法律に従わずに勝手な判決を下してしまったら」「内閣が，法律を無視しておかしな政策を実行したら」などのたとえ話をして，そうならないためにお互いを見張っているのだという仕組みを理解させるとよい。

子育て支援の願いを実現する政治（選択）

全授業時間4時間

◉ 学習にあたって ◉

◇何を教えるのか　- この単元の特徴 -

　「子育て支援」という身近な視点から地方行政や税制のあり方について学んでいきます。自分たちの生活に直接的につながり，実感を伴う政治学習は，この地方行政をはじめとした地方の政治や税制のあり方です。「地方自治」という言葉が示している通り，自分たちのまちをつくり，自分たちの生活を豊かにする「まちづくり」の考え方をもつことは，自分たちが主体的に「当事者」としての意識をもちながら学んでいくことにつながります。そのため，自助・共助・公助の視点から「子育て」を支えるために，地方行政はどのように私たちの生活に関わっているか，そして私たちはどのように地方行政に関わっていけばよいかについて学んでいきます。

子育て支援を実現する政治

| 子育て支援 | ⇨ | 市役所の働き | ⇨ | 市議会の働き | ⇨ | 税金の働き |

自助・共助・公助 ──→ 公助の視点 ──→ 市議会の仕事　　　　　公共
子育て支援センター　　　　　　　　　市民の代表 ◀──────┘

生活をよりよく

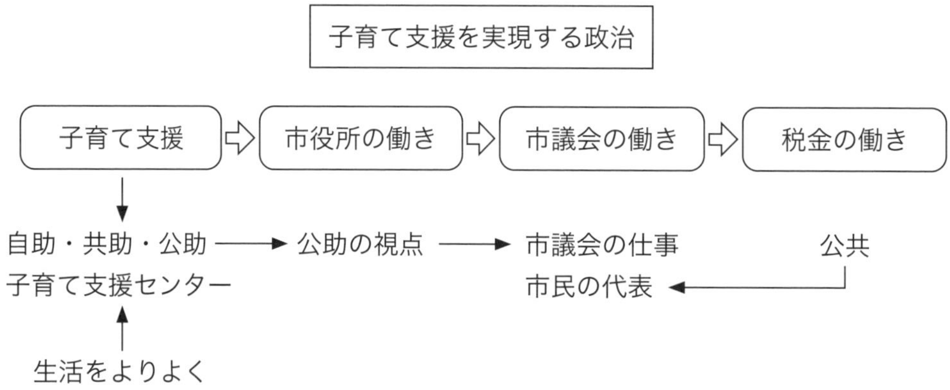

● 評　価 ●

知識および技能	・子育て支援の願いを実現する政治に関わる市役所や市議会の働きを調べ，まとめることができる。
	・子育て支援の取り組みから，政治は自助のみならず，公助の視点から困っている人や苦しんでいる人をはじめ，多くの人を助け，支援していることを知る。
思考力，判断力，表現力等	・文章，イラスト，データから人々の暮らしや社会の動きを読み取ることができる。
	・子育て支援の願いを実現する政治に関わる市役所や市議会の働きの意義について考えをまとめることができる。
	・教科書をはじめとした事例と自分たちのまちを比較し，感想や意見を書いてまとめることができる。
主体的に学習に取り組む態度	・資料から読み取ったことをもとに自分の意見や疑問をもち，進んで話し合いに参加しようとしている。

● 指導計画　　4 時間 ●

時数	授業名	学習のめあて	学習活動
1	わたしたちの願いと子ども家庭総合センター	・身近にあるまちの施設（子育て支援センター）を知ることで，政治とは何か考えるきっかけをつかむ。	・政治の役割を自助，共助，公助の視点から考える。 ・子育て支援センターの存在を知り，自分たちのまちにも存在するかを考える。
2	市役所の働き	・子育て支援センターの設立や運営に市役所が大きな働きをしていることがわかる。	・子育て支援センターを設立や運営するにはどうすればよいかを考え，市役所が大きな働きを果たしていることを知る。
3	市議会の働き	・子育て支援センター設立までに果たした市議会の働きについてわかる。	・子育て支援センターを設立するためには市議会の話し合いと決定が必要であることを知り，その理由を考える。
4	税金の働き	・子育て支援センターの設立，運営のための費用はどこからきているかを知り，税制のしくみを理解する。	・子育て支援センターの設立には，費用が必要であり，そのための税制のしくみについて考える。

わたしたちの願いと 子ども家庭総合センター

板書例

ⓜ 自分たちの町にある 子育て支援センターを調べてみよう

1 〈みんなが使えるまちの施設〉

・病院　・市役所
・図書館　・介護施設
・子育て支援センター

2 〈私たちのまちの施設〉

QR

京都市「こどもみらい館」

・親子で参加できるイベント
・子育て相談室
・子育て支援の研究
・お医者さんによる相談会

1 みんなが使っているまちの施設について調べよう

T　私たちが住んでいるまちには，たくさんの施設があります。みなさんは，どんな施設を利用したことがありますか。

C　夏休みに市民プールに泳ぎに行った！

C　図書館で本を借りて，読書感想文を書きました。

C　児童センターで子ども向けのお料理教室があったので，参加しました。

C　お父さんが，運転免許の更新をしに警察署に行っていました。

C　おばあちゃんの家には，週に3回介護センターからお手伝いの人が来るよ。

C　お兄ちゃんがけがをして，病院に行った。

T　大人も子どもも，様々な施設を利用していますね。では，その中から，子育て支援センターについて調べていきましょう。

2 公助ってなんだろう。

T　京都市には，「こどもみらい館」という子育て支援センターがあります。どんな人たちが利用しているでしょうか。

C　赤ちゃんや幼稚園の子どものお母さんたち。

T　どんな取り組みをしていますか。パンフレットやホームページを見て調べましょう。

C　「親子で七夕コンサート」をやっているよ。

C　私のお母さんは，赤ちゃんの弟が夜寝てくれなくて相談に行ったことがあるって言っていた

T　子育ての手助けになるような取り組みをしていますね。「こどもみらい館」は，京都市の公共施設です。国や市などが人々を助けることを，防災の考え方では公助といいます。近所の人や知り合い同士で助け合うことは共助，自分や家族だけで助け合うことは自助といいます。

2 自助…自分や家族だけで助け合う

共助…近所や知り合い同士で助け合う

公助…国や市役所などが助ける

3 〈施設を比べてみよう〉

※児童の発表を板書する

4 〈子育て支援センター〉

子育てのための施設が
たくさんできた理由は？

↓

安心して相談できるように

誰が，どうやって，
つくったのだろう？

---

3 自分のまちの施設と教科書の施設を比べてみよう

T　教科書の子育て支援センターや京都市の「こどもみらい館」と，自分のまちの施設とを比べてみましょう。気がつくことはありませんか。

C　どちらのセンターも，親子で参加できるイベントがたくさんある。

C　子育て支援のための研究もしている。

C　教科書の施設は，中学生や高校生も利用している。

C　高校生のボランティアもいるよ。京都市の「こどもみらい館」はどうなのかな。

C　「こどもみらい館」では，小学生以上の子どもがいる人はどうするのかな。

T　ほかにも，ホームページでイベントや休館日をお知らせしたり，専門の人による相談会を開いたりしています。どのまちの子ども支援センターも，利用しやすい工夫がされていますね。

4 どうして子育て支援センターがつくられたのだろう

T　では，なぜ，このような子育て支援のための施設がたくさんできたのでしょうか。

C　子育てするお母さんを助けてくれる人が，周りにいないのかもしれないね。

C　お母さん一人で子育てをするのは大変だからじゃないかな。

C　家族の助けだけでは足りないこともあるからかな。

T　このような施設を，誰が，どのようにしてつくったのか，次の時間から調べていきましょう。

　　施設の見学や職員へのインタビューなどができるなら，1時間程度を活動の時間に充てる。その際は，事前に見学の計画を立てたり，インタビューカードなどの準備をしたりする。

市役所の働き

板書例

㋑ 子育てを支援する市役所の働きを調べてみよう

1,2 〈子育て支援センターができるまで〉

放課後も安心して遊べる場所がほしい。

親子で気軽に遊べる安全な場所がほしい。

市民の要望 ➡ 市役所 ➡ 計画

親同士が交流できる施設がほしい。

父親も行きやすい施設にしてほしい。

1 子育て支援センターはどんな要望からつくられたのだろう

T　子育て支援センターは子育てで困っている人のためにつくられました。どんな声があったのでしょうか。調べてみましょう。

　　可能ならば，市役所の職員に話を聞くとよい。取材ができない場合は，教科書で調べる。

C　放課後も安心して遊べる場所がほしい。

C　親子で気軽に遊べる安全な場所がほしい。

C　親同士が交流できるような施設がほしい。

C　育児の悩みも聞いてほしい。

C　父親も行きやすい施設にしてほしい。

T　こういった市民の要望や声は，どこに届けられているのでしょうか。

C　市長や市役所です。

C　議員さんにも伝える。

T　では，市役所や市議会に届けられた市民の願いは，どのように実現されるのか調べましょう。

2 子育て支援センターをつくるための市役所の取り組みを調べてみよう

T　市民の願いは，すぐ実現されると思いますか。

C　きっと時間がかかるよ。

C　お金もかかるしね。

T　子育て支援センターをつくるために，市役所ではどんなことを決めなければいけないでしょうか。

C　施設をどこに建てるか。

C　施設をどれくらいの大きさにするか。

C　建設費はいくらくらいになるのか。

C　施設を建てる建設会社はどうやって選ぶのかな。

C　施設で働く人はどうやって決めるのかな。

C　施設の設備についても考えないと。

C　バリアフリーの施設がいいね。

　　自分たちのまちに子育て支援センターをつくる設定で，簡単な計画案を作らせてもよい。

3,4 〈市役所の取り組み〉

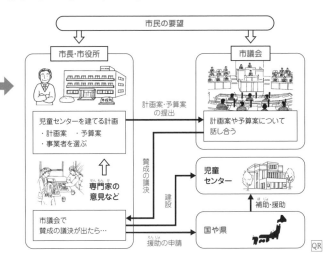

市議会に提出された計画案について
どんな話し合いをするのだろう？

3 市役所で，実際にどんな取り組みが行われているのだろう

T　たくさんの意見が出ました。実際に，市役所ではどのようなことが行われているのか，教科書で確かめましょう。

C　やっぱり計画案をつくっている。

C　計画案は市議会に提出している。

C　専門家の人を呼んで意見を聞いているね。

C　建設費用を計算して予算案もつくってるよ。

T　公共施設の建設や運営には，たくさんのお金が必要になります。だからこそ，細かい計画案や予算案，専門家の意見なども必要になるのです。

C　お金が足りない分は，国や県から補助金をもらうこともあるみたいだね。

C　公共施設をつくるのって，思っていたよりも大変だなあ。

4 市役所の役割をまとめよう

T　子育て支援センターがつくられたら，施設の運営もしていかなければなりません。市役所では，多くの人に施設を利用してもらうために，どんな取り組みをしていましたか。

C　利用者にアンケートを取って，改善策を考えている。

C　子育てに関するガイドブックなどを作って，施設の利用について説明しているよ。

C　ホームページも作っていたね。

T　子育て支援センターのほかにも，児童虐待防止のための対策をしたり相談を受け付けたり，市役所では様々な子育て支援をしています。次の時間は，市議会の役割について考えていきましょう。

市議会の働き

本時の目標：子育て支援センター設立までの，市議会の役割についてわかる。

板書例

ⓜ 子育て支援センターができるまでの市議会の役割を探ろう

❶〈子育て支援センターを設立するために〉

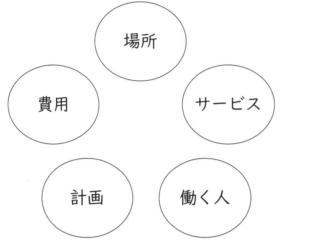

よく話し合い決める必要がある

↓

市議会の役割

---

1 市議会では，子育て支援センターについてどんな話し合いをしたのだろう

T　市役所で作られた計画案や予算案は，市議会で話し合われます。皆さんが市議会議員なら，賛成ですか，反対ですか。

C　もちろん賛成！

C　子育ての役に立つ施設なのに，反対意見なんて出るのかな。

T　市議会では反対の意見も出ました。なぜでしょうか。

C　お金がかかりすぎるからかな。建設や運営には税金を使うんだよね？

C　施設を建てる場所が悪いのかもしれないよ。

C　ほかに優先してつくりたい施設があるのかもしれない。

T　いろいろな視点から話し合う必要があるのですね。

2 市議会議員は，どのような人たちで，どんな仕事をしているのだろう

T　では，市議会議員とはどのような人たちですか。教科書で調べましょう。

C　選挙で選ばれた，市民の代表です。

C　市長や市議会議員に立候補できる年齢は，25歳以上です。

T　そうです。国会議員と同じように，私たちの代表として政治を任されている人です。

T　市議会議員はどんな仕事をしていますか。

C　条例を制定したり，改正したり，廃止したり。

C　市の予算を決める。

C　市の仕事が正しく運営されているかどうかを確認する。

T　政治の方向や予算を決めたり，市役所の仕事を見張ったり…，国会の役割に似ていますね。

C　本当だ！じゃあ，市役所は内閣と同じだね。

2 〈市議会の仕事〉

・市長・市議会議員…立候補は 25 オtừ

・条例を制定，改正，廃止

・市の予算を決める

・市の仕事を正しく運営しているか確認

3,4 〈市議会と市民との関わり〉

・傍聴（ぼうちょう）：市の仕事の様子を見に行くことが
　　できる

・請願（せいがん）：市議会に意見や要望を述べること

・市議会議員を選ぶのも市民

　　　↓

> 選挙に行くことが大切

---

3 市議会を傍聴することについて考えよう

T　実は，市議会の様子は，許可を得れば見たり聞いたりする（傍聴）ことができます。

C　子どもも市議会を見に行けるのかな？

T　市区町村によっては，子どもでも傍聴することができます。市議会では，傍聴のためにどんな取り組みをしているか調べましょう。

C　目が不自由な人は，盲導犬と一緒に傍聴できるよ。

C　手話通訳もあるんだって。

C　車椅子のための席が用意されている。

T　市議会を傍聴することの意義は何ですか。

C　選挙で選んだ議員が，私たちのための政治をしているかを見ることができる。

C　公平・公正な話し合いがされているかをチェックできるよ。

4 市議会とわたしたちの関わりについて考えよう

T　市議会で話し合いがされた計画案や予算案は，最後に多数決で決定します（議決）。議会での話し合いに不満があったり，新しい要望があったりしたときは，どうすればよいでしょう。

C　市長や市役所にまた要望を出せばいい。

C　市議会に直接意見を言ってもいいね。

T　市議会に意見や要望を述べることを請願といいます。

T　市の力では解決できない問題は，県や国の力を借りることもあります。国会や省庁に市の意見を届けることも，市議会議員の大切な仕事です。市議会議員はどのように選ばれましたか。

C　選挙によって選ばれます。

C　やっぱり選挙って大事なことなんだね。

C　だったら，私たちも 18 歳になったら，投票に行かないといけないなあ。

税金の働き

板書例

㋱ 子育て支援センターで使うお金はどこから出されるのだろう

❶ 〈子育て支援センター設立と運営に必要なお金〉

[費用]
・建設費
・働く人の給料
・維持費
・修理費　　　など

お金はどこから？

➡ 税金，県や国からの補助金

❷ 〈まちの収入〉

京都市の 2020 年度

歳入総額	約 1 兆 700 億円
歳出総額	約 1 兆 600 億円

❹

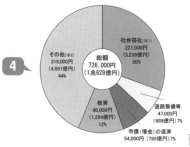

2020 年度（令和 2 年度）
市民一人当たり目的別歳出

---

1 子育て支援センターをつくるお金は，どのように集められているか調べよう

T 教科書に載っているさいたま市の「あいぱれっと」（子育て支援センター）の建設には，どれくらいの費用がかかっていますか。

C 約 57 億円。

T 建設後は，お金はかからないのでしょうか。

C 児童センターで働く人に給料を払わないと。

C 維持費がかかるよ。

C 壊れたものがあったら修理費もかかる。

C 施設の運営やイベントに必要なものを買うこともあるよね。

T 施設を運営するときにも，お金がかかりますね。では，何によってまかなわれていますか。

C 入館料は無料だし…。

C 建設したときと同じように，税金だと思う。

C 前の学習で，県や国から補助金が出ていたと習った。

2 まちの税金はどれくらい集められ，どれくらい使われているか調べよう

T では，私たちの住む京都市ではどれくらいの収入（歳入）があるのか調べてみましょう。

授業プリント QR を配る。

C 約 1 兆 700 億円だって！すごいね！

C これ全部が税金なの？

T 半分近くが税金です。京都市は，他の市と比べると，国や府（県）から受ける補助金に大きく頼っているようです。

T では，使ったお金（歳出）はいくらですか？

C 約 1 兆 600 億円です。

C 使ったお金もたくさんあるね。

C ほかの公共施設の建設や運営かな？

C たぶん新型コロナ感染対策のために使ったんじゃないかな。

C 子ども支援センター以外に，どんなことに使っているのだろう。

❸〈自分が市議会議員だったら，税金をどう使う？〉

保育園を増やす

介護施設を増やす

市バスや地下鉄の本数を増やす

河川や橋，道路を補強する

使われ方は市議会で決まる

選挙で投票することは，税金の使い方を自分たちで決めることにつながる

3　自分たちが市議会議員だったら，どんなことに税金を使うか考えよう

T　もし私たちが京都市の市議会議員だったら，保育所問題・高齢者施設・交通問題・自然災害の何に税金を使うかを話し合いましょう。

　　税金の使い道は様々なので，教育の充実，ごみ処理，医療など，他の選択肢を用意してもよい。

C　保育園に入れない人が多いってニュースで見た。保育園を増やそう。

C　高齢者が増えているニュースもあるよ。介護施設を増やしたほうがいい。

C　通勤ラッシュが大変だとお父さんやお母さんが言っていた。地下鉄の本数を増やしたい。

C　台風で水の被害が出ている地域もある。堤防の補強工事をしたほうがいいと思う。

T　みなさんの話し合いのように，税金の使い道は市議会で話し合われて決められます。

4　選挙に行くことで，税金の使い方も変わることを知ろう

T　プリントの2は，1年間の京都市の市民一人当たりの目的別歳出を表しています。税金が，どのようにして使われているのかの目安です。思ったことを話し合いましょう

C　社会福祉の費用が一番多い。

C　子育て支援センターも社会福祉だよね。

C　借金の返済があるよ！お金を借りているの？

C　道路整備費はもう少し増やしてもいい。

T　この税金の使い方に不満があったときは，どうすればよいでしょうか。

C　予算の使い方は市議会で話し合われるよ。

C　市議会に請願するのかな？

C　私たちの願いを実現する市議会議員に，選挙で投票すればいいと思う。

C　選挙で投票することは，税金の使い方を自分たちで決めることにもつながるんだね。

震災復興の願いを実現する政治（選択）

● 学習にあたって ●

◇何を教えるのか　- この単元の特徴 -

　2011 年 3 月 11 日午後 2 時 46 分，宮城県沖を震源として起きた東日本大震災は，各地域に大きな被害をもたらしました。特に，地震によって発生した津波によって，90％以上の人々が水に溺れて亡くなりました。さらに，津波は，家・病院・工場・学校など，町のすべての施設を破壊しました。

　こうした絶望的とも思われる状況の中で，町の人々は，生きるために立ち上がります。国や県・市町村などの自治体は，自衛隊や海外からの援助，各専門機関と連携しながら，復旧作業を行いました。さらに，被災地の人々が，元の場所で生活したり，働いたりできるように，町に活気が戻ることをめざした復興を進めていきました。被災地の人たちの願いをもとにしながら，さまざまな機関と連携して復旧・復興を進めていく政治のしくみをとらえさせることがこの単元のねらいです。

　また，被災した人たちの願いは，復興が進むにつれて少しずつ変化していきます。願いの変化に対応しながら，復興の取り組みを進める政治の役割の重要性に気づかせることも，この単元のねらいの 1 つです。

　今なお，復興に向けた取り組みを進める被災地に対して，同じ日本に住む一員として私たちに何ができるのかを考えさせたいと思います。

● 評　価 ●

知識および技能	・政策の内容や，計画から実行までの過程，法令や予算との関わりなど，国や地方公共団体が進める政治の取り組みがわかる。 ・国や地方公共団体の政治は，国民主権の考え方の下，国民生活の安定と向上を図る働きをしていることがわかる。
思考力，判断力，表現力等	・写真，文章，統計資料から，災害の様子や復興への動きを読み取ることができる。 ・政策の内容や，計画から実行までの過程，法令や予算との関わりなどに着目して，問いを見いだし，国や地方公共団体の政治の取り組みについて考え表現している。 ・国や地方公共団体の政治の取り組みと国民生活を関連付けて政治の働きを考え，表現している。
主体的に学習に取り組む態度	・政治の働きについて，予想や学習計画を立てたり，見直したりして，主体的に学習問題を追究し，解決しようとしている。

時数	授業名	学習のめあて	学習活動
1	東日本大震災の発生	・東日本大震災についての写真や資料から，何が起こり，人々の生活にどのような影響を及ぼしたのかを知る。	・気仙沼市は，震災による大型タンクの重油漏れが原因で火災の被害を受けたことを知る。 ・地震の震源地を探り，被害の大きさをつかむ。
2	東日本大震災への緊急対応と支援	・東日本大震災に対して，市・県・国（政府）がどのような取り組みをしたのかがわかる。	・震災発生後に，国・県・市が行った緊急対応や，復旧・復興の支援について調べる。
3	防災集団移転をするぞ！	・気仙沼市舞根地区の人たちは，みんなで高台に住居を移転することを決め，移転計画を立てたことがわかる。	・舞根地区の被害の状況を知ったうえで，そのなかで生まれた被災地の人々の願いをつかむ。 ・市長の対応に対して，被災地の人たちがとった行動を知る。
4	市民の力が政治を動かす	・舞根地区の人たちが，自分たちの力で市・県・国を動かし，集団移転計画を実現していったようすがわかる。	・防災集団移転を進めるために，畠山孝則さんがとった行動を知る。 ・防災集団移転を実現した舞根の人たちの取り組みのすぐれた点は何だったのかを探る。
5	福島原子力発電所の爆発事故からの復興	・東日本大震災は，福島原子力発電所の爆発事故を引き起こした。復興作業が進んでも，事故周辺の住民の生活を取り戻すには，多くの課題が残されていることがわかる。	・福島原発事故の様子と，原発事故によって富岡町の人たちがどうしたかを調べる。 ・富岡町に住民が戻れるようになるには，何が必要なのかを考える。

東日本大震災の発生

板書例

ⓜ 東日本大震災では，どのような被害を受けたのだろう

1,2 〈震災が引き起こした火災〉

2011 年 3 月 11 日　東日本大震災の発生

東日本大震災　燃え上がる宮城気仙沼の街	津波で壊滅状態になった気仙沼港周辺
（画像提供：朝日新聞）QR	（画像提供：朝日新聞）QR

気仙沼湾（け せん ぬま わん）で起こった火災
津波によって，タンクの重油が気仙沼湾に流れ，火がついた

POINT　東日本大震災など，自然災害の学習内容は大変デリケートな内容が多い。児童の気持ちや家庭の状況などに十分配慮したい。

1 宮城県気仙沼市で発生した火災の被害について知ろう

「東日本大震災　燃え上がる宮城気仙沼の街」（朝日新聞デジタルのサイト）の写真 QR を子どもが持っているタブレットに映し出す。

T　写真は災害を写したものです。どんな災害が，どこで起こっていると思いますか。

C　夜に起こった山火事だと思います。

C　住宅地全体が燃えていると思います。

T　宮城県気仙沼市の火事の写真です。でも，山火事でも，住宅地の火事でもありません。どこで火事が起こっているのでしょうか。火が消えたあとの写真をみてください。

「津波で壊滅状態になった気仙沼港周辺 ＝12 日午前 7 時 8 分」の写真 QR を，子どもが持っているタブレットに映し出す。

C　船が見えるから港の火事だ。

2 火災を引き起こした津波の様子を知ろう

T　地図帳で宮城県気仙沼市を見つけましょう。気仙沼市は三陸海岸にある町です。2011 年 3 月 11 日の夜，気仙沼湾に流れ出た重油に火が付き，湾内は一晩中燃え続けました。午後 2 時 46 分に起こった震度 7（マグニチュード 9.0）の大きな地震の後に起きた津波によって，貯蔵されていた大型タンクの重油が流れ出たのが火災の原因でした。

T　では，昼間に起こった津波によって，気仙沼の町はどんな被害を受けたのでしょうか。教科書で調べましょう。

C　津波が町をおそい，家がつぶれてしまった。

C　つぶれたもの全てが，港のまわりに集まってきている。

C　魚市場がこわれてしまった。地盤沈下で港が落ち込んでしまっているので，港が使えない。

3 〈震源地〉
しんげんち

宮城県沖（牡鹿半島東南約130km）
　震度7（マグニチュード9.0）の地震
　　　　　　↓

| 地震後に巨大津波 |———— ・家が流される
　　　　　　　　　　　　　　　・店や病院などの建物
　　　　　　↓　　　　　　　　　がこわされる
　　　　　　　　　　　　　　　・インフラも止まる
津波によって火災が引き起こされた　・たくさんの死者

4 〈震災がもたらした被害〉

　　・一番死者が多かったのは，宮城県
　　・岩手・宮城・福島での死者　　90%以上が水死

---

3 東日本大震災の震源地はどこかを考えよう

日本地図を掲示し，資料プリント QR を配る。

T　マグニチュード9.0という大きな地震によってかなり広い範囲に大きな被害が出ました。東日本大震災といわれるものです。この地震の震源地だと思うところに，色の磁石を貼り付けてください。

T　では，資料プリントを見てください。東日本大震災の地域別被災状況をあらわした図です。地図帳を見ながら，どのあたりが震源地かを予測してください。

C　岩手県と宮城県での犠牲者が多いので，そのあたりだと思います。

C　地震の後で津波が起きているから，海の方で地震が起こったと思う。

T　東日本大震災の震源地は宮城県牡鹿半島東南約130km沖でした。観測史上最大の地震でした。

4 東日本大震災がもたらした被害の大きさを知ろう

T　一番死者が多かったのは宮城県でした。このとき，どんなことが起こったと想像しますか。

C　家，車，人が津波にのみ込まれた。

C　助かった人は高いところに避難していた。

T　では，資料プリントの当時小学校3年生の子どもの作文を読んでみましょう。作文を読んでの感想を聞かせて下さい。

C　地震が起きて，すぐに津波が来ているのが見えて，こわかったと思います。

C　急いで高いところに逃げないと助からなかったと思いました。

C　地震は1回だけでなく，何回も起こっている。こわかっただろうなあ。

T　警視庁の発表では，東日本大震災で亡くなった岩手・宮城・福島の方たちの死因は，90%以上が水死でした。

板書例

㉎ 東日本大震災に対して どのような対応と支援がなされたのだろう

1,2 〈震災直後の緊急対応〉

〔市や県〕
・避難所（ひ なん じょ）の開設
・被害状況（ひ がい じょうきょう）の確認（かく にん）
・水，食料，仮設トイレ
・災害救助法の適用
・自衛隊に災害時の派遣（は けん）要請

〔国〕
地震発生の30分後に
緊急災害対策本部（たい さく）

（2012年3月の気仙沼市（け せんぬま））

・自衛隊の派遣人数の増員（10万人規模）
・他国への援助要請
・必要な物資や機材の準備

---

1 震災直後の市や県の取り組みについて調べよう

T　まず，東日本大震災への緊急対応について，教科書を使って調べます。気仙沼市や宮城県は，まずどのような対応をしましたか。

C　気仙沼市は災害対策本部を設置し，避難所の開設や被害状況の確認をするように指示した。

C　避難した住民のための水，食料，仮設トイレを宮城県や他県の市に手配するように要請した。

C　宮城県は，自衛隊に災害時の派遣要請をした。

C　災害救助法を適用して，必要な物資を被災地に送る準備を始めた。

T　市や県は災害が起こった時にすぐに動けるようにしているんです。

2 震災直後の国の取り組みについて調べよう

T　では，国の緊急対応についても教科書で調べてみましょう。政府は地震が起こった30分後に緊急災害対策本部を設けました。対策本部は何をしましたか。

C　災害対策時の自衛隊の派遣人数を増やした。過去最大の10万人規模になったそうです。

C　他国へ援助要請を行った。

C　必要な物資や機材の準備を進めた。

C　全国各地の消防署から緊急消防援助隊を派遣させた。

T　となりの国の中国からも救援隊が来て，行方不明になった人を探したり，けがをした人を救助したりしてくれました。

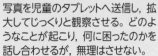
3 〈震災後の復旧〉

・道路，病院，仮設住宅

・電気，ガス，水道など

・がれきの撤去

4 〈復興に向けて〉

・東日本大震災復興基本法

・被災した人々の願いを実現する努力

・復興に役立てる復興特別税

3 震災後の復旧に向けての市・県・国の支援について調べよう

T　震災後, 国は, 道路・病院・電気・水道などの公共性の高いものや生活上必要なものを元通りに戻す復旧を進めました。国はどのようなことをしたか, 教科書で調べましょう。

C　仮設住宅をつくって, 被災した人がそこへ移れるようにした。

C　電気・水道・ガスなどのライフラインを復旧させたり, 大量のがれきを取り除いたりした。

T　復旧は, 国や都道府県が法律に基づいて行っています。

4 震災後の復興に向けての市・県・国の支援について調べよう

T　また, 国は, 被災地の人々が, 元の場所で生活したり, 働いたりできるように, 町に活気が戻ることをめざした復興を進めていきました。

T　国がどのような復興の取り組みを進めたかを, 教科書で調べましょう。

C　東日本大震災復興基本法を定め, 復興を計画的に進めるために, 復興庁を設けた。

C　被災した人々の切実な願いを県や市に伝え, 市や県は要望を実現するために国に申請した。

C　被災した人々の切実な願いに基づいて, 国は特別な予算を立て, 県や市は国からの援助を受けて, 具体的な取り組みを進めた。

T　復興で使う予算には税金を使います。2013年〜2037年までの間, 東日本大震災からの復興に役立てるために, 国民や企業は復興特別税を国に納めることになっています。

防災集団移転をするぞ！

気仙沼市舞根地区の人たちは，みんなで高台に住居を移転することを決め，移転計画を立てていったことがわかる。

板書例

㋕ 気仙沼市舞根地区の人たちの 復興の願いとがんばりを知ろう

1 〈舞根地区の被害状況〉

舞根地区の位置

気仙沼市　舞根地区

カキ・ホタテ・ワカメの養殖

15メートルの津波被害

・52世帯中44世帯が流される

・4人の人が亡くなる

・養殖用いかだが全部流される

---

1 気仙沼市舞根地区の震災の被害状況を知ろう

T　気仙沼市の舞根地区を知っていますか。魚がいる豊かな海にするために，漁師さんが山に木を植える話で有名になった場所です。

　　資料プリント QR を配る。

T　舞根の場所を確かめましょう。舞根湾は，カキ・ホタテ・ワカメなどの養殖が盛んな所です。

T　舞根地区も，東日本大震災で大きな被害を受けました。どんな被害だったと思いますか。

C　津波で，カキ・ホタテを養殖する筏（いかだ）が全部流されたと思います。

C　海辺の近くの家も全部津波で流されたのではないですか。

T　津波で，52世帯のうち44世帯が，15メートルを超える津波に流され，4人の人が亡くなりました。湾内で養殖をしていた筏もすべて流されたといいます。

2 被災した舞根地区の人たちはどんな願いを持っていたかを考えよう

T　被災した舞根地区の人たちは，唐桑小学校をはじめ，あちらこちらの避難所で生活をしなければならなくなりました。

T　震災後，舞根の人たちは，どんな願いを持って避難所で過ごしていたと思いますか。グループで意見を出し合いましょう。

C　早く家を建てて，自分の家で家族と暮らしたい。

C　もう津波が来ても大丈夫なところに引っ越しをしたい。

C　舞根地区を元に戻して，また仕事をしたい。

T　舞根地区の多くの人たちの願いは，"海から離れたところに住みたい"でした。そこで，防災集団移転という計画を思いつきました。

2.3 〈震災後の住民の願い〉

→ ・海からはなれたところに住みたい

（防災集団移転）

しかし……

・気仙沼市にはお金がない

・国からの支援があっても足りない ⟹ 市長は難しいと判断

4 〈願いを実現させるために〉

・舞根地区のリーダーは，新潟県長岡市の人に相談

↓

2004年中越沖地震後に
防災集団移転を成功させた経験

3 舞根地区の人たちの願いに対し，気仙沼市長がどんな対応をしたかを考えよう

T　みんなで高台に住居を移転する防災集団移転は，地区の世帯の半数以上の移転が条件でした。舞根の人たちは，"バラバラになるのはイヤだ"という思いから，震災から1ヶ月後に期生同盟会をつくって半数以上の世帯が結束を固めました。

T　舞根地区の防災集団移転の願いに対して，気仙沼市長はどんな対応をしたと思いますか。

C　舞根の人たちの願いを実現してあげようと，市長はがんばったと思います。

C　移転するのにたくさんのお金がかかるので，すぐには賛成しなかったと思う。

T　気仙沼市長は，防災集団移転の話に，最初は難色を示しました。なぜなら，国の支援や気仙沼市が持っているお金だけでは，移転を進めるには不十分だったからです。

4 気仙沼市長に対して，舞根地区の人たちがとった行動を考えよう

T　さて，舞根地区の人たちは，防災集団移転をあきらめたでしょうか。

C　いいえ，あきらめなかった。

T　そうです。あきらめなかった。では，舞根地区の人たちは防災集団移転ができるようにするためにどうしたと思いますか。グループで考えを出し合いましょう。

C　自分たちで寄付を集めて，市長に渡そうとした。

C　集団移転ができる安い土地を探した。

C　市長には，国からの援助を増やしてもらうように話をした。

T　舞根地区のリーダーであった畠山孝則さんは，2004年の中越沖地震後に防災集団移転を成功させた新潟県長岡市の人に移転のやり方を教わり，市長に話したのです。

市民の力が政治を動かす

本時の目標　舞根地区の人たちは，市・県・国を動かし，自分たちの力で集団移転計画を実現していったことがわかる。

板書例

め 舞根地区の人たちは どうやって集団移転を実現したのだろう

1,2　〈舞根の防災集団移転〉

〔気仙沼市長〕

・市の財政では費用は出せない ⇨
・国に対して支援を要請するから待って欲しい

〔畠山さん（舞根のリーダー）〕

待っている時間はないから
自分たちで移転計画を立てる

↓

・移転できる場所をさがす
・移転場所の交渉をする

> 2011年11月　防災集団移転に対して国会で全額援助が決定
> 2012年5月　気仙沼市で舞根地区の防災集団移転事業が決定

1 畠山さんの復興に向けての思いについて知ろう

ワークシート QR を配る。

T　ワークシート(1)(2)を読みましょう。畠山孝則さんの考えと，気仙沼市長の考えを聞いてどう思いますか。
C　長岡市でできたのだから，舞根もできるはず。
C　国からの全額支援はむずかしそう。
T　「待ってほしい」という市長に対して，畠山さんたちは「待てない」と迫りました。どうしてだと思いますか。
C　少しでも早く避難所での生活をやめたかったからだと思う。
C　早く元通りの生活に戻りたいと思う人が多かったのだと思います。
T　畠山さんが「待てない」と言ったのは，防災集団移転をやめて，舞根の地域から出て行こうとする人が出てきたからでした。

2 集団移転の計画を進めるために，畠山さんたちは何をしたのかを考えよう

T　市長から「待ってほしい」と言われた畠山さんでしたが，国が全額支援をしてくれるまで待っていたと思いますか。
C　じっと待っていなかったと思う
T　では，畠山さんたちは何をしたと思いますか。ワークシート(3)に自分の意見を書きましょう。
C　国からの援助が出たとき，すぐに移転できるように，自分たちで計画を立てたと思う。
C　集団移転する場所を自分たちで選ぶことを始めた。
C　移転する場所を選んだら，その土地を売ってくれるかどうか交渉した。
T　2011年11月初め，防災集団移転に対して，国会で全額援助することが決まりました。そして，2012年5月に，気仙沼市では舞根地区の防災集団移転事業が決定しました。

66

3 〈移転事業の課題と解決策〉

〔課題〕

- 舞根湾が見える高台の造成費用（一戸あたり１億円）
- 家の建築費（国の支援が受けられない）

〔解決策〕

- 見積の造成費を半額以下にする計画
- 銀行からお金を借りる

> 2015年5月
> 移転実現

4 〈舞根の願いが実現できた理由は?〉

- 舞根の人たちの結びつきの強さ
- 願いを実現する動きの早さ
- あきらめないこと
- いつも話し合いを続けたこと

---

3 集団移転事業が決定しても, 舞根の人たちが抱えていた課題について考えよう

T　集団移転を決めた場所は, 山を切り開いて舞根湾が一望できる高台でした。舞根の人たちが高台移転を望んでいることから, 舞根地区に 9.9m の防潮堤を立てるという計画も撤回しました。一方で, 高台の造成に一戸あたり１億円かかるという見積もりに対し, 大学の先生に相談し, 造成費が安くなるような計画を立てました。他の被災地にお金を回してもらうためです。

T　国の支援は, 移転場所の土地の造成にかかる費用だけです。移転先に家を建てる費用は個人負担でした。建築費用をどうするかが舞根の人たちの問題でした。どうしたでしょうか。

C　舞根地区の人たちでお金を出し合って, 家を建てるようにしたと思います。

C　舞根地区の人たちみんなで, 銀行などからお金を借りることにしました。

4 舞根の人たちは, どうして集団移転を実現できたのか考えよう

T　集団移転が実現したのは 2015 年 5 月でした。工事に 2 年かかりました。舞根地区の人たちは, 今では舞根向陽台という場所で暮らしています。若い人たちも舞根に根づいてくれるように, 畠山さんたちは魅力のある町にしたいと意気込んでいます。

T　集団移転を実現した舞根の取り組みのすぐれた点は何だったと思いますか。ワークシート(4)に自分の考えを書いて, 発表して下さい。

C　みんなで高台に移転したいと言ってから, すぐに動き出したところがすごい。

C　みんなでいっしょに暮らしたいと願う, 舞根の人たちの結びつきの強さだと思います。

C　舞根の人たちは, あきらめることなく, 防災集団移転を実現できるようにいつも話し合いを続けていたところがよかったと思う。

板書例

㊝ 福島原子力発電所の事故後の復興はどうなっているのだろう

❶ 〈福島県富岡町の復興の集い〉

2017 年に開催

QR

❷ 〈原子力発電所の事故〉

2011 年 3 月 11 日

東日本大震災

福島原子力発電所の爆発事故

放射性物質がもれだす

⬇

・見えない，臭いがしない

・健康被害の危険

・富岡町に避難指示 ――――

1　福島県富岡町の「桜まつり」について，知りたいことを出し合おう

資料プリント QR を配る。

T　資料プリント①を見て下さい。福島県富岡町の「復興の集い」のパンフレットです。まず，地図帳で富岡町を探しましょう。

T　パンフレットを見て，知りたいことを先生に質問してください。

C　「復興の集い」とあるけど，富岡町で何があったのですか。

C　旗を持って踊っている写真があるけど，どんなイベントだったのですか。

C　「富岡町　帰町開始記念式典」とあるけど，富岡町の人たちはどこから帰ってきたのですか。

C　イベントの参加者は何人ぐらいですか。

T　パンフレットは 7 年ぶりに富岡町で人々が桜を見るために集まったイベントの時のものです。その翌年にも，桜まつりという形でたくさんの人が集まりました。

2　福島原子力発電所の事故とはどのような事故だったのかを調べよう

T　富岡町では，昔から続く歌あり踊りありの楽しい桜まつりに，周辺地域の人がたくさん集まっていました。ところが，2011 年 3 月 11 日にたいへんなことが起こったのです。

C　わかった，東日本大震災だ。

T　福島県では，地震や津波による被害だけでなく，大きな事故が富岡町の人たちを襲いました。教科書で調べましょう。

C　原子力発電所が爆発事故を起こした。

C　大量の放射性物質が漏れ出し，政府は周辺の市町村に避難指示をだした。

C　周辺市町村の 10 万人以上の人が，長期間ふるさとを離れなくてはならなくなった。

授業プリント QR を配る。

T　授業プリントの(1)を見ると，地震と大津波で原発事故が起こったことがわかります。

3 〈富岡町の住民が戻るためには〉

・町を新しくする

・放射性物質を取り除く

・働く場所をつくる

・放射線への不安をなくす

4 〈福島原発の事故処理をめぐる今の問題〉

2013年〜
汚染水から放射線を取り除く作業

↓

処理した水がたまり，海洋に流す計画

どんな課題があるだろう

---

3 原発事故によって，富岡町の住民はどうしたかを考えよう

T　教科書の避難指示が出された区域の図を見ましょう。富岡町は，原発事故で放射性物質が飛び散り，警戒区域として，住民に避難指示が出ていました。

T　放射線の健康への害とはどのようなものかを，授業プリントの（2）を見てください。

C　人は，放射線をたくさん浴びると，がんや白血病になります。

T　避難していた富岡町の人たちが，また町に戻れるようになるには何が必要ですか。

C　放射性物質を取り除く除染作業。

C　道路や水道などの生活を支える設備の復旧。

C　町で働く場所がないと，戻ってきても生活することができないと思います。

C　放射線への不安がなくならないと，人々は戻って来ないと思います。

4 富岡町に住民が戻れるようになるには，何が必要なのかを考えよう

T　福島原発の事故が起こって10年以上が経過しました。復興に向けての事故処理が進んでいる中で、今何が問題になっていると思いますか。

C　「まだ戻らない」という人がたくさんいることだと思う。

C　除染作業が進んでいなくて、立ち入ることができない場所が多いことじゃないかな。

T　では、授業プリントの（3）を見てください。2013年から原発事故で汚染された水から放射線を取り除く作業が始まりました。しかし、処理した水は溜まっていくばかりです。政府は、溜まった処理水を海に流そうとしています。どう思いますか。

C　えっ、汚染されていた水なのに大丈夫？

T　処理水をめぐって、隣の中国では北海道産の海産物を買い控える動きが始まっています。

縄文のむらから古墳のくにへ

全授業時間9時間（導入2時間＋7時間）

◉ 学習にあたって ◉

◇何を教えるのか　- この単元の特徴 -

　6年生になって，歴史の学習を楽しみにしている児童は多いと思います。各地域には歴史上の遺産ともいえるものや博物館，資料館があります。これらの施設も生かして，歴史への関心を持たせたいものです。併せて歴史を学んでいくうえで基本となる，西暦や世紀の表し方，年表の見方なども教えます。この単元では，日本という国はどのようにして出来ていったのか，その成り立ちを学習します。狩猟や採集生活の縄文時代から，米づくりが広まった弥生時代には，人々のまとまりは「むら」から小さな「くに」へとなっていきます。小さな「くに」はやがて大和朝廷（大和王権）によって統一されていき，大きな古墳も造られ，「くに」の形ができていきます。

　このような「くに」の成り立ちを調べながら，資料をもとに考えるという歴史の学び方を学びます。そして，資料から当時の人々の暮らしや願いを想像する面白さにも気づかせたいものです。この時代の遺跡や土器，木製品の遺物，建造物が保存，再現されている地域も多いので，これらを活用し，実物に触れるというのも小学生にふさわしい学びとなります。資料館や博物館の出前授業を活用し，専門家から話を聞くこともひとつの方法です。実物の持つ重みが体験でき，郷土や日本の歴史がいっそう身近なものに思えてくるでしょう。

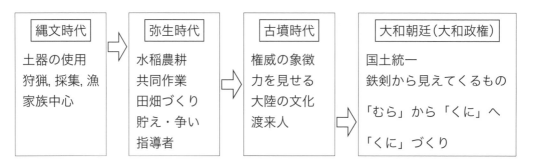

◉ 評　価 ◉

知識および技能

・狩猟・採集の生活から農耕の始まりによって，それまでの生活や社会が大きく変化したことがわかる。

・「むら」から「くに」になり，各地には力をもつ豪族が現れるが，やがて大和朝廷（大和政権）によって国土が統一されていった様子を理解している。

・遺跡や遺物について，地域にある博物館や資料館などを利用して調べたり，文化財，年表などの資料から読み取れることを書き表したりして，適切に整理してまとめる。

思考力，判断力，表現力等

・農耕の始まりによって，人々の生活や社会が大きく変化したことに気付き，「むら」から「くに」ができ，やがて国土が統一されていく過程を，資料などをもとにして考え，文章などで表現している。

・狩猟・採集や農耕を行う生活，古墳とそれに関わった人々の働きや遺跡，文化遺産について，課題や学習問題を考え，文章などで説明したり，話し合ったりしている。

・調べたことを年表やノートなどにまとめ，表現することができる。

・狩猟・採集や農耕を行う生活，古墳，大和朝廷（大和政権）による統一の様子，
それに関わった人々の働きについて，予想や学習計画を立てたりして，主体的に
学習問題を追及し，解決しようとしている。

◉ 指導計画　　9 時間（導入 2 時間 + 7 時間）◉

時数	授業名	学習のめあて	学習活動
導入1	身近にあるものから歴史をさぐろう	・歴史についてどのように調べ，どんなことがわかるのか，身近なものをてがかりに考えることができる。	・自分たちの地域の歴史を調べ，日本の歴史について考える。 ・歴史的事実がどのように調べられているのかをつかむ。
導入2	西暦，世紀，時代	・歴史学習に必要な西暦や世紀，時代区分などを知り，年表の見方がわかる。	・西暦や世紀，時代について学び，「いつ」起こったかを適切に表現する。
1	縄文のむら	・縄文時代の暮らしに関心を持ち，狩猟，採集，漁などをして生活していたことがわかる。	・世界遺産「北海道・北東北の縄文遺跡群」の写真や，復元された三内丸山遺跡の図や写真，発掘された道具などから，縄文人の食や住などのくらしについて考え，話し合う。
2	弥生のむらと米づくり	・遺跡の出土物や想像図などから，弥生時代の暮らしに関心を持ち，米づくりが広がっていったことが分かる。	・板付遺跡の出土物や弥生のむらの想像図から，当時の米づくりの様子や暮らしを想像し，米作りが広がっていった理由を考える。
3	比べてみよう　ー縄文と弥生	・縄文と弥生のむらの想像図などから，むらの様子や暮らしの違い（変化）に気づくことができる。	・縄文と弥生のむらを想像した絵図を比べ，建物，人々の様子や仕事について，変化したところを話し合う。
4	むらからくにへ	・米作りの広がりによって，「むら」からより大きな「くに」になっていったことを理解する。	・吉野ヶ里遺跡の人骨などから，米づくりの広がりの中で争いが起こり，「くに」ができていった過程を想像し，話し合う。
5	巨大古墳と豪族	・古墳の大きさや，出土品から，このころ大きな力を持った「くに」の王や豪族がいたことを理解する。	・古墳とは何か，どんな姿だったのか確かめる。 ・だれがどのように，何のために古墳を造ったのかを資料をもとに考え，話し合う。
6	大和朝廷（大和政権）と国土統一	・5〜6 世紀頃には，大和朝廷が九州から東北南部までの豪族と連携し，従えて，全国統一していったことがわかる。	・巨大前方後円墳の分布や鉄剣の文字から，大和朝廷（大和政権）とその勢力拡大について考える。 ・渡来人が様々な文化や技術を伝えたことを知る。
7	整理してまとめる	・縄文時代から古墳時代までの流れを，学習してきた大事な言葉を使って，年表や図としてまとめることができる。	・出来事を年表に整理し，教科書などを参考にして文章や表にまとめる。

身近にあるものから歴史をさぐろう

板書例

㊷ 歴史の調べ方や分かってくることを確かめよう

❶ 〈古くからあるものを見つける〉

〔校区や市町村〕
・寺・道しるべ
・日本料理店・神社のまつり

〔都道府県〕
・重要文化財の仏像・恐竜の骨
・伝統工芸品

〔全国〕
・城・古墳
・世界遺産の寺や神社

❷ 〈歴史を調べる〉

1. 古くからあるものを調べる

2. 発掘調査をする

3. 昔の文書を読む

POINT　画像や資料を，児童と共有し，ペアや班で資料を見ながら自由に話し合わせると色々な考えが出てくる。

1 地域や各地にある古いものを見つける。

T　校区や市町村に古くからあるものを発表しましょう。行事や風習でもいいですよ。

　　事前に調べ学習として課題を出しておく。

C　通学路の途中に古いお寺があります。
C　校区探検で見つけた道しるべ。
C　江戸時代から続く日本料理店もあります。
C　神社のお祭りも古くからあるそうです。
T　県（都道府）や日本全体では，古くからあるもので，知っていることはありますか。
C　○○寺の仏像は重要文化財だそうです。
C　伝統工芸品は5年生で勉強したね。
C　恐竜の骨が展示してある博物館があります。
C　古墳やお城があります。
C　京都や奈良の寺は世界遺産になっています。

2 歴史はどのように調べられているのか確かめる。

T　たくさん古いものがありますね。これらを調べることでいろいろなことが分かってきます。
T　他にはどのような方法で歴史が調べられているのでしょう。写真で確かめてみましょう。

　　発掘現場の写真 QR を見せる。

T　これは何をしているのでしょう。
C　地面を掘っているみたいだ。
C　石がたくさん出てきている。
C　分かった！　発掘調査をしているんだ。
C　地面の下に埋まっていたものを掘り出して調べています。

　　古文書の写真 QR を見せる。

T　これは何でしょう。
C　何？　この字。読めないよ。
C　字が読めたら昔のことが分かるのかな。
T　歴史はいろいろな方法で調べられています。

3 〈歴史を調べてわかること〉

人々のくらし
・丸木舟に乗って魚をとっていた
・とった魚を食べていた
・舟に物を積んで行き来していた
世の中のようす
・戦が続いた
出来事
移り変わり

4 〈博物館・資料館〉

　歴史博物館や資料館には, さまざまな歴史に関わるものが保存され, 展示されている

3　歴史を調べたらどんなことが分かるのか話し合う。

T　古い物や文書を調べたり, 発掘調査をしたら, どんなことが分かるか考えてみましょう。

　　グループで話し合い, 全体で発表し合う。

T　例えば, 丸木舟, 重りの石, 網らしい物の一部が発掘されたら, どんな事が分かりますか。

C　丸木舟に乗って魚を獲り, 食べていた。

C　丸木舟に何か積み, 他と行き来していたかも。

C　暮らしの様子が分かるね。

T　他にも歴史を調べて分かることはないでしょうか。

C　戦が続いたとか, 昔の世の中の様子が分かります。

C　どんなことが起こったか, 出来事もわかる。

T　このように, 調べた結果の積み重ねから, 世の中の様子や出来事, 人々の暮らし等が分かっていくのです。歴史は, 何の証拠もなしに誰かが勝手に決めたものではないのです。

4　歴史博物館や資料館を訪ねる。

T　見つかった昔の物や歴史について調べた結果などは, どこへ行けば見ることができますか。

C　歴史博物館や資料館に展示してあります。

T　資料館や博物館に行ったことはありますか。

C　あります。土器や石器が並べてありました。

C　行ったことはありません。どんな所かな?

T　歴史博物館や資料館には, 様々な歴史に関わるものが保存され, 展示されています。見学に行って, 歴史に触れて見ましょう。

　　地域または都道府県の博物館や資料館のパンフレットやインターネットのホームページなどを見せる。見学マナーは説明しておきたい。

・展示物に手を触れない。メモは鉛筆で。
・走らない。大声を出さない。飲食禁止。
・他の来館者の迷惑になる行動をしない。
・体験コーナーがあれば体験してみる。

西暦・世紀・時代

板書例

㋑ 西暦，世紀，時代区分を知ろう

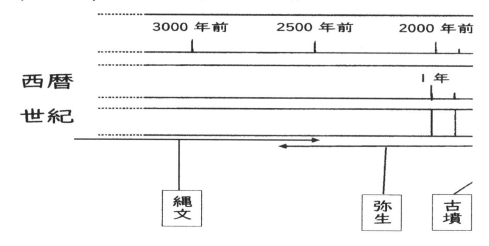

西暦　・世界共通
　　　・年表―分かりやすい
　　　・何年前かすぐ分かる

世紀　・西暦 1 年〜 100 年＝ 1 世紀
　　　　　 101 年〜 200 年＝ 2 世紀
　　　・19 × × 年＝ 20 世紀
　　　・1900 年＝ 19 世紀

POINT　プリントの解答も，タブレットで共有する。児童のペースで学習することができる。

1　○○時代は何年前になるのか考える。

T　みなさんが知っている昔の人物はいますか。
C　源頼朝，織田信長，徳川家康，坂本龍馬…。
T　その人たちが活躍した時代はいつですか。
C　源頼朝は鎌倉時代？　…かな？
C　織田信長は戦国時代です。
C　家康と龍馬は江戸時代始めと終わり頃です。
T　それは，今から何年ぐらい前でしょうか。
C　え〜わからない。
C　300 年前ぐらいかな…？

　　歴史年表 1 [QR] を黒板に貼り，鎌倉（およそ 850 〜 700 年前），戦国（およそ 550 〜 450 年前），江戸（およそ 420 〜 150 年前）と簡単に説明。

2　西暦とはどんな年号の表し方なのかを知る。

T　今は 2024 年です。420 年前は，何年になりますか。
C　1604 年です。

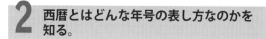

　　西暦年表 2 [QR] を歴史年表に合わせて下に貼る。

T　1604 年と 2024 年はどこでしょう。
C　1600 年の目盛りのすぐ右です。
C　2000 年のから右へ 4 分の 1 ぐらいの所。
C　どこかすぐに分かるね。
T　この 1604 年や 2024 年のような年号の表し方を『西暦』といいます。西暦は世界共通で使われています。
T　昭和 15 年はおよそ何年前になりますか。
C　え〜分からないよ。
T　昭和 15 年は西暦 1940 年です。
C　それなら引き算で分かる。84 年前です。
C　西暦だと何年前か分かりやすいね！

| 準備物 | ・歴史年表1（現在→○年前）QR
・西暦年表2 QR ・世紀年表3 QR ・時代名カード QR
・まとめプリント QR ・ワークシート QR |

| I
C
T | 年表を大きな画面で映し出したり，児童に共有したりすると時短になる。児童はタブレットを使って年表に書き込むことで，理解を深めることができる。 |

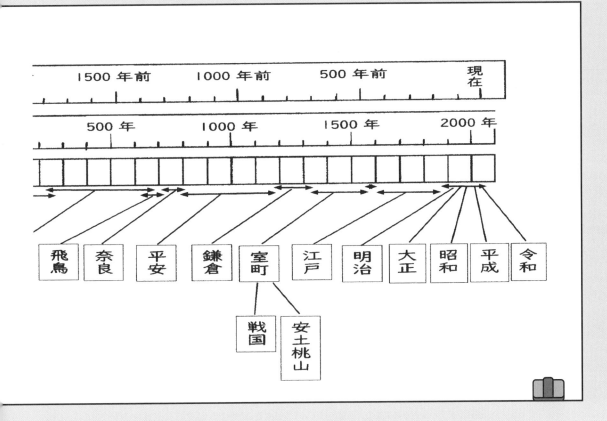

3 世紀は何を表しているのかを知る。

T 西暦の他に『世紀』という表し方もあります。今は何世紀ですか。

C 21世紀です。

　　西暦年表2に合わせて下に世紀年表3 QR を貼る。

T 西暦1年〜100年迄が1世紀です。

T では，西暦701年〜800年，1301年〜1400年は何世紀になりますか。

C 8世紀と14世紀です。

　　世紀年表に答えを書き込んでいく。

T 5××年と19××年なら何世紀ですか。

C 6世紀と20世紀です。…あれ？

T 西暦と世紀の関係で何か気づきましたか？

C 西暦の千と百の位に1足したら世紀になる。

C 1298年なら，12+1=13世紀。本当だ。

C 400年や1500年は例外。1足さないよ。

　　隣同士で問題を出し合って何世紀か答え合う。

4 日本の時代区分について知り，縄文〜令和までの順を確かめる。

T 日本の歴史では，西暦や世紀の他に『時代』で表すことがあります。江戸時代や明治時代等です。他に，どんな時代を知っていますか。

C 縄文時代，奈良時代，鎌倉時代…

T 今は令和ですね。その前は？ そのまた前は？

C 前は平成，その前は昭和です。

　　3つの年表の下に時代名カード QR を貼る。

T では，時代をどんどん遡っていきましょう。

　　残りの時代名カード QR を黒板にランダムに貼り，みんなで選んで順に遡って貼っていく。

C 縄文時代まで全部並べた！

T では，今日勉強したことをまとめプリントに書いていきましょう。

　　まとめプリント QR （3つの年表と時代枠を書いている）に，世紀と時代を書き込ませていく。時間がなければ，ワークシート QR と併せて宿題にする。

縄文のむら

板書例

㊝ 縄文のむらのくらしを調べよう

❶ 〈三内丸山遺跡〉

QR

・高い柱―見張り台？

・大型建物

・土偶　石器　<u>土器</u>が

みつかる

二大発明

❷ 〈住んでいた場所，
　むらのようすの想像図〉

QR

<u>弓矢</u>をつくる
（鳥，小動物をとる）

土器をつくる
（食べ物を煮る）

---

1 世界遺産になった縄文のむら（三内丸山遺跡）について調べる。

T　縄文時代の勉強をします。<u>縄文の遺跡で世界遺産になったところがあります。</u>

世界遺産の縄文遺跡群分布図 QR を見て発表する。

C　たくさんあるね。全部で 17 もある。

C　北海道や東北の北に遺跡が多い。なぜかな？

T　これら全部の遺跡を合わせると，1 万人以上も人々が暮らしていたそうです。

三内丸山遺跡の動画や画像 QR を見せ簡単に説明。

T　どんなものがありましたか。

C　高い柱の建物。見張り台かな？

C　大きくて横に長い家もあった。

C　普通の家や倉庫？もあった。

C　土偶は何に使うのかな？

C　石器や土器も見つかっている。

他の遺跡も含め，できるだけ多くの画像等を見せ，イメージを豊かにさせておくのがよい。

2 住んでいた場所，環境，むらの様子を想像する。

イラスト画「むらの様子」 QR を見る。

T　縄文のむらの想像図から何が分かりますか。

C　小屋みたいな家に住んでいる。

C　森がある。栗をとっている。

C　弓矢や土器を作っている。

C　狩りから帰ってきた人がいる。

C　近くに川や海があり，魚や貝をとっている。

C　貝殻を捨てている？

イラストからできるだけ多く見つけさせる。

T　みんなを治めるような身分の人はいますか。

C　いない。それぞれが何か仕事をしている。

T　この頃の人々は，集団で支え合いながら生活をしていました。<u>大きな力を持って，みんなを支配するような人はいませんでした。</u>

| 準備物 | ・縄文遺跡群分布図 QR　資料「縄文人の食べ物」QR
・縄文遺跡・遺物の動画や画像QR
・イラスト画「むらの様子」QR | ICT | QRコード内のプリントは，部分的に加工するなど，効果的に使用する。動画も豊富に入っているので，動画を見ながら気がついたことを話し合うとよい。 |

〈生活〉
・集団で支え合って生活
・<u>たて穴住居</u>
・森でくりを取って生活
・弓矢を使って狩りをする
・近くに海，川があり，貝や魚をとる
・貝殻を捨てる場所がある

3 〈食べ物〉
・二大発明（弓矢・土器）で食生活が豊かになる
・木の実をすりつぶす
・くりの粉を使ったクッキー
・肉をくんせいして長持ちさせる

4 〈貝塚〉
・食べ終わった骨や貝がら
・土器，石器，骨角器など
・人骨も

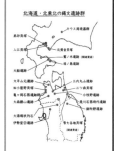

QR

縄文遺跡群

北海道・北東北の縄文遺跡群

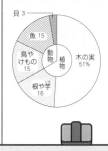

縄文時代の食べ物

動物・植物
貝 3
魚 15
鳥やけもの 15
根や芋 16
木の実 51%

---

3 食べ物をどうやって手に入れ，どんなものを食べていたか考える。

T　縄文人は，どんな物を食べていたのか，教科書や資料で見てみましょう。

　　資料「縄文人の食べ物」QR を配る。

C　随分いろいろな物を食べていたんだなあ。

C　木の実が多い。すりつぶして食べるんだ。

T　栗の粉はクッキーみたいにして食べました。

C　燻製にすると肉などが長持ちするんだよ。

T　<u>弓矢と土器の二大発明で食生活は豊かになりました。なぜでしょう。</u>

C　弓矢で狩りができるようになった。

T　弓矢がよい点を，獲物から考えてみましょう。

C　鳥や，すばしこい小動物も弓矢なら獲れる。

T　土器は，絵のまん中にいる人がヒントです。

C　土器で煮ているんだ。

C　生ではダメな物も食べられるようになる。

　　多くの意見の中からセレクトして板書をする。

4 縄文時代の暮らしは，どのようにして分かったのか話し合う。

T　土器や弓矢，釣り針など生活に必要な道具は，どうやって作ったのでしょう。

　　土器（縄文土器という名称の説明），石器，釣り針の画像QR を見る，教科書でも調べる。

C　土器は粘土で作って焼くんだ。

C　弓矢の先や釣り針は骨や角などで作るんだと思う。

C　弓矢は，木で，矢じりは石で作っている。

T　食べ物や道具など，縄文人の暮らしは，どうやって分かったのでしょう。

C　発掘調査で見つかったから。

T　どんなところから多く見つかるのでしょう。ヒントは「むらの様子」の絵の右下です。

C　え〜，貝を捨てていたところですか？

T　<u>貝塚と言います</u>（画像QR を見せる）。<u>食べた貝の殻，骨，土器や釣り針などの道具，人の骨が見つかることもある，タイムカプセルのような場所なのです。</u>

弥生のむらと米づくり

板書例

㊳ 弥生のむらのくらしや米づくりについて調べよう

1 〈2300年前にあったむら，板付遺跡からわかること〉

・くわ　すき（木製）……田植え

・石包丁……稲の穂刈り

・弥生土器……食べ物の煮たき

・うす　きね……もみすり

┌─────────────┐
│　　**米づくり**　　│
│中国→朝鮮→日本│
│西日本中心に広がる│
└─────────────┘

2 〈米づくりの様子〉

・田をつくる

・水路をつくって水を引く

・1年がかりの米づくり

　　⇧

　強力な指導者

---

1 2300年前の人々は，どのような暮らしをしていたのか板付遺跡から想像する。

T　今から2300年前に人々が暮らしていた遺跡が，福岡県福岡市で見つかっています。

　　地図帳で位置を確かめる。

T　この板付遺跡から掘り出された物や復元された道具を見て，人々の暮らしを想像してみましょう。

　　資料「板付遺跡の道具」QR を配る。

C　くわやすきがある。木で作られている。

C　弥生土器は縄文土器よりシンプルだね。

C　石包丁は何に使うのかな？

C　臼と杵がある。餅つきかな？

C　米づくりをしていたんだ。

T　米づくりは縄文時代の終わり頃に中国から伝わり西日本を中心に広がりました。この時代を何時代と呼びますか。

C　弥生時代です！

C　石包丁は，稲の穂を刈るんだ。

2 米づくりの様子を調べる。

　　2枚のイラスト画 QR や教科書から，当時の米づくりがどんな風に行われていたか調べ，意見発表する。

T　左の絵からどんなことが分かりますか。

C　水路を作って水を田に引いている。

C　板と杭で崩れないようにしている。

C　すごい大工事だよ。

T　大勢のむらの人々の共同作業です。工事や1年かける米づくりには，強力な指導者が必要でした。

C　鍬で土を耕している。木の鍬だから大変だ。

C　まん中で田をならしている。代かきだね。

T　右の絵からはどんなことが分かりますか。

C　石包丁で稲の穂を刈っている。

C　刈った穂を並べて干しているのかな。

C　臼でついているのは，籾すりかもね…。

C　どちらも子どもが楽しそうに遊んでいる。

3 〈米づくりはなぜ広がったのか〉

・おいしくて，えいようがある
・毎年確実にとれて，保存できる
・一つぶから 10 倍以上取れる

⬇

<u>食生活は前より安定</u>

たて穴住居の場所
・田が作れる平地がある
・水が引ける川や池の近く

4 〈たて穴住居での暮らし〉

・土器で米をたく
・くわやすき(農作業道具)
・魚や木の実などもある

＝

<u>米作り＋狩り，漁，木の実など</u>

---

3 どうして米づくりが広がっていったのか考える。

T　機械はなく，満足な道具もない時代，米づくりは大変そうですね。<u>それなのになぜ，米づくりが広がっていったのでしょう。</u>

　　しばらく自由に討論する。

C　初めて米を食べて，美味しかったんだと思う。
C　栄養もあると思うけど…肉の方が多いかな？
C　お米って，長く置いても腐らないよね。
T　そうですね。縄文時代とも比べてみましょう。<u>食べ物が確実に手に入るのはどちらでしょう。</u>
C　お米は毎年同じ田んぼから収穫できる。
C　鳥や獣や魚はいつもとれるとは限らない。
C　とりすぎたら減ってしまう。
C　お米は一粒から10倍以上，収穫出来る。
T　お米は，美味しく栄養がある，保存できる，確実にたくさん収穫できるので食生活は，前よりは安定してきました。

4 弥生時代の人々の暮らし（竪穴住居）について考える。

T　米づくりから考えると，どんな場所に住んでいたと思うか話し合いましょう。
C　田んぼが作れるような平地がある場所。
C　水が必要だから川や池の近く。
T　<u>弥生時代の人々がどんな暮らしをしていたか，住んでいた家の中の様子から話し合いましょう。</u>

　　竪穴住居の内部の想像図QRを見せる。

C　真ん中は，土器でお米を炊いているよ。
C　鍬や鋤など農業の道具がおいてある。
C　魚や木の実や果物がある。
C　<u>米だけを食べていたんじゃないんだ！</u>
T　大事な点に気づきましたね。米だけでは，食べるにまだ十分とはいえません。だから，狩りや漁，木の実の採集も合わせてやっていました。
C　それまでの食べ物にお米が加わったんだ！
T　でも食生活がよくなったことは確かですね。

比べてみよう－縄文と弥生

板書例

ⓜ 縄文時代と弥生時代の暮らしを比べてみよう

1,2,3 〈縄文と弥生〉　　〈むらのようす〉　　〈住まいや建物〉

［縄文時代］

（想像図）QR

・近くに海や川

・堀やさくはない

・たて穴住居，高床倉庫
　（湿気を防ぐ）

・簡単なつくり
　実，肉，魚を保存

〈むらのようす〉　　〈住まいや建物〉

［弥生時代］

（想像図）QR

・むらの近くに田

・建物も人も多い

・２重３重の堀や
　さく

・りっぱな建物

・二階建てもある

・米をたくわえる
　ことができる

---

1 縄文時代と弥生時代の集落の想像図を比べて違いを見つける。

　　教科書または資料イラスト QR で縄文のむらと弥生のむらの様子を比べる。

T　二つのむらを見渡して，違っているところを見つけましょう。

C　縄文のむらの近くには海や川がある。弥生のむらの近くには田がある。

C　むらの大きさが違う。弥生のむらの方がずっと大きい。建物も多いし，人の数も多い。

C　弥生のむらは堀や柵で囲まれているが，縄文には堀も柵もない。

C　弥生のむらの堀や柵は２重にも３重にもなっている。

C　堀や塀の外にも中にも建物がある。

　　ここでは，全体的なむらの特徴や違いに注目させ，細かな建物や人々の様子については，以降の展開で見ていくと伝える。

2 住まいや建物の違いや似ているところを調べる。

T　建物の様子や特徴などを詳しく見て下さい。違いや似ているところを見つけましょう。

　　1の展開で出された建物についての意見があれば再確認してから，意見を出し合わせる。

C　どちらも竪穴住居や高床倉庫があるけど，縄文は作りが簡単で，弥生の方がよくなっている。

T　倉庫は何に使うのでしょう。なぜ高床なの？

C　弥生の倉庫には米を入れておく。

C　じゃあ，縄文の倉庫は木の実や肉や魚が入っているのかな。

C　床を高くして中が湿気るのを防いでいる！

T　弥生では，縄文にはなかった建物がありますか。

C　弥生のむらには，高いやぐらの建物がある。

C　弥生は，他より立派な建物や二階建ての建物がある。これも縄文にはないよ。

〈人々のようすや仕事〉

・狩りや漁
・共同で家を作る

〈人々のようすや仕事〉

・米づくり
・さくを作る仕事
・物を運ぶ
・見張りの兵士
・物を並べて売る

4 〈弥生時代の大きな特ちょう〉

・農業を始めた。食料が増え，保存できるようになった。
・生活が安定してきた。
・むらが大きく，人口も増えた。
・堀やへいでかこんで守る。兵士も見張り。

3 人々の様子や仕事などを比べて，違いや変化を見つけ，縄文，弥生の名の由来を知る。

T　人々の様子や仕事も詳しく比べましょう。

C　縄文は狩りや漁，弥生は米づくりをしている。

C　縄文は共同で家を建てている。弥生は柵を作る仕事をしている。

C　弥生は物を運んだり，いろいろな仕事をしている。

C　弥生は入り口で兵士が見張りをしている。

C　弥生は物を並べて売っているようだ。

　　気づいたことを多く出し合って交流させる。

T　ところで，縄文時代，弥生時代という名前はどうしてついたのでしょう。

C　縄文土器を使っていたから縄文時代で，弥生土器を使っていたから弥生時代？

　　二つの土器の画像 QR を見せながら説明する。

T　そうです。縄文土器は縄目文様からこの名前が付き，弥生土器は東京都の弥生町で最初に発見されたのでこの名前がつきました。

4 弥生時代の大きな特徴を考え，さらに調べてみたいことを話し合う。

T　ここまでの学習を振り返って，縄文時代にはなかった弥生時代の大きな特徴は何か，話し合いましょう。

　　グループ討議をして全体で交流する。

C　農業が広まったことだと思う。確実に収穫できる食糧が増えたから，生活も安定する。

C　むらも大きくなって人口も増え，物を売ったり，いろいろな仕事や作業をするようになった。

C　堀や塀で守りを固めて兵士が見張りしていることかな。縄文時代にはなかった。

T　弥生時代やその後の時代について，もっと知りたい，調べてみたいことはありますか。

C　米づくりのほかに中国から伝わってきたものがあるのか，知りたいな。

C　弥生時代がなぜ縄文時代とこんなに違ってきたのか知りたい。

第４時
むらからくにへ

本時の目標　米づくりの広がりによって，「むら」からより大きな「くに」になっていったことを理解する。

板書例

㋱「むら」から「くに」はどのようにして生まれたのだろう

1〈吉野ヶ里遺跡からわかること〉

首の無い人骨
人骨に矢じりが13本 ──▶ 戦いがあった

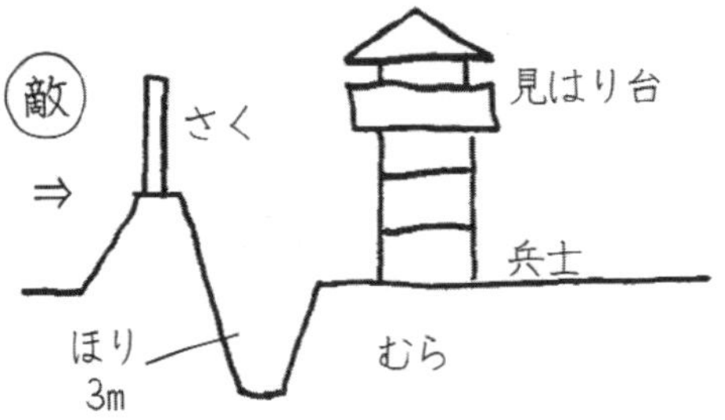

敵
⇒
さく
見はり台
兵士
ほり
3m
むら

〔戦いからむらを守るせつび〕 QR

2〈むらとむらとの争い〉

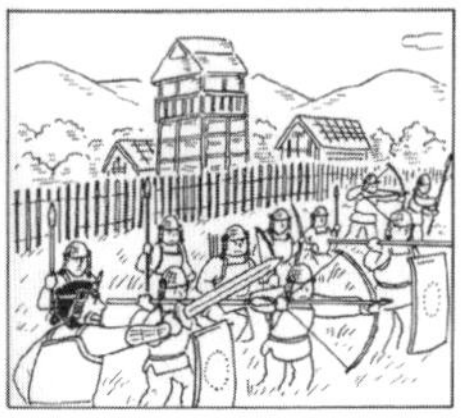

QR

水，土地，米
人（労働力）

⇧

「むら」と「むら」がうばいあう
強い武器，兵士，
指導者が必要になる

1　吉野ヶ里遺跡から争いに関係するものを見つける。

T　前の時間に見た弥生時代のむらの想像図は，吉野ヶ里遺跡を元に描かれています。

資料「発掘された人骨」QR と画像 QR を見る。

T　吉野ヶ里遺跡から見つかった人骨を見て，気づいたことはありませんか。
C　矢じりが 13 本もささっていた。
C　人骨に首が無い！
T　この人骨から何が分かりますか。

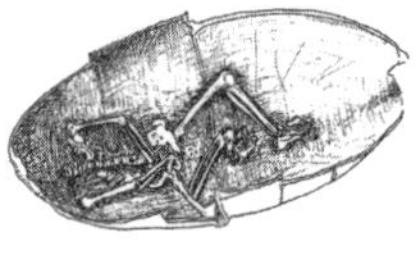

C　激しい戦いがあった。
C　人骨は戦いで死んだ人だと思う。
T　他にも戦いに関係する物はありましたか。吉野ヶ里遺跡の想像図をもう一度見てみましょう。
C　高いやぐらの見張り台があった。
C　堀や柵があって，むらを守っていた。
C　兵士が見張りをしていた。

2　むらとむらの争いの原因，むらの中の変化について話し合う。

C　弥生時代は，むら同士で戦っていたのかな。

戦いのイラスト QR を見せる。

T　なぜ「むら」と「むら」が戦いをしたのでしょう。ヒントは，米づくりと関係しています。
C　水が大事だから，水の奪い合いがあったのだと思う。
C　土地の取り合いもあったと思う。米づくりに向いている土地や，広い土地を奪い合った。
C　収穫した米を奪おうとしたかもしれないね。
T　戦いには，柵や堀の他に何が必要でしょう。
C　強力な武器や強い兵士がたくさん必要だ。
C　長期戦になったら，食糧もたくさんいるよ。
C　戦いを指揮する指導者も絶対必要だね。
T　その指導者はむらの中でどんな存在になっていったと思いますか。
C　他のむらの人より強い力を持つようになる。
C　むらを力で支配していた人に違いない。

| 準備物 | ・資料「発掘された人骨」QR
・人骨画像 QR
・戦いのイラスト QR
・吉野ヶ里出土鉄器，青銅器など QR | I
C
T | 銅銭や管玉などの画像を提示したり，
共有したりしてクイズとして出題すると
よい。吉野ヶ里遺跡の画像や動画もあ
るので，活用し，興味をもたせたい。 |

③　〈むらからくにへ〉

〔むら〕　強い力をもつ者がむらの
　　　　　支配者となる－ごうぞく

　　　　強いむらが
　　　　周りのむらを支配する－王
　　　↓
〔くに〕

　　　　周りのくにを従えていくことで，
　　　　大きなくにとなる
　　　↓
〔大きなくに〕────邪馬台国
　　　　　　　　　　女王卑弥呼
　　　　　　　　　　30 あまりのくにを従える。

④　〈中国大陸から伝わった物〉

　　　鉄器や青銅器など
　　　鉄剣
　　　銅鏡
　　　銅銭
　　　管玉
　　　技術や文化

3　「むら」同士の争いの結果，世の中が
　どのように変わっていったのか考える。

T　戦いの指導者は，むらを支配する「豪族」にな
　っていきました。

T　戦いに負けたむらはどうなったのでしょう。

C　食糧や土地を奪われた。

C　武器も取り上げられたんじゃないかな。

C　勝ったむらに征服され，支配されたと思う。

C　人々はどうなったのかな？

T　負けたむらの人の
　多くはどうなったか，
　3 択問題です。

　　　①他の土地へ逃げた
　　　②みんな殺された
　　　③つかまって働かされた

C　他の土地へ逃げて，また米作りを始めた？

T　米をたくさん作るためには，多くの労働力が必
　要なので，③が正解です。

T　強いむらは周りのむらを従えて，より大きな「く
　に」がいくつも作られました。そして<u>「豪族」</u>は
　<u>「王」</u>となってその「くに」を治めるようになり
　ました。

4　弥生時代に伝わって来たものを調べ，
　大陸との交流を確かめる。

T　中国大陸から伝わった米づくりで，世の中は大
　きく変化したようですね。他に大陸から伝わった
　ものはないか，教科書で調べましょう。

C　鉄製や銅製の剣。

C　お金もあった。銅鏡も。

C　銅鐸。何に使われたのかな？

T　銅鐸は祭りの時に飾ったり，鳴ら
　したりしたと考えられています。

　　発言に合わせて剣・銅鏡などの画像 QR を見せる。

T　こういった物の他にも，<u>王や豪族たちは大陸の</u>
　<u>技術や文化</u>を積極的に取り入れ，くにづくりに役
　立てました。中国や出雲地方（島根県），沖縄と交
　易もしていたようです。

　邪馬台国や卑弥呼については，教科書を読んだり
補足説明をして興味を持たせ，個人やグループで調
べさせたい。別に発表や交流の機会を持ってもよい。

巨大古墳と豪族

板書例

ⓜ 巨大古墳とそれを造らせた人について調べよう

1,2 〈古墳のつくりや形〉

〔今の姿〕

〔造られたとき〕

・ふき石
・たくさんのはにわ
・内部に石室
　（王のはか）

〔横から〕

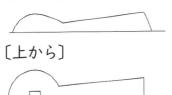

前方後円墳
・3〜7世紀
・くにの王や豪族の墓

〔上から〕

最大：大仙古墳

POINT QRコードには，様々な種類の古墳の画像が収録されている。意外な形の古墳もあり，大変おもしろい。

1 古墳とは何か調べる。

T　これは何だと思いますか。

　　古墳を横から見た画像（青塚古墳）QR を見せる。

C　山？　丘かな？
C　多分…古墳だと
　　思うけど…。

T　真上から見るとこんな形をしています。

　　黒板に前方後円墳の形を描く。

C　変な形だね。鍵穴みたいだ。
T　これは古墳です。全国各地に残っています。
　　日本最大の古墳は大阪府堺市にある大仙古墳です。
　　教科書で大きさを調べてみましょう。
C　全長486m，高さ35m。すごく大きい！
T　古墳はいつ，誰が，何のために造ったのかも教
　　科書で調べましょう。
C　3〜7世紀頃に造られた。大仙古墳は5世紀。
C　くにの王や豪族が造らせた自分の墓なんだ。

2 古墳のつくりやできた当時の姿を調べる。

　　教科書の大仙古墳か箸墓古墳の画像 QR を見せる。

T　今，古墳は木や草が生えていますね。造られた
　　ときはどんな姿だったと思いますか。
C　木がもっと小さかった？
T　実はこんな姿だったのです。

　　森将軍塚や作山1号墳の画像 QR と比べてみる。

C　表面を石（葺石）で敷き詰めている。
C　壺か筒みたいなものがたくさん並んでいる。
T　教科書も読んで調べましょう。
C　筒のようなものは埴輪と言うんだ。
C　内部には石室が造られ，遺体が葬られている。
T　巨大古墳を見た人は，どう思ったでしょう。
C　びっくりしただろうな。
C　こんなすごいもの見たことない!!
T　高いビルもない一面が緑の景色の中に，こんな
　　巨大古墳がある様子を想像してみましょう。

準備物
・画像：横から見た古墳 QR　・古墳工事の絵 QR
・画像：箸墓古墳・森将軍塚，作山1号墳 QR
・資料「古墳からの出土品」 QR

ICT　資料を共有し，1人1人がじっくりと見ることで，古墳を造っている様子や古墳の様子を想像させる。完成までの期間や現在に換算した費用も話し合わせる。

❸ 〈巨大古墳を作る労力や費用〉

〈大仙古墳の場合〉

・15年以上
・のべ680万人
・796億円

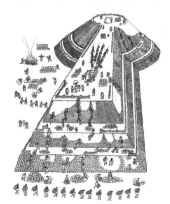

〈古墳からの出土品〉

・鉄の剣・かぶと・銅
・鏡・はにわ　など

❹ 〈古墳時代の王や豪族〉

・大きな財力
・大きな力，技術
・みんなに力を見せる
・すごいと思わせる

・すごいお金と人（大工事）がかかる
・大工事などで設計や土木の技術が発達した

---

3 巨大古墳をつくるための労力や費用について考える。

T　大仙古墳を造る労力や費用の3択クイズです。先ず第1問。

C　①かな。今より人口は少ないから。

C　②ぐらいだ。

> **かかった年月と働いた人数**
> ①約5年，のべ100万人
> ②約8年，のべ200万人
> ③15年以上，のべ680万人

T　正解は③です。1日8時間，1か月25日働いた計算です。

T　では，第2問はこれです。

C　うーん，これも③だ！

C　②ぐらいかな。

> **かかった費用**
> ①350億円
> ②796億円
> ③2兆円

T　正解は②です。今のお金で計算しました。

　　教科書や資料の絵 QR から古墳工事の様子をイメージする。後で，資料「古墳の出土品」 QR を見る。

T　古墳からどんな物が見つかっていますか。

C　剣やかぶと。勾玉や鏡もある。

C　埴輪もいろいろな形があるんだ。

4 古墳を築いた王や豪族たちは，どんな力を持っていたのか考え話し合う。

T　3択クイズや出土品の感想を発表しましょう。

C　古墳造りは，すごくお金と人がいる大工事だ。

C　王や豪族は，大きな力とお金を持っていた。

C　鏡も剣もみんな高価な物だったのだろう。

T　古墳を造るには，設計や土木などの技術を持った人々も必要でした。

T　古墳が造られた理由を考えてみましょう。

　　グループで話し合い，全体で交流させる。

C　王の強い力をみんなに見せたかった。そうしたら，他のくにも戦いたくないと思うかも…。

C　人々に「王はすごい」と思わせて，くにをまとめようとした。

T　全国にたくさんの古墳が造られた3世紀後半〜7世紀始めまでを古墳時代と言います。

　　権力の誇示だけでなく，「王に神となって共同体を守ってもらうため」古墳を築造したという説もある。

板書例

㋲ 大和朝廷（大和政権）による国土統一を調べよう

1 〈大きな前方後円墳〉

・奈良県，大阪府に特別多い

・大きな力を持つ
　王（豪族）たちが多くいた

2 〈大和朝廷（大和政権）〉

王　王　大王（おおきみ）　王　王

大王が中心・大和の連合政権

↓

・埼玉県の古墳
　鉄剣の文字「ワカタケル大王」

・熊本県の古墳
　鉄刀の文字「ワカタケル大王」

---

1 大きな前方後円墳が集中する地域を調べ，その理由を考える。

T　古墳時代に，世の中がどう変わっていったか学習していきましょう。

　　資料「大型古墳ベスト100の分布」QR を見る。

T　この図を見て分かることを話し合いましょう。
　（　）内は全長200mを超える古墳の数です。

C　奈良県と大阪府がダントツに多い。

C　200mを超える巨大古墳も奈良と大阪に集中している。

C　北は宮城県から南は鹿児島県まであるね。

T　<u>なぜ，奈良県と大阪府に大きな古墳がこんなに多いのでしょう。</u>

　　前時の学習も振り返って考える。

C　大きな古墳を造れる王や豪族が多かった。

C　強い「くに」がたくさんあったから。

T　そうです。この地方には，大きな力を持った王や豪族が，早くからたくさん現れていました。

2 大和朝廷（大和政権）について知り，稲荷山鉄剣の文字を読んでみる。

T　奈良盆地辺りの大和地方に，王たちが連合した，より大きな力を持つ国が現れました。この国の政府のことをを教科書では何と呼んでいますか。

C　大和朝廷。大和政権とも書いてあるね。

　　この時期は，天皇も貴族もまだ存在せず，朝廷と呼べる形態ではなかったので，「大和政権」ともいわれている。

T　この国の中心となった王は大王（おおきみ）といいます。後に天皇と名のるようになります。

　　稲荷山鉄剣と「ワカタケル」の拡大部 QR を見る。

T　これは埼玉県の稲荷山古墳で発見された鉄剣に書いてあった文字です。

C　何て書いてあるか全然分からない。

C　最後の2文字は大王と書いてある。大和朝廷の大王のことかな？

T　「ワカタケル大王」と読みます。

準備物	・資料「大型古墳ベスト100の分布」QR ・画像：稲荷山鉄剣・文字部分拡大図 QR ・資料「ワカタケル大王の手紙」QR ・ワークシート「渡来人が伝えたもの」QR	ICT	埼玉県立史跡博物館のHPで「ワカタケル大王」銘文の拡大画を見ることができる。児童とともに読み，何と書いているのか，話し合うとよい。

3 〈大和政権の広がり〉

・ワカタケル大王が中国へ手紙を送る

・広がる支配地域（5〜6世紀）

　九州　　大和政権　　関東　　東北

4 〈渡来人が伝えたもの〉
（中国や朝鮮から来た人々）

・漢字　　　・仏教

・新しい土器の焼き方　　・土木工事

・はた織り　・養さん

・鉄製品（武具，農具）　・古墳づくりの技術

QR

大型古墳ベスト
100の分布

---

3 刀剣の銘や中国への手紙から，大和政権の支配の広がりについて話し合う。

　　熊本県江田船山古墳からも同じ「ワカタケル大王」銘の鉄刀が見つかったことを説明する。

T　このことから，どんなことが分かるでしょう。

C　埼玉と熊本に同じ名前の大王がいた？

C　そうじゃなくて，埼玉や熊本の「くに」も，ワカタケル大王に従っていたということだよ。

T　ワカタケル大王が中国に送った手紙です。

　　「ワカタケル大王の手紙」QR を読む。

C　こんなにたくさんの国を平定したのかな？

C　すごく広い範囲を支配していたんだ。

C　古墳分布図の宮城〜鹿児島までの範囲かな。

T　5〜6世紀頃，大和政権は九州から東北地方までの王や豪族と手を結び，他のくにを従えていきました。

　　ヤマトタケルの国造り神話などを読む機会もあるかもしれないが，史実ではないことは説明しておきたい。

4 古墳時代に渡来人が来て，日本に伝えたものを調べる。

T　この頃は，中国や朝鮮半島から日本に移り住む人々も多くなりました。彼ら渡来人がどんなものを伝えたか調べましょう。

　　ワークシート「渡来人が伝えたもの」QR を配る。書き込めたら答え合わせをする。

T　渡来人が伝えたものについて，思ったことや気づいたことを言いましょう。

C　仏教，漢字，養蚕…今に続いていることを，渡来人がいろいろ伝えていたんだね。

C　土木工事って，古墳の造り方も渡来人が伝えたのかな？

C　須恵器って，どんなものか見てみたいな。

T　古墳造りの技術もそうです。大和政権は，こうした技術や文化を積極的に取り入れました。

　　京都・太秦の秦氏（はたうじ），奈良・飛鳥の東漢氏（やまとのあやうじ）等が渡来人として知られている。

整理してまとめる

板書例

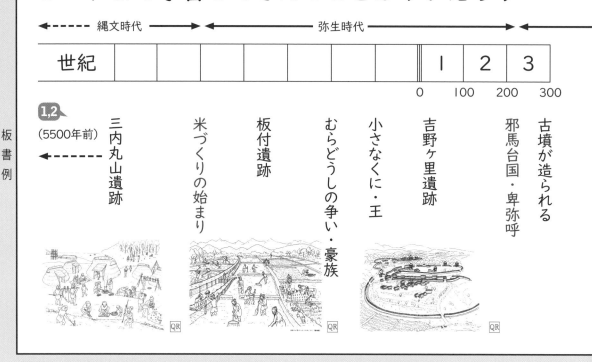

㋙ これまで学習してきたことをふりかえろう

◄----- 縄文時代 -----► ◄----- 弥生時代 -----►

| 世紀 | | | | | | | | 1 | 2 | 3 |

0　　100　　200　　300

1,2
（5500年前）

◄----- 三内丸山遺跡

米づくりの始まり

板付遺跡

むらどうしの争い・豪族

小さなくに・王

吉野ヶ里遺跡

邪馬台国・卑弥呼

古墳が造られる

POINT 画像をそのまま使用するだけでなく，児童が画像にコメントを入れることで，自分の考えをもつことができる。

---

1 学習を振り返り，どんな出来事があったか話し合う。

T　縄文時代から古墳時代までにどんな出来事があったか発表しましょう。

C　縄文時代は，縄文土器を使い，狩りや漁や木の実などをとって暮らしていた。

C　弥生時代は，米づくりが広まった。

C　むらどうしの争いが起きるようになった。

C　むらの指導者は豪族になった。

C　強いむらがまわりのむらを従えてくにができていった。くにの豪族は王になった。

C　古墳時代になると，全国に古墳が造られた。

C　大和のくにの王たちは連合して，大和朝廷（大和政権）をつくった。

C　大和朝廷の中心となる王は大王になった。

C　九州から東北にまで勢力を広げていった。

C　渡来人が様々な技術や文化を伝えた。

2 大事な出来事を年表にする。

　黒板に白年表 QR を貼り（書き），時代を確認する。

T　三内丸山，板付，吉野ヶ里の三つの遺跡はどこに書いたらよいか，教科書で調べましょう。

C　三内丸山は5500年前，黒板に入らないよ。

C　吉野ヶ里は1〜3世紀頃だと書いてある。

T　三内丸山は約1500年，吉野ヶ里は約700年続きました。教科書に合わせて書きましょう。

　時代を代表するキーワードを選び，黒板の年表上の位置を示しに来させる。白年表 QR に個人またはグループで記入して，発表するのもよい。

C　「むらどうしの争い」は米づくりの始まりの後だね。その後に「小さなくに」ができた。

C　吉野ヶ里遺跡より前の出来事だね。

T　米づくりは縄文時代の終わり頃に伝わりました。

C　邪馬台国は弥生時代の終わり頃にできた。

C　大和朝廷ができたのは，古墳時代だったね。

3,4 〈ふりかえり〉

・米づくりで食料・生活が安定，人口増加
・水田や水路工事で指導者が必要
・土地・水を求めて，むらどうしの争い

↓

・むらの指導者は豪族

↓

・むらを従えて，くにをつくる…王

↓

・大和朝廷（大和政権）…大王

↓

全国統一

← 古墳時代 →

4	5	6	7

400　500　600　700（年）

渡来人

大和朝廷（政権）国土統一

---

3 年表を見ながら，出来事を分かりやすくまとめる。

T　年表ができましたね。いろいろな出来事が起こっていくのは，何時代からですか。
C　弥生時代からです。
T　どんな出来事が起こり，世の中や暮らしがどう変わっていったのか，まとめていきましょう。
　児童の発表を元に教師が図解していく。
C　米づくりの始まりから，世の中が大きく変わった。
C　食べ物が生産でき，生活が安定してきた。
C　工事や戦いの指導者が豪族になった。
C　収穫物や土地，水などを取り合って，むら同士の争いが起きた。
C　むらが他のむらを従えて小さなくにができ，王がそのくにを治めた。
C　大和朝廷（大和政権）が九州から東北までのくにを従えていった。
C　各地のくにに前方後円墳が造られていった。

4 印象に残った時代の暮らしの様子について発表する。

T　縄文時代から古墳時代までのできごとがまとまりましたね。
T　みなさんの印象に残った時代の子どもになったつもりで，当時の暮らしの様子を説明してみましょう。
C　ぼくは，縄文時代の子どもです。縄文時代は1万年以上も続いた，とっても長い時代です。
C　わたしは，縄文時代の子どもです。今日の食事は，わたしがとってきた栗と山菜です。
C　わたしは邪馬台国の子どもです。女王の卑弥呼様が占いでくにを治めています。
C　ぼくは，大和の国の子どもです。父は大王様の命令で，東のくにを攻めにいっています。
C　わたしは，古墳時代の子どもです。渡来人のおばさんから，機織りのしかたを習いました。
　既習の画像などを見せて発表させてもよい。

天皇中心の国づくり

全授業時間 6 時間

◉ 学習にあたって ◉

◇何を教えるのか　- この単元の特徴 -

　「天皇中心の国づくり」は，聖徳太子から始まる大きな改革です。何年にもわたってこの体制が受け継がれ，国の形が整えられていきました。飛鳥時代には，天皇と豪族を中心とした国づくりが行われてきました。

　「天皇中心の国」とは，中国の律令制度に基づく中央集権国家のことであり，日本も隋や唐に倣って国の形を整えようとしました。奈良県飛鳥地方や奈良市を中心に政治が動いていた時代です。

　最近の歴史学では聖徳太子は後の時代に呼ばれるようになった名前であり，当時は「厩戸皇子」と呼ばれていたと考えられています。また大化の改新も 645 年の「乙巳の変」，646 年の改新の詔から始まったと考えられていますが，どちらも教科書の記述「聖徳太子」・「大化の改新」に合わせました。

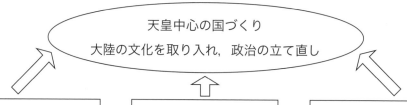

知識および技能	・聖徳太子が始めた「天皇中心の国づくり」は，大化の改新などを経て次第に国の形や制度が整えられ，天皇を中心とした朝廷による政治が行われるようになっていったことがわかる。 ・飛鳥，奈良時代には，遣隋使や遣唐使によって大陸の政治の仕組みや文化が（当時の日本に）取り入れられるとともに，仏教が広がり，法隆寺や東大寺などの寺院が建立されたことがわかる。
思考力，判断力，表現力等	・「天皇中心の国づくり」とは，どのような国を目指したのか，その過程や意味を考えるとともに，時代の流れを整理して，文章などで説明したり，話し合ったりしている。 ・平城京のイラストや大仏建立，遣唐使の話などの資料から，読み取れたことを書き出したり，発表したりしている。
主体的に学習に取り組む態度	・学んだことを，資料をもとにして年表などに整理できている。 ・聖徳太子から始まる「天皇中心の国づくり」や，それにかかわった人物などに関心を持ち，問題解決の見通しを持って主体的に学習問題を追及し，解決しようとしている。

● 指導計画　　6 時間 ●

時数	授業名	学習のめあて	学習活動
1	聖徳太子と大陸に学んだ国づくり	・聖徳太子（厩戸皇子）が行った政治について調べ，聖徳太子が「天皇中心の国づくり」を目指していたことを理解する。	・「冠位十二階」や「十七条の憲法」から，聖徳太子の目指した国づくりについて調べる。 ・詳しく調べたことを発表し合う。
2	大化の改新と天皇中心の国づくり	・大化の改新によって，天皇中心の政治のしくみが整えられていったことがわかる。	・大化の改新によって，政治の仕組みや税の制度がどのようになったのか，税としてどのような物がどのようにして都へ運ばれてきたか調べる。
3	平城京と人々の暮らし 仏教の力で国を治める	・平城京について調べ，奈良時代の都や地方の人々の暮らしについて理解する。	・新しくできた平城京とはどんな都だったのか，また地方の人々の生活について，資料をもとに調べて話し合う。
4	聖武天皇と大仏づくり	・聖武天皇が仏教の力で国を救おうとしたことを知り，大仏は全国から集められた物資と人々の働きでできたことがわかる。	・聖武天皇関係の年表や大仏を造る詔から，聖武天皇の考えについて話し合う。 ・大仏工事や僧である行基が大仏建立に協力したこと，開眼式について調べる。
5	遣唐使と大陸の文化	・国づくりを進めるために，遣唐使や渡来人を通して大陸（唐）の文化を取り入れていたことが分かる。	・正倉院の御物から，奈良時代の日本が中国を通じて世界とつながっていたことを確かめる。 ・遣唐使や鑑真の旅の様子を知り，その目的や航海の大変さについて話し合う。
6	学習のまとめ	・聖徳太子から奈良時代までの「天皇中心の国づくり」の流れを理解し，適切に表現することができる。	・主な出来事や登場した人物をふり返り，話し合う。 ・年表に整理し，主な人物が行ったことを表にまとめる。 ・当時の人物になったつもりで，世の中を説明する。

聖徳太子と大陸に学んだ国づくり

板書例

ⓜ 聖徳太子はどんな国を　　つくろうとしたのか調べよう

❶ 〈聖徳太子〉

豪族同士の争い（6世紀後半）

天皇（大王）
豪族を従えるのに苦労

聖徳太子（厩戸王）が
豪族蘇我氏と協力

天皇中心の国づくり

❷ 〈聖徳太子がしたこと〉

・遣隋使
　進んだ制度・文化・学問

・冠位十二階
　役人の位を能力で決める

・十七条憲法
　役人の心構え

・仏教をひろめる
　法隆寺を建てる

---

1 古い1万円札に描かれた人物を見て話し合う。

T　みなさんは，今の1万円札に描かれている人が誰か知っていますか。

C　知っている。福沢諭吉です。

C　次は渋沢栄一になるんだよ。

T　では，最初に発行された1万円札に描かれた人は誰だったか知っていますか。

C　分からない。誰だろう？

C　知っている！ 聖徳太子です。

T　聖徳太子ですね。今日は聖徳太子の行った政治について学習します。先ず，この時代（6世紀後半）の様子を教科書で調べましょう。

C　豪族が互いに争っていた。

C　天皇は豪族を従えるのに苦労をしていた。

　　「大王」が「天皇」と呼び名が変わるのは7世紀になってからで，初めて「天皇」を名乗ったのは天武天皇だという説が有力視されている。

2 聖徳太子は新しい国づくりのために，どんなことをしたのか調べる。

T　聖徳太子は，大きな力を持っていた蘇我氏とともに，どんな国づくりを目指しましたか。

C　「天皇中心の国づくり」です。

T　聖徳太子はどんなことをしたのか，教科書で調べましょう。

C　中国の隋に遣隋使を送って，進んだ制度，文化，学問を取り入れようとした。

C　冠位十二階を定めて，家柄に関係なく能力や功績で役人になる人を選んだ。

C　役人の心構えを示す十七条憲法を作った。

C　法隆寺を建て，仏教を広めた。

T　様々な取り組みをしていたのですね。この中で，調べてみたいことを一つ選びましょう。

　　教科書，資料集，インターネットなどで調べる。参考本や関係資料も準備しておきたい。

3 〈調べたことを発表しよう〉

遣隋使　　　　　冠位十二階

十七条憲法　　　法隆寺

※個人やグループで調べたことを順番に発表させる

4 〈飛鳥時代〉

・聖徳大使が生きた6世紀後半から奈良に都ができるまでの100年間を飛鳥時代という。

蘇我氏の力が
強まる！

---

3 聖徳太子が行ったことを発表する。

　　調べ学習は，知りたい項目でグループに分けて調べてもよい（タブレット等で情報を共有）。

T　では，調べたことを発表しましょう。

C　ぼくたちは，仏教と法隆寺を調べました。

C　法隆寺は，現存する世界最古の木造建築です。

C　聖徳太子は，仏教の力を借りて，国を治めようとしたのです。

C　私たちは，遣隋使について調べました。

C　隋では皇帝中心の政治のしくみが整い，文化も栄えていたので，それを取り入れようとしたのです。

C　遣隋使の行路も調べました。

　　発表に合わせて，法隆寺の画像，遣隋使の航路図 QR や遣隋使船の画像等 QR を見せるとイメージが広がる。（インターネットの画像，NHK for School の動画も活用）以下の発表でも関係資料や画像を見せるとよい。

4 聖徳太子が目指した国づくりは，どうなったのか考える。

T　この頃から飛鳥地方が政治の中心になっていきます。この時代を飛鳥時代と呼びます。

　　古墳時代の終わり頃と飛鳥時代の前半は，時期的には重なる（6世紀末〜7世紀前半）。

T　やがて，7世紀になると古墳は造られなくなっていきます。豪族や天皇は代わりにあるものを造るようになりますが，それは何でしょう。

C　古墳はお墓だったね。お墓の代わりかあ…。

C　お寺か…。そうか，法隆寺もお寺だ。

C　仏教が広まり，古墳の代わりにお寺を建てた。

T　豪族の蘇我氏も飛鳥寺を建てています。

　　飛鳥寺の画像 QR を見せる。

T　聖徳太子の国づくりは成功しましたか。

C　豪族の力はおさえられなかった。

T　聖徳太子の死後，蘇我氏の力が強まりました。この後どうなるのか，次から学習していきます。

大化の改新と天皇中心の国づくり

板書例

㋕ 天皇中心の国づくりはどうなったのか確かめよう

1〈大きな力をもつ蘇我氏〉

・聖徳太子の死後，蘇我氏が力を持つ

・中大兄皇子（天智天皇）と中臣鎌足（藤原鎌足）蘇我氏をほろぼす

↓

〈645 年　大化の改新〉
・天皇中心の国づくり

2〈大化の改新（元号の始まり）〉

・豪族の土地や人々は，国のもの

↓

力の強かった豪族は貴族へ
・国の政治に参加

地方の豪族は地方役人へ
・その地方を治める

---

1 聖徳太子の死後，どのような出来事があったのか確かめよう。

T　聖徳太子の死後，天皇をしのぐ程の勢力を持ったのは，誰でしたか。

C　蘇我氏です。

T　その蘇我氏に対して，どんな出来事が起こったのか，教科書で調べましょう。

C　645 年に，中大兄皇子（後の天智天皇）と中臣鎌足（後の藤原鎌足）が蘇我氏を倒した。

蘇我入鹿暗殺の場所と伝えられる飛鳥板蓋宮跡の画像 QR を見せてもよい。この出来事はその年の干支にちなんで「乙巳（いっし）の変」と呼ばれている。

T　中大兄皇子らは，どんな人たちとどんな国づくりを始めたのですか。

C　中国から帰国した留学生や留学僧たちと，中国を手本にした「天皇中心の国づくり」を始めた。

T　この改革を何と言いますか。

C　大化の改新です。

2 大化の改新で，国の政治の仕組みがどのように変わったのか調べる。

T　この時「大化」という元号が初めて使われました。大化の改新で，豪族や，豪族が支配していた土地や人々はどうなったのでしょう。

C　土地や人々は，豪族から国のものになった。

C　力の強かった豪族は，貴族という位の高い役人になって，政治に参加するようになった。

C　地方の豪族も役人となり，その地方を治めた。

T　これについて，思ったことを話しましょう。

C　豪族は反対しなかったのかな？

C　自分も倒されるから反対できなかったのだ。

T　豪族は，位や給料を国からもらうことになりました。

C　これで，豪族の力をおさえ，天皇の力が強くなっていったのだね。

T　その後，中国にならって藤原京という日本で最初の本格的な都が，飛鳥地方に造られました。

| 準備物 | ・画像「飛鳥板蓋宮跡」QR ・画像「木簡」QR
・資料・イラスト5枚（租庸調兵役雑徭）QR
・資料「各地の主な特産物」QR | ICT | 資料「各地の特産物」を児童に送信し、「食べ物」を赤、「食べ物以外」を青で塗らせる。どのようなものが税として扱われていたか、理解を深めることができる。 |

3 〈律令＝国を治めるための法律〉　**4** 〈特産物と木簡〉

・8世紀のはじめにできる

租（そ）…米の収穫高の3%

調（ちょう）…織物や特産物
　　　　　　　自分で都まで運ぶ

庸（よう）…10日働くか布

他に…兵役や土木工事

＝特産物＝
・魚や肉 … 干物やくんせい
・染料（染め物に使う）
・東北や九州からも運ばれる

＝木簡＝
・木簡は手紙や書類の代わり
・荷札にも使われていた

---

3 人々が治める税にはどのような物が
あったか調べる。

T　8世紀の初めには、国を治めるための法律ができ
ました。これを何と言いますか。

C　律令です。

T　国のものになった土地はどうしたでしょう。
3択問題です。

C　う〜ん③かな？

T　正解は②です。

> ①役人に分け与えた。
> ②人々に貸し与えた。
> ③天皇の一族で分け合った。

T　人々に土地を貸し与え、税を納めさせました。

租、庸、調について発表し、感想も付け加える。

C　収穫した米の3%か、軽い負担に思える。

T　これらの税は、誰が都へ運んだのでしょう。

話し合わせてから自分で運んだことを伝える。

C　え〜、それって最悪だよ！

T　他に都や九州を守る兵役や、1年に60日間の土
木工事をする仕事もありました。

C　これは重い負担だよ！都から遠くに住んでいた人
は大変だっただろうね。

4 全国から税としてどのようなものが
都に運ばれてきたのか確かめる。

T　「調」として、都には日本各地から多くの特産物
が運ばれました。

資料「各地の主な特産物」QR を配る。

T　どこから、どんな物が運ばれて来ましたか。
資料を見て、思ったことを話し合いましょう。

C　鯛とか鰹とか魚や海産物が多い。

C　むらさき草やあかねといった染料もある。

C　東北や九州からも運ばれている。

C　腐らなかったのかな？

C　こんなにたくさん運ばれているから、き
っと、都は栄えていたんだね。

資料は共有し発表部分を拡大して確認する。

T　肉や魚などは干物や燻製などにして運び
ました。こうした品物には、木簡という
札がつけられていました。

木簡に書かれていることを読み解説する。

平城京と人々の暮らし
仏教の力で国を治める

板書例

㋑ 平城京の様子と都や地方の人々のくらしを調べよう

1,2〈平城京の様子〉

平城京のくらし（想像図）

〈都のようす〉

・唐の都＝長安を手本
・道路はまっすぐ，ます目
・広い道＝朱雀大路（はば 70m）
・道の両側に川
・大きなやしき（貴族）

〈都の人々〉

・兵士がならんで歩く
・荷物や税を運ぶ
・道ばたで品物を売る
・かさを持たせる・馬や車に乗る

※児童が想像図や教科書から見つけたことを板書する。

---

1 平城京はどんな都だったか想像する。

T　710 年に，飛鳥の藤原京から奈良の平城京に都が移されました。この時代は何時代ですか。
C　奈良時代です。

　　大極殿と朱雀門の復元画像 QR を見せ説明する。

C　すごく立派な建物だね。
C　手前の人と比べたら大きさが分かる。

　　平城京の地図 QR を見る。

T　大きさは，縦横がどれくらいでしょう？
C　縦は 5km，横は 4km ぐらいかな。
C　すごく大きな都だったんだね。
T　外京（げきょう）をのぞいて縦 4.8km，横 4.3km です。
T　他に気づいたことはありますか。
C　道路はまっすぐで，ます目になっている。
C　横に張り出した部分がある（外京）。
T　唐の都，長安を手本に造られました。

2 都の様子や人々の暮らしを想像し，話し合う。

　　イラスト「平城京の様子」QR を見て話し合う。

T　建物や道など，町の様子を発表しましょう。
C　道がすごく広くて，両側に川も流れている。
C　広い道沿いに大きな屋敷が並んでいる。
C　貴族の屋敷だね。
T　広い道は幅が 70m もある朱雀大路です。道の奥に見えているのは朱雀門や大極殿です。
T　どんな人，何をしている人がいますか。
C　兵士が並んで歩いている。
C　倒れている人や荷車は，税を運んで来た人。
C　他にも荷物を運ぶ人がいる。
C　道ばたで何か売っている。
C　傘を家来に持たせた女の人。
C　馬や車に乗っている人もいる。
C　左の行列は何だろう。外国の人みたいだ。

　　発表された部分は拡大してみんなで確認し合う。

③

〈地方の人々のくらし〉

・そまつな家

・貧しいくらし

・重い税

・役人→税をとりたて

④

〈仏教の力で国を治める〉

・反乱（九州，貴族）

・都で病気が流行

・各地で災害

・社会全体に不安が広がる

↓

〔聖武天皇〕

・仏教の力で不安をしずめ，国を治めたい。

・全国に国分寺を建てる

QR

太極殿と
朱雀門の復元

---

3 地方の人々の暮らしを想像し，話し合う。

T　都は広い道や立派な屋敷があり，貴族たちは豊かな暮らしをしていたようですね。

　　　貧窮問答歌から想像したイラスト QR を見る。

T　では，地方の人々の暮らしを見てみましょう。

C　竪穴住居みたいで粗末な家だな。

C　ぼろぼろの服を着て，役人に怒られている。

C　お母さんと子ども達は痩せて悲しそう。

C　おじいさんとおばあさんは病気かな？

　　　貧窮問答歌の資料があれば，読ませる。

T　これは山上憶良が農民の気持ちを読んだ歌から想像した絵です。

T　ここから分かる人々のくらしと，なぜそうなったのか考えてみましょう。

C　とても貧しい暮らし。税の負担が重いから。

C　その上自分で都まで運ばされるんだから。

C　役人の取り立ても厳しそうだね。

4 奈良時代に起こったことや聖武天皇の対応について調べよう。

T　全国を支配するしくみは整えられましたが，人々の負担は重いものでした。この頃，全国で起こっていたことを教科書で調べましょう。

　　　720年九州で隼人，740年藤原広嗣が反乱。

C　九州で反乱が起こり，貴族の反乱も起こった。

C　都では病気が流行って多くの人が死んだ。

C　各地で災害が起こった。

T　こうした社会の不安を鎮めるため，聖武天皇は何をしたか予想してみましょう。

C　税を軽くした？　食料を分け与えた？

C　医者を増やした？

T　では，教科書で確かめましょう。

C　次々と都を別の場所に移した。余計に大変だよ。

C　仏教の力で不安を鎮め，国を治めようとした。

C　聖徳太子みたいだね。全国に国分寺を建てた。

T　詳しくは，次の時間に勉強しましょう。

聖武天皇と大仏づくり

板書例

㊌ 聖武天皇はどのように大仏を造ろうとしたのだろう

[1,2]〈大仏づくりを命じた聖武天皇〉

不安が広がる社会

⬇ 不安をしずめるために…

・都を移す（5年に4回）

・全国に国分寺を建てる

・大仏造りの命令（743年）

　世界を仏の光で照らすことを願い，
　みんなで協力して作る

QR

---

1 聖武天皇が行ったことを詳しく調べる。

T　聖武天皇がしたことを，詳しく確かめていきましょう。まず，都の移転についてです。

　　資料「聖武天皇関係の年表」QR を見る。

C　5年間に4回も都を移している。

C　京都，大阪，滋賀，奈良，あちこちに移っている。

C　都をつくる工事や引っ越しが大変だ。

T　教科書で国分寺の場所を確かめましょう。

C　全国にいっぱい造っている。

　　丹後国分寺跡画像QR や教科書の復元模型を見る。

C　広くていい場所に建っている，立派な建物だ。

C　建設にお金がかかるし，工事も大変だよ。

T　聖武天皇がしたことをどう思いますか。

C　本当に人々の不安がなくなり国が安定すると思ったのかな？

C　余計に不安が広がり，国が乱れそうだ。

C　税の負担を軽くする方がよっぽどいいよ。

2 大仏造りを命じた聖武天皇の考えについて話し合う。

T　聖武天皇は，さらに743年には何をしましたか。年表や教科書で確かめましょう。

C　大仏を造る詔を出した。

T　どんな考えで大仏造りの命令を出したのか，教科書を読んで意見を出しましょう。

C　人々とともに仏の世界に近づくために，大仏を造ることを決心したのだって。

C　それでみんな幸せになれると思ったのかな？

C　自分には富と力があるけど，自分だけで造るのはダメなんだと言っている。

C　役人は，大仏造りのために人々の暮らしを乱したり，物を無理に取り立ててはいけない。

C　信じられない。税は無理に取り立てるのに。

T　聖武天皇は，いろいろな人の協力で，心をこめて大仏を造ろうと考えたんだね。

| 準備物 | ・資料「聖武天皇関係の年表」 QR
・画像「丹後国分寺跡」「東大寺大仏殿」 QR
・資料「大仏ができるまで」 QR | I
C
T | 聖武天皇関係の年表を，児童のタブレットに送信し，聖武天皇の想いや功績について確認したり，ペアや班で話し合わせてもよい。 | |

実物大

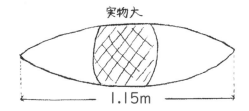

1.15m QR

3 〈大仏づくり〉
・全国から材料を集める
・全国から人を集める
・のべ 260 万人以上
・行基が協力
・渡来人の技術

4 〈752年　大仏開眼式〉
・金でピカピカ
・大仏殿＝世界一の木造建築
・天皇・貴族・僧たちが参列
・工事で働いたのべ260万人の人

3 大仏の造り方を調べて話し合う。

T　大仏を造るために，どこからどんな材料を集めてきたのですか。
　　　教科書で調べる。
C　銅が一番多い。他に水銀，すず，金がある。
C　金は東北，すずは四国から集めている。
T　大仏の造り方を調べましょう，大仏の高さは約15mあります。ビルの5〜6階ぐらいです。
　　　大仏の目の実物大を板書する。資料「大仏ができるまで」 QR，教科書の想像図，NHK for School動画などで話し合う。
C　こんな大きな物，骨組みを作るのも大変だ。
C　溶けた銅を流し込む時，すごく熱いだろうな。
C　事故はなかったのかな。
C　材料を全国から運ぶのも大変だと思う。
T　みなさんは大仏造りに協力したいですか。
C　大変そうだからイヤだ！
C　本当に幸せになれるのなら協力するけど…。

4 大仏造りに協力した人たちと，開眼式（開眼供養）について調べ，話し合う。

T　行基というお坊さんの呼びかけで，大勢の人々が大仏造りに協力しました。行基とはどんな人か，教科書で調べましょう。
C　人々のために橋や池などを造った。
C　菩薩と呼ばれて慕われていた。
C　立派な人だから，みんなが協力したんだね。
T　渡来人による高度な技術も必要でした。のべ260万人以上の人が働いて，詔から9年後の752年に金ぴかの大仏は完成しました。
T　教科書に開眼式の想像図があります。感想を言いましょう。どんな人が参列したのでしょう。
C　大勢の人が参加した盛大な式だった。
C　参加したのは貴族や僧たちが1万人以上。
C　工事をした人たちは，参加できなかったと思う。行基は呼ばれたのかな？
C　本当にこれで世の中はよくなったのかな？

遣唐使と大陸の文化

板書例

㋕ 大陸文化はどのようにして　伝わったのか調べよう

1,2 〈聖武天皇の宝物（東大寺正倉院）〉

・ガラスのコップ ── どこから来たもの？ ── 西アジア
・びわ ──────────────── インド
・水さし ──────────────── イラン
・鏡 ────────────────── 唐

〉遣唐使が伝える

8〜9世紀ごろの大陸との交流のようす

［シルクロード］
トルコ・イラン→唐の長安→日本

POINT 図「大陸との交流」を児童に送信し、タッチペンなどでシルクロードをなぞると、理解が深まる。

1 東大寺の正倉院にはどんな宝物が　あるのか調べる。

T　聖武天皇の持っていた宝物が東大寺の正倉院に残っています。調べて見ましょう。

　　教科書や資料、画像で正倉院の宝物 QR を見る。インターネット「正倉院の宝物」で検索してもよい。

C　琵琶はギターに似ているね。飾りがきれい！

C　水差しに細かい模様が入っている。

C　ガラスのおわんやグラスも色や模様がきれいだね。ガラスは貴重品だったのか。

C　聖武天皇はこんな物をいっぱい持っていたんだ。

T　校倉造りと呼ばれる方法で造られた倉にいっぱい保存されています。

T　これらは日本で作られた物でしょうか。

C　違うのかな？

C　外国で作られたのだと思う。

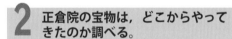

2 正倉院の宝物は、どこからやってきたのか調べる。

T　日本で作られたかどうか確かめてみましょう。この琵琶に描かれた動物 QR は何でしょう。

C　コブがあるからラクダだよ。日本にはいない。

C　この琵琶は沙漠の国で作られた物なのかな？

T　これらは遣唐使が持ち帰った物です。唐はシルクロードで世界とつながっていました。

　　資料「8〜9世紀頃の大陸との交流の様子」 QR を見て、意見を出し合う。

C　シルクロードはヨーロッパにまでつながっている。唐に行けば世界とつながれるんだ。

C　いろいろな品物も手に入るね。

　　教科書で宝物の主な産地を確かめる。

C　遠くのいろいろな国から日本に来ている。

T　遣唐使とは、どんな人たちですか。

C　国づくりのために、政治の仕組みや文化を学びに唐へ送られた使者です。

準備物
・資料・画像「正倉院の宝物」QR
・図「大陸との交流」QR　・資料「遣唐使の渡航」QR
・画像「遣唐使船」QR　・画像「ラクダの装飾」QR

ICT
画像や動画だけでなく，文字資料も児童に送信し，じっくりと読ませる時間を確保する。文字資料の読解力の向上も大切である。

❸ 〈遣唐使〉

・役人・留学生・僧など
　命がけの旅
　（ちんぼつ・そうなん）

　　　　どうして？

・唐の進んだ政治のしくみ
　や大陸の文化を学ぶため

❹ 〈鑑真…仏教の教えを広める〉

・唐から日本にやってきた
・5回失敗
・すぐれた学者，技術者
・唐招提寺を建てる
・薬草の知識も広める

中国風の文化が栄える

3　遣唐使はなぜ危険な旅をして唐へ渡ったのか考え，話し合う。

遣唐使船の画像やイラストQR を見せる。

T　これは遣唐使船です。どんな旅だったか，教科書や資料を読んで感想を発表しましょう。
C　命がけの航海だったのだ。
C　船は手で漕いでいる。大変だろうな。
C　命を落とした人も多かったんだろう。
C　無事に海岸に着いても，まだ，3か月もかかる。厳しい旅だね。
T　遣唐使たちは，なぜこんな危険を冒してまで唐へ渡ったのでしょう。
C　天皇の命令には逆らえない。
C　宝物が欲しかったのかな？
C　違うと思う。命がけの航海をしても学ぶ必要があると思っていたんだよ。
C　それだけ唐の政治の仕組みや文化・技術が進んでいたということだね。

4　鑑真について調べ，話し合おう

T　遣唐使とは逆に，唐から日本へ渡ってきたすぐれた学者や技術者もいました。
C　日本と中国の文化交流だね。
T　鑑真もその一人です。どんな人か教科書で調べて，話し合いましょう。

C　聖武天皇に頼まれて日本に渡ってきた。
C　危険な航海で，弟子が誰も行きたがらなかったので，自分が弟子を連れて来ようとした。
C　5回も失敗して，6回目でやっと成功した。
C　すごい人だね。ぼくだったらきっと諦めるよ。
C　僧たちが学ぶための唐招提寺を建てた。
C　仏教だけでなく薬草の知識も広めた。
C　鑑真は日本に仏教の教えを広めたいという強い気持ちを持っていたんだと思う。
T　こうした交流によって，この頃の日本では，中国風の文化が栄えたのです。

学習のまとめ

板書例

ⓜ 出来事や人物を振り返って整理しよう

1,2 〈聖徳太子の時代から奈良時代までのふりかえり〉

古墳時代	飛鳥時代	奈良時代	
500年	600年	700年	800年

古墳がつくられる

豪族どうしの争い
大和朝廷（政権）の時代

聖徳太子の政治が始まる
冠位十二階・十七条憲法
遣隋使（小野妹子）
法隆寺を建てる
六四五年 大化の改新
中大兄皇子
中臣鎌足

天皇中心の国づくりへ

七一〇年 平城京に都をうつす

何度も都をうつす
反乱 病気や災害

七五二年 大仏完成
聖武天皇
行基

POINT そのままの画像等を使用するだけでなく, 画像にコメントを入れることで, 自分の考えをもつことができる。

1 聖徳太子の時代から奈良時代までを振り返る。

T 聖徳太子の政治の前は, 世の中はどんな様子でしたか。

C 豪族同士が争っていた。

C 天皇は豪族を従えるのに苦労していた。

T 飛鳥時代から奈良時代までの出来事で, 覚えていることを発表しましょう。

C 聖徳太子は十七条憲法や冠位十二階を作った。法隆寺を建て, 仏教を広めようとした。

C 聖徳太子の死後, 蘇我氏が天皇をしのぐ力を持つようになった。

C 中大兄皇子と中臣鎌足が蘇我氏を倒し, 大化の改新を行った。

C 藤原京が造られ, その後平城京に都が移った。

C 聖武天皇が大仏を造らせた。

C 遣唐使や渡来人が, 唐からいろいろな文化や技術などを伝えた。

2 大事な出来事を年表にする。

T 発表に出てきた人物や出来事を, 年表を使って時代順に書き出しましょう。

C 聖徳太子の時代は飛鳥時代のはじめの方だよ。

C 大化の改新は645年だったね。

C 遣隋使は飛鳥時代, 遣唐使は奈良時代です。

C 奈良時代の大きな出来事はやはり大仏造りかな。

C こうしてみると, 天皇中心の国づくりは, 聖徳太子→中大兄皇子・中臣鎌足→聖武天皇と続いていくんだね。

　時代を代表するキーワードを選び, 黒板の年表に位置を示しに来させる。白年表に記入させてもよい。

聖徳太子

大化の改新

平城京

大仏造り

遣唐使

3,4 〈人物としたこと〉

聖徳太子	・冠位十二階をつくる・十七条憲法をつくる ・遣隋使を送る・法隆寺を建てる
中大兄皇子 中臣鎌足	・蘇我氏を倒し，大化の改新を行う ・天皇中心の国づくりをする
聖武天皇	・都を何度もうつす・東大寺，国分寺を建てる ・遣唐使を送る・大仏をつくる
行基	・人々のために橋，道，ため池などをつくる ・大仏づくりに協力する
鑑真	・中国から苦難のすえに日本に渡る ・唐招提寺を建て正式な仏教を広める

3 年表を見ながら，人物が行ったことを分かりやすくまとめる。

T　年表ができましたね。では次に，<u>年表に出てきた人物が行ったことを表に整理してみましょう。</u>

　　表に人物名と，行ったことを箇条書きで整理していく。グループで相談し，書き込んだことは共有していく。

C　聖徳太子は，冠位十二階をつくり，十七条憲法をつくりそれから…。

C　中大兄皇子は蘇我氏を倒して大化の改新をした。後で，天智天皇になった。

C　行基も入れておこう。多くの人々から慕われていた。橋や池などもたくさん造っている。

C　じゃあ，鑑真も入れておきたいね。唐の人だけど…。

C　聖武天皇もいろいろなことをやっている。都を4回も移したり，大仏を造らせたり…。

4 その時代の人物になって，世の中の様子や時代の特徴を説明する。

T　飛鳥時代から奈良時代の学習に出てきた人物で，<u>一番印象に残っている人は誰ですか。なぜそう思ったかも言いましょう。</u>

C　中大兄皇子です。天皇より大きな力を持った蘇我氏を倒したから。

C　行基です。ため池を造ったり，人々のためにつくしました。

C　苦労の末に日本にやってきた鑑真です。

T　<u>印象に残った人物か，その時代の人々になったつもりで，当時の世の中を説明しましょう。</u>

C　ぼくは聖武天皇です。唐やもっと遠くから運ばれて来た宝物をたくさん集めました。

C　わたしは奈良時代の農民です。夫は都へ税を運んでいったまま，行き倒れて帰ってきません。

　　児童の説明に合わせて，関係する画像，絵，動画（NHK for School など）を見せるとよい。

貴族のくらし

全授業時間 3 時間

● 学習にあたって ●

◇何を教えるのか　- この単元の特徴 -

　この単元は，平安時代の文化を中心に学習を進めます。平安時代も奈良時代と同様に，基本的には律令体制の下で，朝廷による政治が行われていた時代です。

　しかし，貴族の権力争いの結果，特定の貴族（中でも大化の改新で功のあった中臣鎌足の子孫である藤原氏の一族）が朝廷の中枢を占めるようになり，栄華を極めることになります。また，中国から取り入れた制度や文化も実態にあわないものが出てくるようになり，次第に日本の国情にあった形に変化していきます。このようにして日本風の文化（国風文化）と呼ばれるものが生まれたのが，平安時代だといえます。

　その代表的なものが，現在我々が使っている仮名文字の発明です。中国の漢字をもとにしながらも，日本語の読み書きに適した日本語のための文字です。この文字の発明により，情景の描写や感情，作者の考えや思いが自由に表現できるようになり，優れた文学作品が誕生するきっかけにもなりました。そのほか，宮中での儀式や年中行事の中にも，節句など後年庶民層にまで広がり，今に続いているものがあります。このような平安時代の文化の担い手は，朝廷の高級役人である貴族層とその家族でした。源氏物語（紫式部）や枕草子（清少納言）の作者は宮中の女官であり，貴族社会が作品の舞台となっています。また今も続いている和歌を詠むことも，当時の貴族の教養の一つでした。

知識および技能	・寝殿造の屋敷図や道長の和歌などの様々な資料から京都に都があった平安時代は，藤原氏のような貴族が朝廷の政治の中心となって権力を握り，栄華な暮らしをしていたことを知る。 ・貴族社会を中心に，仮名文字を使った和歌や文学，大和絵など，日本風のいろいろな文化が育ち，広まったことを理解する。
思考力，判断力，表現力等	・平安時代の衣食住を調べて，貴族や庶民がどのような生活をしていたのか考える。 ・仮名文字の成立過程を調べ，漢字から平仮名と片仮名が誕生していく様子を比較したり，関連づけたりしながら考え，話し合ってイメージ化する。 ・貴族の暮らしの中から生まれた日本風の文化（年中行事，衣食住，文字，文学など）が広まって定着し，現代社会まで引きつがれていることについて，いろいろな表現でまとめて発表する。
主体的に学習に取り組む態度	・仮名文字の成立過程について話し合い，「文字の発明」が優れた文学を創造したということを共有する。

● 指導計画　3 時間 ●

時数	授業名	学習のめあて	学習活動
1	貴族のくらしと藤原氏	・平安時代の貴族の暮らしがわかり，藤原氏が高い位について政治を動かしていたことがわかる。	・寝殿造の屋敷や「貴族の一日」の表をもとに，貴族の生活の様子を調べ，話し合ってイメージ化を図る。 ・藤原氏が強大な権力を持てた理由を考え，藤原氏や貴族の暮らしについて意見を交換する。
2	日本風の文化が生まれる	・漢字から仮名文字が生み出され，それらを使った文学作品や和歌が作られるなど，日本風の文化が生まれたことがわかる。	・万葉仮名から平仮名，片仮名のような仮名文字がどのようにして生まれたのかを考えて話し合い，仮名文字で記された文学作品について調べる。 ・和歌や大和絵などの資料から，平安時代の文化や服装など，その生活について調べ，日本風文化がどんな人たちの中で生み出されていったかを考える。
3	貴族の不安・願いと今に伝わる年中行事	・貴族の不安な精神生活の様子がわかり，今に伝わる年中行事について調べることができる。	・宇治の平等院など，平安時代の文化遺産について調べ，神社仏閣に救いを求めた貴族の願いについて考える。 ・今につながる平安時代の行事や文化を調べ，整理していろいろな方法で発表する。

貴族のくらしと藤原氏

板書例

㋸ 藤原氏の力，貴族のくらしをさぐろう

1 〈貴族のくらし〉

貴族の屋敷

100m × 200m（運動場× 8）

・やしきのつくり(寝殿造り)
・中心に大きな建物
・ろう下でつながる建物
・庭で遊ぶ人
・池で舟遊び
・外には牛車やお供の人

2 〈大きな力を持つ藤原氏〉

・藤原道長は 4 人のむすめを天皇のきさきにした。天皇の父となる。
・天皇とのつながりを強め，藤原氏一族は高い位につく。

　　　↓

大きな力で政治を動かす

〔道長の歌〕
この世をば
わが世とぞ思ふ
もち月の
かけたることも
なしと思へば

POINT　藤原氏が力をつけたという事実だけを取り上げるのではなく，資料をもとに，その背景や様子を読み取る力をつける。

1 貴族はどんなところで，どんな暮らしをしていたのか絵から読み取る。

　貴族の屋敷のイラスト QR を見る。

T　この絵は有力な貴族の屋敷です。気がついたことや，疑問に思ったことを出し合いましょう。

C　大きな建物が中心にある。

C　まわりにも，たくさん建物があるよ。

C　みんな廊下でつながっているみたいだな。

C　これは個人の家なのかな？

T　他に気づいたことはありませんか？

C　池があって，船で遊んでいる。

C　船を浮かべる池があるって，すごい！

C　中庭で遊んでいる人もいる。（蹴鞠の説明）

C　貴族って遊んでばかりいるみたいだな…。

T　塀の外はどうですか？

C　乗り物が並んでいる。お供の人が待っている。

　寝殿造りや牛車の説明は簡単にしておく。

2 なぜ藤原氏が政治を動かせる力を持ったのか考える。

T　貴族の中でも，藤原氏の屋敷は，南北 200m 東西 100m ぐらいあったそうです。

　学校の運動場と比較して大きさを実感させる。

C　え〜，運動場 8 個分ぐらいあるよ。すごい！

T　藤原氏は，大きな力を持って政治を動かしていました。なぜそんな力が持てたのでしょう。

　藤原氏と天皇の関係の絵 QR を見る。

T　左が藤原道長，右は天皇です。女の人は誰でしょう。

C　分かった，道長の娘だ。

C　だったら，道長は天皇のお父さんになるんだ！

　道長の家系図 QR を見る。

C　4 人の娘がみんな天皇の后になっている。

T　これなら藤原道長の一族はどうなりますか。

C　大勢が高い位につける。政治も動かせるよ。

| 準備物 | ・貴族の屋敷（寝殿造り）イラスト QR
・天皇と藤原道長の関係イラスト QR
・道長の家系図 QR ・貴族の1日図 QR | ICT | タブレットを通して，全員に資料を送信することで，じっくりと資料を見る時間を確保する。資料をもとに，根拠をもって話し合う力を伸ばす。 | |

3 〈貴族の1日〉

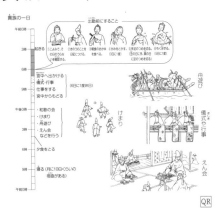

・朝3時起き
・午前中で仕事終わり（儀式，行事など）
・午後は，和歌，舟遊び，えん会など
・食事は1日2回

4 〈藤原氏や貴族のくらしについて話し合う〉

※児童が発表したことを板書する。

---

3 貴族の1日の生活を調べる。

T 貴族がどんな生活をしていたのか，もう少しくわしく調べてみましょう。

　貴族の一日の図 QR を見る。

T 図を見て分かったことを出し合いましょう。

C 朝3時に起きている。早い！

C 出勤前にいろいろしている。占いまで…。

C お風呂が5日に1回とか，髪をとかすのが3日に1回とか，少ない。不衛生じゃないかな。

C 午前中で仕事を終わって帰って来るんだ。

C 午後は遊んでばかり。

C 毎日遊んでいるのかな？

C 食事は2回しかしない。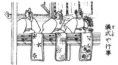
　夜4時に夕食は早い！

C 儀式や行事ってどんなことをするのかな？

T どんな儀式や行事があるのか，興味がある人はもっと調べてみましょう。

4 貴族の暮らしについて，考えたことを話し合う。

T 藤原氏や貴族の暮らしについて，思ったことや考えたことを話し合いましょう。

C 藤原氏は，高い位だけじゃなくて，きっと土地もいっぱい持った，大金持ちだったと思うよ。

C それじゃあ，余計に力が強くなるね。

C 貴族は朝起きるのが早い。私なら絶対ダメ。

C 仕事は午前中で終わりなんて気楽だなあ。

C 午後から，遊んでばっかりでうらやましいよ。

T 貴族にとって，和歌や蹴鞠は自分を認めてもらうために大事なことでした。宴会も大事なお付き合いなのです。

C そうか，気楽に遊んでいるだけじゃないんだ。

C 食事も1日2回だし，貴族の暮らしも，思ったほどいいものじゃないかもしれないね。

　意見交換をして，簡単なまとめをする。

日本風の文化が生まれる

板書例

ⓜ どのような日本風文化が生まれたのか確かめよう。

1,2 〈奈良時代と平安時代の文字（万葉仮名とかな文字）〉

〔奈良時代まで〕

今盛有

薫如

咲花乃

寧楽乃京師者

青丹吉

QR

〔万葉仮名〕
・漢字ばかりで読めない
・漢字の音だけを使って表す

〔平安時代〕

奈しと思へば

かけたることも

もち月の

わが世とぞ思ふ

この世をば

QR

〔かな文字〕
・ひらがな…漢字をくずす
・カタカナ…漢字の一部

POINT 自分の名前などを，奈良時代や平安時代の文字でタブレットに書いて，教室内で見せ合うと盛り上がる。

1 奈良時代と平安時代の文字を比べる。

資料「奈良時代と平安時代の文字⑴」QR を見る。

T　二つ歌が載っていますが読めますか。

C　上は漢字ばかりで読めない。

C　あおたんきち…何これ？

C　下は，変な字もあるけど大体読めるよ。

T　下は，なぜ読めるのですか。

C　平仮名と漢字を使い，今の文に似ているから。

青丹吉…

資料「奈良時代と平安時代の文字⑵」QR を見る。

C　あおによし…か，こんな風には読めないよ。

T　左は奈良時代の歌です。漢字をどのように使っていますか。

C　意味に関係なく，音だけを使って表している。

T　右は平安時代の藤原道長の歌です。二つの時代が使う文字の違いがわかりましたか。

C　奈良時代は漢字だけを使って，平安時代は漢字と仮名を使っている。今の字の使い方に近い。

2 仮名はどのようにしてできたのか確かめる。

「万葉仮名」の説明を簡単にしておく。

C　今使っているのは，平仮名と片仮名だね。

T　平仮名と片仮名が，いつ，どのように作られたか。国語の教科書にも載っています。

国語の教科書を開いて，仮名について調べる。

C　どちらも平安時代に作られたんだ。

C　平仮名は，漢字をくずして作られた。

C　片仮名は漢字の一部をとって作られた。

寸→す　　江→エ

T　作り方がよく分かる例を探してみましょう。

C　「あ」や「す」は何となく形が似ている。

C　片仮名の「イ」「エ」等は漢字の一部だ。

C　同じ漢字から両方作られている例もある！

ノートに平仮名と片仮名で5文字ずつ，その成り立ちを国語教科書から写させる。

<table>
<tr><td rowspan="3">準備物</td><td>・奈良時代と平安時代の文字(1)(2) QR</td></tr>
<tr><td>・大和絵イラスト　百人一首 QR</td></tr>
<tr><td>・文字カード（安→あ，伊→イ）QR</td></tr>
</table>

ICT　奈良時代と平安時代の文字の画像を，前面に提示するか，児童に送信する。資料を拡大して，2つの文字を比較しながら見ることで，「比較する力」をつける。

3 〈かな文字を使った文学作品〉

『源氏物語』　紫式部 ⎫
『枕草子』　　清少納言 ⎬ 女性

〔かな文字の良いところ〕
・字が簡単　・画数が少ない
・覚えやすくて書きやすい
・気持ちを細かく表現できる
・多くの人の間に文字が広まる

4 〈日本風（国風）文化〉

QR

・日本に合った文字，文学
・日本らしいふくそう，絵（大和絵）
・貴族や朝廷での生活の中から生まれた

---

3 仮名で書かれた作品を調べる。

T　仮名文字の良いところは何ですか。話し合ってみましょう。
C　字が簡単で画数も少ない。
C　覚えやすくて書きやすいね。
C　書きたいことを話すように書ける。
C　自分の気持ちも細かく表現できそう。
T　仮名文字は，瞬く間に広がって，朝廷に仕える女性たちによって文学作品が作られました。

　　当時の代表的な作者と作品を教科書で調べましょう。

C　紫式部の『源氏物語』は今でも世界で読まれている。
C　清少納言の『枕草子』はすぐれた随筆だ。国語でも習ったね。
T　かぐや姫の『竹取物語』もこの時代です。

4 文字や文学以外の，日本風文化も調べてみる。

　　大和絵（源氏物語絵巻）のイラスト QR か写真を見せる。

T　どういう人が描かれていますか。
C　本のような物を見ている女の人。
C　貴族の娘だね。きっと。
C　朝廷に仕えている人だと思う。
T　女の人の着物を何というのでしょうか。
C　十二単だよ。教科書に書いてある。
C　すごい厚着だね。重くないのかな。
T　このような絵を何と言いますか。
　3択クイズです。

①大和絵
②貴族絵
③唐絵

　　意見を出させてから解答（大和絵）を教える。

T　仮名文字と文学，大和絵，十二単，どれも平安時代に新しく生まれた日本風の文化です。これらはどんな人たちの生活の中から生まれたのでしょう。
C　貴族や朝廷に仕える人たち。

　　百人一首で服装や和歌などを調べてもよい。

貴族の不安・願いと今に伝わる年中行事

⑩ 貴族が思っていたことや年中行事を調べよう。

板書例

１ 〈貴族の不安〉

・自然災害(地しん,台風…)

・病気, 死

・争い

↓

おんりょう(たたり)やもののけの仕業だと考えられる

↓

神仏にすがる

(参詣に行く,寺社を建てる)

２ 〈平安時代に広まった考え〉

平等院ほうおう堂…極楽浄土
を表す

・阿弥陀如来を信じて
「ナムアミダブツ」と唱える
→極楽浄土へ

・阿弥陀如来を信じない人や
悪さをした人
→地獄へ

POINT　タブレットにまとめた後は，成果を共有し，グループや全体で紹介し合う。教師へも共有しておくと，教師の好きなタイミ

１　貴族はどんなことに不安を抱き，何をしたのか，考えたことを話し合う。

T　貴族達にも，思い通りにならないことや不安に思うことがありました。それは何でしょう。

C　地震や雷，台風，日照りなどの自然災害。

C　病気や，死ぬこともそうだと思う。

C　貴族同士の争いも，あったんじゃないかな。

T　貴族達は，何が原因だと考えたのでしょう。

　　北野天神絵巻 QR を見て想像する。その後で，菅原道真の怨霊が雷神となり宮中に雷を落とした場面だと説明。

C　怨霊のたたりだと思ったんだ。

T　物の怪がとりついたり，怨霊のたたりだと思ったのです。それで，どうしたのでしょう。

C　神様や仏様に追い払ってもらおうとした‼

C　お参りや，お供えをしたり…。

C　お寺や神社も建てた。

T　そうですね。神や仏にすがって災いから逃れようとしたのです。

たたり
物の怪

２　平安時代には，どんな考えが広まり，貴族たちは，何を願ったのか考える。

平等院鳳凰堂の画像（インターネット画像）を見る。

T　この建物を知っていますか。

C　平等院の鳳凰堂です。

C　京都の宇治にあるお寺だね。

C　この建物は，人々が死後に行きたいと願った場所を表しています。どこでしょう。

　　極・楽・浄・土の４字を組み合わせて考える。

C　浄極楽土…違うな…

C　分かった！ 極楽浄土。何か聞いたことがある。

C　極楽だから，いいところなんだね。

T　阿弥陀如来を信じて，南無阿弥陀仏と唱えたら誰でもそこへ行けるという考えが広まったのです。反対に，信じない人，悪いことをした人は…。

C　地獄へ落ちるんだ。

T　地獄へ落ちたくない貴族達は，寺を建てたり，お参りに行って極楽へ行くことを願いました。

準備物
・北野天神縁起絵巻（イラストまたは画像）QR
・平等院鳳凰堂画像
・極・楽・浄・土の字カード QR
・曲水の宴のようす QR

ICT　タブレットを使って，プレゼン用にまとめる経験を積ませる。授業で使用した画像などを児童に送信しておくと，検索の手間が省ける。

QR
北野天神絵巻

曲水の宴のようす

（Wikipediaより）

3,4 〈現代にも伝わる年中行事や文化〉

年中行事について
- 1月7日　七草がゆ
- 3月3日　桃の節句（ひな祭り）
- 5月5日　端午の節句
- 7月7日　七夕

いろいろな文化
- 和歌
- けまり…神社など
- 琴，横笛，双六，囲碁

ングで評価ができる。

3　現代にも伝わる年中行事や貴族文化を調べる。

T　季節ごとに，決まった時期に行われる年中行事は，貴族にとっては大事な儀式や行事でした。

　　教科書や資料で現代にも伝わる年中行事を調べる。

T　自分たちが知っている年中行事はどれか，どんな行事か，意見を出して話し合いましょう。
C　私の家では，毎年七草粥を食べるわ。
C　曲水の宴って，テレビで見たよ。
C　桃の節句はひな祭りだね。
C　七夕も年中行事なのか。
C　貴族がしていたことがこんなにも残っているなんて知らなかった。

T　現代にも残っている貴族の文化もありますね。
C　和歌を詠むこと。蹴鞠も神社でしている。
C　琴や横笛も貴族の文化風だけど，どうなのかな？
T　琴や横笛も貴族の大事な教養でした。ほかに，双六や囲碁も遊びでした。

4　今につながる平安時代の文化や年中行事について，くわしく調べて発表する。

T　平安時代に生まれた文化や年中行事について勉強してきました。その中で，みなさんが興味を持ったことについて，くわしく調べてまとめ，発表しましょう。

　　「まとめよう平安時代」と，黒板に提示する。

T　テーマは，こんなことが考えられますね。これを参考にして調べたいことを決めましょう。
C　ぼくは，遊びの中の蹴鞠に興味があるので調べたいな。サッカーと共通点がありそうだ…。
C　わたしは，百人一首について，調べようかな。

　　※クラスの実情に合わせて，調べるのは個人でもグループでもよい。発表のしかたも，壁新聞，レポート，プレゼンテーションなど工夫する。

　　※平安時代の絵巻物「年中行事絵巻」「鳥獣人物戯画」等を参考にしてもよい。インターネットも活用できる。書籍は図書館から借用しておく。

武士の世の中へ

全授業時間 6 時間

◉ 学習にあたって ◉

◇何を教えるのか - この単元の特徴 -

　平安時代の 10 世紀から 11 世紀にかけて，田畑山林を含めた領地を支配し武力を持つ武士が地方に現れます。その原因は，朝廷による律令体制の支配が緩んできて，現地での紛争の解決に " 武力 " という実力がものをいう時代になってきたからだといえましょう。

　ここではまず，農村に住み着き武芸に励む武士の暮らしを調べさせます。そののち武士団の棟梁である平氏が台頭し，貴族に代わって朝廷を牛耳り，続いて源平合戦を経て源氏の鎌倉幕府が成立していった流れを学習します。幕府の政治体制を詳しく扱うことはしませんが，鎌倉幕府を支えている基本は，領地を仲立ちとする「ご恩と奉公」の主従関係（封建制度）であることを理解させます。また，鎌倉時代の大きな出来事として「元の襲来」があり，幕府の支配と存続に及ぼした影響についても取り上げます。

◉ 評 価 ◉

知識および技能	・武士が登場し，武士による政治が始まったことを理解し，平氏が政治を行ったことや源頼朝が鎌倉幕府を開いたこと，元との戦いが幕府の支配にも影響を与えたことがわかる。 ・武士の館の想像図や「蒙古襲来絵詞」等の資料から，武士の暮らしや戦いの様子について必要なことを読み取る。
思考力，判断力，表現力等	・武士の台頭や，武士の世の中に代わっていくことにかかわる学習問題を考え，設定することができる。 ・武士による政治が始まったことに関わって，幕府を支えていた「ご恩と奉公」による主従関係などをまとめて表現することができる。
主体的に学習に取り組む態度	・武士の暮らし，源平合戦，鎌倉幕府の始まり，元との戦いなどの出来事と，それに関わる人物に関心を持ち，進んで調べようとしている。

時数	授業名	学習のめあて	学習活動
1	武士の登場と武士のくらし	・日本各地に登場し、活動を始めた武士の生活を調べ、領地を守るために武芸に励んでいたことをつかむ。	・武士の館を調べ，貴族の屋敷と比較しながら，武士の生活を想像し，暮らしのようすについて話し合う。 ・武士が現れて世の中はどう変わっていくのかという学習問題を考え，設定する。
2	武士の政治の始まり	・12世紀に入ると、源氏を倒し、朝廷の実権を握った平氏が、政治を行うようになったことを理解する。	・武士は平氏と源氏の大きな武士団にまとめられ，まず平氏が勢力を伸ばし貴族に代わって権力を握ったことを調べる。 ・平清盛と一族が行った政治の様子について調べる。
3	源氏と平氏が戦う	・朝廷の実権を握った平氏が源氏に倒され、源頼朝が鎌倉に幕府を開いたことを理解する。	・源頼朝挙兵後の源平合戦の展開を，歴史地図や年表を活用しながら，平氏滅亡までを時系列に整理して調べる。 ・平氏滅亡から頼朝による鎌倉幕府成立までの過程を調べる。
4	鎌倉幕府	・鎌倉に幕府を開いた源頼朝は、武家による政治をどのように進めていったのかを考える。	・頼朝が鎌倉に幕府を開いた過程を調べ，その理由について話し合う。 ・幕府（将軍）と御家人のつながり（ご恩と奉公）について調べ，話し合う。
5	元との戦い	・元との戦いの様子を調べてイメージを持ち、武士たちが何のために戦ったのかを考える。	・地図から元の世界征服のようすを把握し，蒙古襲来絵詞の絵から，元軍の様子や戦い方の特徴を見つけ，対する武士たちの戦い方の様子を考え話し合う。 ・武士たちが何のために戦ったのか考える。
6	武士の世の中へ＝学習のまとめ	・元との戦い後の幕府と御家人の関係を考え、武士の登場以後の主な出来事を整理することができる。	・蒙古襲来以後の鎌倉幕府と御家人の関係を想像して話し合い，その後幕府はどうなったのか調べてまとめる。 ・出来事や人物を年表に整理する。

武士の登場と武士のくらし

板書例

ⓜ 武士とはどのような生活をしていたのだろう

❶〈貴族の屋敷（京の都）〉

・けまりや舟遊びをしている

・建物がつながる寝殿造

・牛車が並んでいる

1,2〈武士の館（地方）〉

・物見やぐらに兵士がいる

・武器を持つ人々がいる

・周りに田畑がある

・牛や馬がいる

・馬に乗る訓練をする人

・周りがほりと垣根で囲まれている

---

1 貴族の屋敷と武士の館を比べてみよう。

　　貴族の寝殿造のイラスト QR と武士の館のイラスト QR を黒板に貼る。

T　貴族の寝殿造のイラストと武士の館のイラストを見比べて，違うところを見つけましょう。貴族の館の様子は？

C　貴族の館では，蹴鞠や池での船遊びをしていて優雅な感じだね。

C　都会の中にあり，建物がつながる寝殿造だ。

C　乗り物は牛車が並んでいる。

T　武士の館の方はどうですか？

C　屋敷の周りは土塁や堀・塀で囲まれている。

C　農民の家や神社，森や林があるわね。

C　田畑や山林に囲まれた地域にあるんだね。

C　地方の農村のような感じ。

2 武士の館で暮らしている人の様子を調べよう。

　　「武士の館・動画」QR を準備する。

T　ここで武士の館を再現した動画を見てもらいます。それを参考にして，暮らしている人の様子を発表しましょう。

C　広い屋敷で，井戸や田・畑があり，農民が農作業をしている。

C　たくさんの馬や牛，犬もいる。

C　鎧を着て，弓矢や刀を持った人たちがいる。

C　乗馬の練習や，的に矢を射る人もいる。

C　門の上に見張り台（櫓）があり，弓を持った人が見張っている。

T　どんな人の家だと思いますか。

C　戦での攻撃に備えている家。

C　武芸を鍛える武士の家。

| 準備物 | ・「寝殿造」「武士の館」「牛馬耕」「馬追い」イラスト QR
・「武士の館・動画」QR ・児童プリント QR | ICT | 貴族の屋敷と武士の館のイラストを、タブレットで拡大すると比較しやすくなる。児童に送信しておくことで、細かな部分も比較して話し合うことができる。 |

QR

馬追い

牛馬耕

3 〈武士のくらし〉

〔農村に住む〕

・領地の管理　◆領地を守る→戦いに備える

　　　　　　　◆領地を広げる→戦う

・農民に指示して農業をする。

〔武芸のけいこ・訓練〕

4 〈学習問題〉

武士が登場したことで、世の中はどのように変わっていったのだろう。

---

3 武士の暮らしを想像してみよう。

T　武士はどこを本拠にしたのでしょう。
C　地方の農村です。
T　どんなことをしていますか。
C　乗馬や弓矢の訓練をしている。
C　家来たちが家の見張りをしている。
C　農業を指導している。
C　いっしょに農作業もしたのかな。
T　なぜ戦いの備えをしているのでしょうか？
C　堀や塀、見張りがいるから、敵が攻めてくるのかな。
C　領地を守るため、武芸を鍛えたのね。
C　誰が何を取りに来るの？
C　米や麦？　それとも領地かな。
C　新たに、領地を広げるためかな。

4 武士はどのようにして現れたのだろう。

T　武士は、どのようにして地方に現れたのでしょうか。教科書を読んで調べましょう。
C　地方の有力な農民は、新たに田畑を開いて、自分の領地としました。
C　都から地方に派遣された役人の中には、その立場を利用して富を蓄える者もいました。
C　これらの豪族は、領地を守るために武芸にはげみ、武士となりました。
T　では、"武士が登場したことで世の中はどのように変わっていったのか"を学習問題にして学んでいきましょう。

※武士が登場してきた経緯や経過は児童には難しいが、NHK for School の「平安時代後期の武士」はわかりやすい。

平氏による政治の始まり

板書例

ⓜ 武士はどのように力をつけていったのだろう。

1 〈勢力を伸ばした武士〉

イラストから武士の役割を考える

武士団

領地を守ってくれそうな武士を
中心にまとまる

〈平氏〉　　　　〈源氏〉
西日本の　　　　東日本の
武士中心　　　　武士中心

2 〈源氏と平氏〉

朝廷や貴族の争いに加わる

（保元・平治の乱）
平治の乱で平氏（清盛中心）が
勝つ。

イラストから源氏と平氏の
戦いのようすを知る

POINT　調べ学習では，児童が調べっぱなしになっていることがある。調べたことをきちんとまとめる活動も重要視したい。

1 武士はどのようにして力を つけていったのだろう。

児童プリント QR を配る。

T　前の時間に，地方では武士が現れてきたことを
学習しました。では，プリントのイラストの武士
たちは何をしているのでしょうか。

C　他に貴族の服を着た人がいるよ。貴族の警備を
しているのかな。

T　武士の中には，朝廷や貴族に仕えて力をつけてい
く者も現れました。また，一族の武士を束ねるか
しら（棟梁）を中心に武士団をつくりました。特
に勢力を伸ばした武士団を教科書で調べましょう。

C　源氏と平氏です。

C　源氏は東国（東日本），平氏は西国（西日本）で
勢力を伸ばしました。

2 源氏と平氏の争いについて 想像してみよう。

T　やがて源氏と平氏は争いを始めます。その理由
を教科書で調べましょう。

C　朝廷や貴族の，政治の実権をめぐる争いに巻き
込まれたから戦った。

T　プリントを見て，源氏と平氏が争った保元・平
治の乱はどのような戦いだったと思いますか。

C　屋敷を燃やしている。

C　馬に乗った武士たちが大勢で戦っている。

C　長い刀みたいなものに首が刺してある。

C　きっとすごく激しい戦い方だったんだね。

T　勝ったのは，どちらだったでしょう。

C　平氏。

T　そうです。平清盛を中心とした平氏が勝ちまし
た。その後，平氏は貴族の藤原氏に代わって政治
を行うようになりました。

| 準備物 | ・画像「貴族の警護」「三条殿夜討絵巻」「太政大臣清盛」「日宋貿易」「安徳帝」QR
・児童プリント QR | I
C
T | イラストもとに，平清盛がどのように力をつけたのかを児童に予想させる。児童にイラストを送信しておくと，詳しく見ながら自由に話し合うことができる。 |

QR

3,4 〈強い力をもつ平氏〉

　　平清盛が朝廷の高い位につく
　　平氏一族が朝廷の中で重い役につく

　〔清盛の政治〕

　・1179 年　中国（宋）と貿易を始める

　・神戸に港を開く

　・むすめを天皇のきさきにし，孫を天皇にする

　　自分たちに反対する人たちを厳しく処ばつ
　　　　　　　　↓
　　貴族や他の武士たちは，不満

3 平氏の繁栄の様子を調べよう。

T　平氏による政治はどのようなものだったのでしょうか。教科書を見て調べましょう。
C　清盛は太政大臣になっているよ。
C　平氏一族が朝廷の位を独占した。
C　娘を天皇のきさきにして，産まれた子を天皇にした（安徳天皇）。
C　朝廷では強い力を持っていたのだろうね。
T　他にも，都を福原（神戸）に移したり，神戸港を開いて日宋貿易を行ったりしました。広島県にある世界遺産の厳島神社は，平氏が（守り）神をまつり，海上交通の安全を祈ったと言われています。
C　貿易で富を蓄えたのかな。
C　都を移したり，港をつくるなんて，すごい権力を持っていたんだね。

4 平氏の政治について人々がどう思っていたかを話し合おう。

T　娘を天皇のきさきにして孫を天皇にしたり，朝廷の位を独占したり…，誰かの政治に似ていますね？
C　藤原氏の政治だ！
C　藤原道長は，世の中は全部自分の思い通りだっていう歌を詠んでいた。
T　「平氏にあらずんば，人にあらず」という言葉があります。当時の平氏の繁栄を表した言葉です。貴族や他の武士たちは，平氏の政治をどう思っていたでしょうか。
C　今まで政治をしていた貴族は不満だっただろうね。
C　平氏ばかりが栄えたら，他の武士も面白くないだろうな。
C　平氏の政治に反対する人はいなかったのかな。
T　朝廷の実権を握った平氏は，自分たちに反対する人たちを厳しく処罰したりするなどしました。

源氏が平氏に勝利する

ⓜ 源氏はどのようにして平氏を倒したのだろう

1,2 〈源氏と平氏の戦い〉

板書例

源氏と平氏の戦い
——— 源氏の進路　✗ おもな戦場
1183年ころの源氏と平氏の勢力範囲
　　　源氏　　　平氏

平泉
木曽
ⓦ倶利伽羅峠の戦い（1183年5月）
京都
ⓚ壇ノ浦の戦い（1185年3月）
鎌倉
ⓣ石橋山の戦い（1180年8月）
大宰府
ⓔ一ノ谷の戦い（1184年2月）
ⓘ富士川の戦い（1180年10月）
ⓐ屋島の戦い（1185年2月）
QR

---

1 平氏の政治はいつまで続いたのだろう。

T 「平氏にあらずんば，人にあらず」という言葉があるほど栄えた平氏ですが，平氏の繁栄はどれくらい続いたでしょうか。

C 朝廷の位を独占していたから，長く続いたんじゃないかな。

C でも，平氏に不満を持っている人はいっぱいいるみたいだったよ。

T 平氏の頭領の清盛は，1181年に亡くなります。その後も平氏の政治は続いたと思いますか？

C 続いた！　だって孫が天皇になっていたもの。

C 孫の安徳天皇が平氏の頭領になったのでは？

C 都を移したり，貿易で富を蓄えたりしていたし。

T それでは教科書で調べてみましょう。

C <u>源頼朝が，平氏を倒すために兵を挙げた。</u>

C 源ということは，源氏だね。

C 源氏の一族はまだ生き残っていたんだ！

2 源平の戦いの経過を，平氏滅亡まで調べよう。

児童プリント QR を配る。

T やがて各地の源氏の残党が兵を挙げ，平氏と戦うようになります。合戦の様子を，教科書やプリントなどで順を追って調べていきましょう。

C 1180年，伊豆で源頼朝が兵を挙げた。

C ⓣ同年8月，石橋山の戦いは源頼朝が負けた。

C ⓘ1180年10月，富士川の戦いで源氏が勝った。

C 1181年に平清盛が亡くなる。

C ⓦ1183年5月，木曽から源義仲が現れて，倶利伽羅峠の戦いで源氏が勝利した。

<table>
<tr><td>準備物</td><td>・画像（源平の戦いの年表，源平合戦の進路）QR
・児童プリント QR</td></tr>
</table>

| ICT | 源平合戦の進路の地図を提示し，流れにしたがって戦いのイラストと比較しながら説明すると，理解が深まる。 |

❸ 〈頼朝が鎌倉幕府を開くまで〉

・1185 年　壇ノ浦の戦いで平氏がほろぶ

↓

頼朝は，家来となった武士を守護・地頭にした

・守護：軍事や警察

・地頭：税の取り立て

↓

・1192 年　源頼朝は武士のかしらとして
　　　　　　朝廷から征夷大将軍に任じられ，
　　　　　　鎌倉幕府を開く

QR

源平の戦い

【源平の戦いの年表】
年	できごと
1180	安徳天皇即位（数えで3才） 源頼政，以仁王挙兵（敗） 源頼朝挙兵（石橋山で敗） 富士川の戦い（勝）
1181	平清盛死去
1183	倶利伽羅峠の戦い（源義仲） 平家都落ち
1184	一ノ谷の戦い
1185	屋島の戦い，壇ノ浦の戦い 頼朝全国に守護地頭を設置

C　㋔ 1184 年 2 月，一ノ谷の戦いで源氏が勝った。

C　㋕ 1185 年，屋島の戦いで源氏が勝利し，平氏が追い詰められていく。

C　㋖ 1185 年 3 月，壇ノ浦の戦いで平氏は敗れ，源氏に滅ぼされる。

3 平氏が滅亡した後，源頼朝が幕府を開くまでの流れをまとめよう。

T　壇ノ浦の戦いで平氏は滅びましたが，全国すべての武士が源氏に従ったわけではありません。源頼朝はどのようにして全国を治めていったのか，教科書で調べましょう。

C　家来の武士（御家人）を地方の守護や地頭につけるように，朝廷に認めさせた。

C　守護や地頭って何だろう？

T　守護は軍事や警察，地頭は税の取り立てなどをする役職です。これを国ごとに置くことで，頼朝は政治の実権を握っていきました。

C　1192 年に朝廷から征夷大将軍に任じられた。

C　鎌倉で幕府を開いた。

源平合戦のエピソード
　今に残る軍記物「平家物語」を使って，当時の合戦の様子や源義経の活躍などを紹介すると，児童の歴史への興味も深まるだろう。

鎌倉幕府

板書例

㊕ 武家による政治をどのように進めていったのだろう

1 〈なぜ鎌倉に幕府を開いたのだろう〉

・攻めにくい地形

　（三方が山に囲まれ，
　一方が海に面している）

・鎌倉へ入る道は，馬一頭しか入れないほど狭い

・切通し

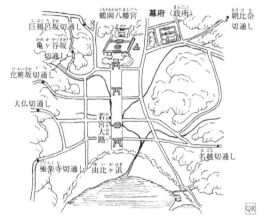

巨福呂坂切通し　鶴岡八幡宮　幕府（政所）　朝比奈切通し
亀ヶ谷坂切通し
化粧坂切通し
大仏切通し
若宮大路
名越切通し
極楽寺切通し　由比ヶ浜

イラストを見て、鎌倉に幕府を開いた理由を考えよう

---

1 なぜ鎌倉に幕府を開いたのか考えて話し合おう。

児童プリント QR を配布する。

T　なぜ源頼朝は，鎌倉に幕府を開いたのでしょう。プリントの絵図を見ながら考えてみましょう。ヒントは，鎌倉は三方が山に囲まれており，一方は海だという点です。

C　三方が山に囲まれているので，周りからとても攻めにくい。

C　一方は海だから，船でないと入れない。

C　鎌倉へ入る道は，馬一頭しか通れないほど狭い。

C　「切通し」を抑えれば，少ない人数でも守りやすい。

C　そうか，頼朝は合戦で守りやすいから，鎌倉に幕府を開いたんだ。

切通し

2 頼朝はどのようにして武士たちを従えたのかを探ろう。

T　頼朝は，どのような方法で武士たちを従えたのでしょう。武士たちが一番望んでいたことを考えて，話し合いましょう。

C　戦で手柄を立てたり，役目を果たしたりして，ほうび（恩賞）をもらいたい。

C　先祖代々の領地を所有することを認めて欲しい。

C　新しく開発した土地も認めて欲しい。

T　頼朝は，御家人たちの願いである領地を認め（ご恩），そのかわり御家人たちは戦いが起これば すぐに鎌倉に駆けつけ，命がけで働きました（奉公）。

　自分の領地を命がけで守る武士たちの生活は，「一所懸命」という言葉で表されました。

準備物	・イラスト（鎌倉地図，ご恩と奉公）QR ・児童プリント QR
ICT	鎌倉幕府のイラストを児童に送信して おく。地図帳や資料集の資料などと比 較しながら，なぜ頼朝が鎌倉を選んだ のか，話し合わせると，理解が深まる。

2

〈ご恩と奉公〉

幕府(将軍)

〔ご恩〕 　　　　　〔奉公〕

領地を認める　　　家来になる
新しく与える　　　合戦で戦う
　　　　　　　　　役目(守護・地頭)
　　　　　　　　　「いざ鎌倉」

御家人(武士)

願いは　一所懸命

3

〈幕府と朝廷の戦い〉

・源氏（三代）→北条氏（執権）
・1221年 朝廷が「幕府を倒せ」
　と全国に命令…承久の乱
・北条政子（頼朝の妻）は御家
　人に「ご恩を思い出せ」

幕府のために戦う（幕府側の勝利）

御成敗式目（武士の法律）をつくる

---

3 幕府と朝廷の戦いの様子を調べ，
まとめてみよう。

T　鎌倉幕府はその後どうなったでしょうか。

C　源氏の将軍は3代で絶え，幕府の政治は執権の
北条氏が進めた。

T　ところが，1221年に幕府と朝廷の戦い（承久の
乱）が起こります。誰が誰に仕掛けた戦いで，そ
の結果はどうでしたか。
　　①朝廷方が幕府を倒すために，兵を集める。
　　②御家人が集まり，北条政子の言葉を受ける。
　　③幕府側が京に向けて出陣し，朝廷方が敗北する。

T　結果，朝廷方の貴族や武士の領地は没収し，御
家人に与えられました。御成敗式目（武士の裁判
のきまり）もつくられ，武士による独自の政治が
すすめられました。

朝比奈切通

元との戦い

板書例

㊓ 元の大軍と武士たちはどのように戦ったのだろう

1 〈元という国〉

モンゴル人は 13 世紀に，アジアからヨーロッパまでを支配下に置いた大帝国（元）をつくる。

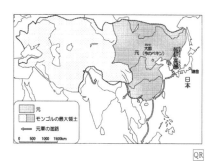

2,3 〈元軍との戦い（元寇）〉

執権・北条時宗，竹崎季長たちが元軍と戦う

〔1回目〕

〈元軍〉	×	〈幕府・武士〉
・集団戦法		・一騎打ち
・たて，やり，てつはう		・刀，馬
・身軽な服装		・よろい，かぶと

〔2回目〕

〈元軍〉	×	〈幕府・武士〉
・船で攻め込む		・石垣を築いて抵抗

暴風雨が来たため，元軍は引き上げていった

---

1 日本を攻めた「元」とはどういう国だろう。

児童プリント QR を配る。

T プリントの絵は，何を描いた絵でしょうか。

C 武士が馬に乗り戦っている絵だ。

C 弓を放つ人は見慣れない格好をしてるね。

T 元という国が日本に攻めてきました。元は 13 世紀にモンゴル人がつくった国です。プリントの元を含めてモンゴルの最大領土に色を塗りましょう。どんな国だと思いますか。

C 大陸を横断して広がっている。

C ヨーロッパの方まで届いているよ。

T 大陸や今の大きな国とも比べてみましょう。

C アフリカ大陸と同じくらいかな。

2 元との戦いの様子を調べ，話し合う。

T 元はどこに攻めてきましたか。教科書やプリントの 3 で調べましょう。

T 1274 年，北九州の博多湾を中心に一度目の戦いがありました。当時の絵巻『蒙古襲来絵詞』には，元との戦いの様子が描かれています。絵を見て，戦いの違いについて気づいたことを発表しましょう。

C 日本は 1 人しかいないけど，元は集団で戦っている。

C 服装が違う。日本は鎧兜で，元は身軽だ。

C 何か破裂して，馬が血を流しています。

　元は集団で戦い，「てつはう」（爆発物）を使ったりして上陸したので日本側は苦戦した。しかし，決着の前に元が引き上げたため，1 回目の文永の役は終わったことを確認する。

| 準備物 | ・板書用のイラスト画像 4 枚 QR
・モンゴル帝国を示す地図 QR
・児童プリント QR | ICT | 蒙古襲来絵詞のイラストを児童に送信することで，一騎打ちと集団戦法の違いを，比較しやすくなる。武士が何のために戦ったのかも話し合わせる。 | |

4 〈武士たちは何のために戦ったのか〉

・手柄を立て，恩賞をもらうために，戦った
（一所懸命）

〔竹崎季長が鎌倉まで行ったわけ〕

・勇かんに戦い，手柄を立てたことを示すため。
・直に恩賞奉行に会って恩賞をもらうため。

竹崎季長が恩賞を要求するようす

QR

蒙古襲来絵詞

竹崎季長が通った
ルート

恩賞をもらって
引き上げる季長

---

3 2回目の戦いの様子と結果を調べよう。

プリントの3を見るように指示する。

T 文永の役の後，海岸には石垣が築かれました。その 7 年後に再び元が攻めてきます。幕府の執権，北条時宗や日本の武士たちはどのように戦ったのでしょう。

C 元は船で攻め込んでいるよ。

C 日本は海岸線に石垣・土塁を築いているね。

C 元の兵を上陸させないように戦ったんだ。

T 元の軍を追い払えた理由は何だと思いますか。

C うまく暴風雨が起こって，元の船が沈んだ。

C 海岸線に石垣や土塁などを築き，元の軍を上陸させなかった。

C 奉公の気持ちで，九州の武士がよく戦った。

4 武士たちは何のために戦ったのかを考えよう。

T 『蒙古襲来絵詞』の主人公は竹崎季長です。季長は，熊本から鎌倉まで行き，恩賞奉行の安達泰盛に何かを訴えています。季長は何を訴えたと思いますか。

C 勇敢に戦い，手柄を立てた。

C 敵を倒したので恩賞がほしい。

T 季長は，恩賞をもらうために，安達泰盛に何と言って訴えたと思いますか。プリント1の戦闘シーンを見て考えましょう。先生が安達泰盛役になるので恩賞をもらえるように訴えてみてください。

T （安達） 何のようじゃ？

C （季長） 元と戦って敵をたくさん倒しました。

T （安達） 証拠はあるのか？

C （季長） 元の兵の矢が足にあたってケガをしました。そのケガがこれです。

T （安達） わかった。ほうびをやろう。

板書例

ⓜ 鎌倉幕府のその後を調べ，単元のまとめをしよう

1 〈恩賞がもらえなかった理由〉

・戦で勝った相手の土地が
　恩賞だった

・相手の土地が海外にあっ
　たため，御家人に与える土
　地がなかった

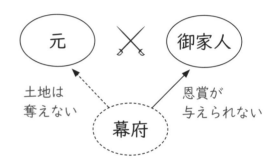

---

1 恩賞がもらえなかった理由を
　　考えてみよう。

T　前時で，竹崎季長は元との戦いの後で何をしましたか。

C　鎌倉まで出かけて訴えて，恩賞をもらった。

T　他の御家人も恩賞をもらえたでしょうか。

C　もらえなかった御家人が多かったと思う。

C　恩賞をもらうために戦ったのに，もらえなかったら不満がでるだろうな。

T　なぜもらえなかったのか整理して考えましょう。ヒントは，当時は戦で勝った相手の土地が恩賞になったということです。

C　相手の土地が海外にあって，御家人に与える土地がなかった。

C　元から土地を取り上げていないから，与える土地がない。

2 鎌倉幕府のその後について調べてみよう。

T　恩賞をもらえなかった武士の暮らしはどうなっていったか話し合ってみましょう。

C　戦で費用をたくさん使ったと思うから，領地や家来たちの生活を守るのに大変だった。

T　幕府と御家人の関係はどうなるかな。

C　命がけで戦ったのに恩賞をもらえなかったら，幕府を信用できなくなる。

C　「奉公」しても「ご恩」がないのなら，次に何かあっても御家人は動かないと思う。

C　「いざ鎌倉」の関係が崩れていく。

　　頼朝が幕府を開いた年（1192年）と滅んだ年（1333年）を，教科書の巻末の年表で確認し，「鎌倉時代」という用語をおさえる。

ICT　この単元で使用した資料を児童に送信しておく。学習したことを，まとめるだけでなく，資料を使って，「何のために武士が戦ったのか」を考えさせることが大切。

2 〈鎌倉幕府のその後〉

・御家人は，命がけで戦う
・戦で多くの費用

↓

・借金，生活苦
・幕府への不満

↓

・「ご恩」と「奉公」くずれる
　幕府の力が弱まる
　1333 年　鎌倉幕府滅びる

3 〈単元のまとめ1〉

出来事や人物を年表に整理し，くわしく調べて発表しよう

4 〈単元のまとめ2〉

各地に残る鎌倉時代の遺跡やお話を紹介しよう

---

3 〔単元のまとめ1〕出来事や人物について調べ，年表をつくろう。

T　武士の登場から鎌倉時代が滅びるまでの出来事や人物を年表に書いて整理しましょう。どんな出来事を覚えていますか。
C　平清盛が源氏を倒し，朝廷で政治を行った。
C　北条政子が，頼朝のご恩を訴えた。
T　元との戦いに関係する人物をあげるとすると…誰かな？
C　幕府の中心，執権だった北条時宗。
C　自分の戦いの様子を絵に残した竹崎季長。
T　それぞれの人物や出来事を，図書館の本や資料でもう少し詳しく調べてみましょう。
C　元との戦いで，絵巻まで残した竹崎季長の一所懸命な行動を調べてみます。

4 〔単元のまとめ2〕地域の鎌倉時代のエピソードを調べてみよう。

T　平安時代はどんな人たちが栄えた時代でしたか。
C　藤原氏や貴族たち。
T　では，平安時代の終わりごろから，どんな時代になっていったでしょうか。
C　武士が力を持ち，貴族に代わって政治を始める時代になった。
T　では，武士が登場する鎌倉時代のことで，日本各地に残るエピソードを図書館の本や資料を使って調べてみましょう。
C　源平合戦で活躍した源義経は，小さい時は牛若丸という名前で，京の五条の橋の上で弁慶と戦った話は有名です。

今に伝わる室町文化

全授業時間 3 時間

◉ 学習にあたって ◉

◇何を教えるのか　-この単元の特徴-

室町時代の文化を中心に学習します。今日の生活様式や日本の伝統芸能といわれるものには，室町時代を起源とするものが多く，今も郷土芸能として能や狂言が催されている地方もあります。能・狂言はこの時代

に生まれた芸能ですが，その始まりは田楽や猿楽といった民衆の娯楽にあります。それが，やがて「わび」「さび」「幽玄」といった禅の精神とも結びついて芸術へと高められ，将軍足利義満も認めるところとなりました。

　このように民衆の暮らしのなかから生まれ，庶民から武家，公家（貴族）と，幅広い層に愛されたことが伝統芸能として残ってきた要因でしょう。平安時代の文化の担い手が貴族層とその家族だったことと比べると，違いがよくわかります。ほかに，生け花や茶の湯，書院造なども，寺社から武家，公家，庶民と広がり盛んになっていったように，多くの人々に好まれ受け入れられた普遍性が特徴であるといえるでしょう。

　民衆の中から文化が生まれそれを楽しむようになった背景には，牛馬耕や二毛作の広がりなど農業の生産性の向上と商工業の発達があげられます。定期市が開かれ，商品の流通も盛んになりました。そのことが祭りや盆踊りなど生活を楽しむゆとりにもつながりました。

　一方，室町幕府は3代将軍義満の時代に，南北の朝廷の統一を果たして政治を安定させ幕府の最盛期を迎えますが，それ以降は守護大名の統制も十分にとれず，室町時代後半はいわば乱世でもありました。そして，応仁の乱の後は各地に散らばった武士たち（守護大名から戦国大名へ）の，下克上などによる群雄割拠の戦国時代へとつながっていきます。このような乱世は，一方で農村の自治や民衆の団結を生み，時には一つの目的の下に結束し行動する一揆を起こすこともありました。

◉ 評　価 ◉

知識および技能	・鎌倉幕府が滅亡し，足利氏による室町幕府が成立し，三代将軍足利義満の時代に貿易などで最盛期を迎え，室町文化の先駆けとなる金閣が建てられたことを知る。 ・室町時代には，武家や公家を中心に書院造や水墨画，生け花，茶の湯，能・狂言など現代に伝わる文化が生まれたほか，各地の農業や商工業が発達し，民衆の生活から生まれた生活習慣や文化も今の暮らしの中に伝わっていることがわかる。
思考力，判断力，表現力等	・金閣や銀閣寺東求堂などの書院造の建物や水墨画を観察し，伝統芸能と言われる生け花，茶の湯，能・狂言について調べ，現代と比較・検討しながら話し合い，今につながる生活様式について考える。 ・室町時代の農業や商工業が発達していく様子を調べ，その中から庶民の暮らしと関わる文化が生まれたことを話し合い，文化の様子についてまとめることができる。
主体的に学習に取り組む態度	・室町時代の文化が，武家や公家だけでなく庶民まで広がって盛んになり，多くの人々に好まれ受け入れられたことを話し合い，共有する。

◉ 指導計画　3時間 ◉

時数	授業名	学習のめあて	学習活動
1	足利氏と金閣・銀閣	・足利義満の建てた金閣，義政の建てた銀閣の違いを話し合い，今につながる室町の文化の広がりについて知る。	・鎌倉幕府が滅亡して，足利氏が将軍になり，室町幕府が成立したことを確かめる。 ・金閣や銀閣寺東求堂のイラストをもとに，その特徴について話し合う。 ・書院造と現代の和室のつくりと比べ，畳敷きで「床の間」があることなど，共通点を調べ話し合ってまとめる。
2	新しい文化が生まれる	・室町時代には，今につながる水墨画や生け花，能などの文化が生まれ，普及していったことがわかる。	・雪舟の水墨画（すみ絵）を観察し，その特徴について話し合う。 ・室町時代に生まれ，今に伝わっている文化（生け花や茶の湯，能や狂言）にどのようなものがあるかを調べる。
3	室町文化と人々の暮らし	・室町時代には農業や商工業が発達し，庶民の暮らしと関わる文化が生まれ，受けつがれてきたことを理解する。	・田植えの様子を描いた絵図を見て，農業の様子について話し合う。 ・今の暮らしに関わることで，室町時代に始まったこと（一日三度の食事，食品，行事，祭り，職業など）を調べ，話し合う。

足利氏と金閣・銀閣

板書例

⊕ 今につながる室町文化を見つけよう

1 〈鎌倉時代から室町時代へ〉

年	主なできごと
1274	元が攻めてくる
1281	また元が攻めてくる
1333	鎌倉幕府が滅びる
1338	足利尊氏が京都に幕府を開く
1368	足利義満が征夷大将軍になる
1378	義満が京都の室町に花の御所（将軍の住居）をつくる
1392	南北の朝廷が一つになる
1397	義満，金閣を建てる
1401	義満，中国（明）に船を送る
1404	中国との貿易（勘合貿易）が始まる
1449	足利義政が征夷大将軍になる
	茶の湯や生け花などが流行する
1467	応仁の乱が始まる
1477	
1489	義政、銀閣を建てる

QR

2 〈足利義満と金閣〉

〔3代将軍　足利義満と金閣〕

・金閣＝寝殿造＋書院造

・建物に金ぱくをはる

QR

・中国と貿易　・幕府の力が強い

1 鎌倉時代から足利氏の室町幕府までのできごとをつかむ。

T　元の襲来の後，鎌倉幕府はどうなりましたか。

C　御家人たちの多くが恩賞（領地）がもらえず，不満が大きくなり，幕府の力が衰えました。

T　その後の政治の展開を教科書やプリント QR の年表で調べましょう。

C　1333年，武士たちの不満の結果，北条氏の鎌倉幕府が倒されます。

C　5年後，頼朝と同じように，足利尊氏が征夷大将軍になります。

C　今度は京都の『室町』に幕府の役所を置きました。

T　京都に幕府が置かれたこの時代を室町時代といい，約240年間続きますが，3代将軍足利義満の時代に，一番勢力が強くなりました。

2 足利義満と金閣寺について調べよう。

金閣のイラスト QR を黒板に貼る。

T　黒板の足利義満が京都に建てた建物は何ですか。

C　金閣寺（正しくは『金閣』）。きらきら…。

T　金閣といいます。気づいたことを発表しましょう。

C　3階建てで，2階と3階が金色です。

C　金でできている。お金がかかっただろうな。

T　金色なのは，アルミ箔のように薄くのばした金箔を建物に貼ってあるからです。

T　足利義満は，他にどんなことをした将軍なのか，教科書や年表で調べてみましょう。

C　各地の守護を従え，一番勢力が強くなったようだ。

C　中国の明（みん）と貿易をし，大きな利益を得ている。

| 準備物 | ・鎌倉～室町時代の年表 QR
・イラスト（金閣，銀閣，東求堂）QR
・児童プリント QR | ICT | 金閣と銀閣のイラストを児童に送信し，タッチペンでイラストに色を塗る。色を塗ることで，金閣と銀閣の細かなところまで意識して観察することができる。 |

③ 〈足利義政と銀閣〉

〔8代将軍　足利義政と銀閣〕

・銀閣＝書院造

・床の間のある部屋

・今の和室の元の形

・落ち着いた感じ

・金がない　・幕府の力が弱くなる

④ 〈今に伝わる室町文化〉

書院造の部屋と今の和室を比べてみよう

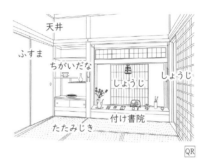

天井
ふすま
ちがいだな
しょうじ　しょうじ
付け書院
たたみじき

---

3 銀閣寺について調べよう。

銀閣のイラスト QR を黒板に貼る。

T　この建物（銀閣）も室町時代の建物です。

T　京都の慈照寺というお寺にあり，建てたのは義満の孫で8代将軍足利義政です。銀閣のそばには東求堂という建物もあります。中を見て，見つけたものを発表してください。

C　高さの違う棚がつけられています。

C　障子とふすまがある。

C　床の間？（付け書院）があります。

C　畳が敷いてあります。（敷きつめている）

T　貴族の寝殿造とも違いますね。この部屋は将軍義政の書斎や応接間（客室）として使われたようで，障子窓の下に『付け書院』という机があります。このようなつくりを『書院造』といいます。

4 金閣・銀閣と現在の和室の比較から，室町文化の特色についてまとめよう。

T　書院造の部屋を見たことはありませんか。

C　窓際に座ったらそのまま机になるよ。

C　棚が途中で互い違いになっている。

C　和室（座敷）に似ているね

T　そうですね。現在の部屋の中にも使われているものを確かめていきましょう。

現在の和室の写真があれば提示して比べさせ，床の間（違い棚），襖，障子，畳敷きなどの共通点に気づかせる。

C　おじいちゃんの家にも畳敷き（座敷）の部屋がある。

C　違い棚もあって，部屋が広く見えます。

C　襖や障子は今でもよく見ます。

T　室町時代の中頃には，書院造が普及していろいろな建物の中に取り入れられ，その後現在まで引き継がれてきているのです。

新しい文化が生まれる

室町時代には，今につながる水墨画や生け花，能などの文化が生まれ，広く普及していったことがわかる。

板書例

◎ 今に伝わる室町時代の文化を調べよう

1 〈水墨画（すみ絵）〉

雪舟の「秋冬山水図」

・書院造の部屋にかざる
・床の間のかけじくやふすま絵に

2 〈水墨画の特徴〉

〔描いたもの〕
・海，山，川などの風景（山水）
・木，植物，鳥など

〔描き方〕
・墨だけでかく
・こさを変える
・静かで力強い

雪舟（僧）
・天橋立図をかく
・中国でも絵の勉強

---

1 水墨画とはどんな絵かをつかむ。

水墨画のイラスト QR を黒板に貼る。

T　このような絵を見たことがありますか。みなさんが習字に使う墨一色でかかれた絵です。
C　旅館の床の間に飾ってありました。
C　墨絵っていうのかな，座敷でよく見ます。
T　このような絵も室町時代に生まれました。この時代，これをどこにかけたと思いますか。
C　書院造のような部屋かな？和室の床の間。
C　書院造の部屋に似合いそうです。
T　このような墨だけを使って描いた絵を「水墨画（すみ絵）」といいます。書院造の部屋には床の間もつくられています。水墨画は床の間に掛ける絵として，また襖の絵としても描かれました。

2 絵巻物と水墨画とを比べて，気づいたことを話し合おう。

児童プリント QR を配る。

T　プリントの平安時代の絵（絵巻物）と比べて違うところを見つけましょう。
C　絵巻物は物語が描かれていることが多いね。
C　人物や事件も題材になっているよ。
T　では，水墨画にはどんな特徴がありますか。何で描いているか，何を描いているかに注目してください。
C　墨だけで，墨の濃さを変えて描いています。
C　山や川などの風景（山水）を描いています。
T　教科書の絵（『天橋立図』など）は，その頃の水墨画の名作です。誰が描いたのでしょう。
C　雪舟という人です。
T　雪舟とはどんな人だったのか，教科書で調べましょう。（教科書から雪舟が僧侶だったことやその業績をたどる）

3,4 〈今に伝わる室町文化〉

・生け花…寺や床の間に

・茶の湯

・庭（枯山水）…日本庭園

・能（観阿弥・世阿弥）⎱ 猿楽や田楽がもととなって，生まれた

・狂言（柿山伏など）　⎰（農民の楽しみ）

能 QR

狂言 QR

武士・公家・民衆に広まり
楽しむ文化→今に伝わる

3 生け花や日本庭園など，今に伝わる室町時代の文化を調べよう。

T　床の間に飾る物として，かけじく以外にどんなものがあるでしょう。見たことがありますか。

C　生け花や置物を飾っているのを見ました。

T　生け花もそうです。書院造の部屋（和室）に合いそうです。水墨画や生け花の他に，室町時代に始まり今に伝わっているものがあります。どんなものがあるか，教科書や資料集で調べましょう。

生け花の写真 QR を黒板に貼り，動画 QR を視聴する。

T　また，教科書や資料集に載っている庭園もつくられました。何を表していると思いますか。

教科書の竜安寺石庭などの写真を提示するとわかりやすい。

C　自然の風景？　海と島かなあ？

4 茶の湯や能，狂言も生み出されたことを話し合おう。

C　先生，お茶も始まったようです。

T　よく見つけましたね。「茶の湯」と言います。これも書院造の部屋で行われたようです。

T　プリントの2を見ましょう。室町時代に生み出された文化です。何をしている絵でしょうか。名前を書き入れてください。

C　左から茶の湯，能，狂言です。

C　能は大陸から伝わった芸能が発展し，歌や舞いは能，滑稽な表現は狂言として今に受けつがれているそうです。

C　「柿山伏」は狂言でした。国語で学習しました。

T　能や狂言はどのようにして生まれたのか，教科書で調べましょう。

能や狂言は，猿楽や田楽をもとに創り出されたことを確かめ，今に伝わる室町文化を見たり体験したりしたことを出し合わせるとよい。

室町文化と人々のくらし

室町時代には農業や商工業が発達し，庶民の暮らしと関わる文化が生まれ，受けつがれてきたことを理解する。

板書例

㉔ 今につながる室町時代の 人々のくらしの変化を見つけよう

1 〈応仁の乱（1467〜1477）〉

・11年間いくさの時代へ

・京都は焼け野原に

2 〈農村のくらし〉 ——————→

・村の人同士で協力

（田植え・田の音楽・食事）

・牛や馬を使って耕作

（収穫が増える）

・二毛作　・肥料（草木灰）

・寄合（村の掟をつくり，話し合う）

月次風俗図屏風
QR

---

1 銀閣ができたころの世の中について調べよう。

T　8代将軍義政は銀閣をつくった将軍ですが，そのころの世の中はどんな様子だったのでしょうか。

C　銀閣ができたから平和だったのかな？

C　銀閣に銀を張れない程，幕府は弱かったと聞いたよ。

T　実は，この時代は守護大名同士の争いがあり，あちこちで戦いが続いていた時代でした。

児童プリント QR を配る。

T　プリントのマンガ「戦国の世へ」を見ましょう。将軍の跡継ぎをめぐって，応仁の乱という守護大名同士の争いが起こりました。1467年から11年間も続き，京都の町のほとんどが焼けました。その争いは地方にも広がり，将軍も抑えきれなかったのです。

2 農村の暮らしについて調べよう。

月次風俗図屏風のイラスト QR を黒板に貼る。

T　一方，室町時代の農村や農民の生活はどうだったでしょうか。絵を見て見つけたことを話し合いましょう。

C　みんなで協力して田植えをしています。

C　牛を使って耕しています。鍬（くわ）も使っている。

C　太鼓をたたいたり，踊ったりしている。

C　村中で田植えをして，楽しそう。

T　このように牛や馬を使うなど，農業のやり方が進み，収穫も増えました。村のまとまりも出てきました。他にも農業で変わってきたことを教科書や資料集で調べてみましょう。

C　肥料に草木灰を使う。

C　二毛作が始まる。（裏作に麦など）

C　村の掟を作り，話し合い（寄合）をもつ。

準備物	・イラスト （月次風俗図屏風, 機織り, 大工, 浦島太郎）QR ・児童プリント QR	ICT	室町文化のイラストを児童に送信し, 今でも残る文化と比較する。室町時代に生きた人々と今を生きる人々の思いの共通部分と違う部分に気づかせるとよい。

QR

機織り

大工
（のこぎりを使うようす）

おとぎ話
（浦島太郎）

3,4 〈今に伝わるくらし・ものづくり・文化〉

・食事は1日3回になる。

　とうふ, こんにゃく, うどん, なっとう, しょう油

・手工業（ものづくり）　職人など

　たたみ, 紙, 布, せともの, 農具

・定期市で売り買い

・おとぎ話（浦島太郎, 一寸法師）

　　↓

　人々に広まる→今に伝わる

3　日常の暮らしで, 今に続いているものを調べよう。

T　農業の変化のように, 今の暮らしに関わることで, 室町時代から始まったことは何でしょう。プリントの2を見るといいですよ。

　（産業）職人, 定期市など商工業の発達
　（手工業）畳, 農具, 木綿布, 陶器, 漆器, 鎧甲
　（食品）豆腐, こんにゃく, 納豆, うどん, 醤油
　（おとぎ話）浦島太郎, 一寸法師など「御伽草子」
　（行事）村の祭り, 盆踊り, 町では祇園祭 など

C　機織りだよ。

C　浦島太郎も室町時代に書かれた物語なんだ。

C　大工さんもこの頃にできた職業みたいだね。

C　今の暮らしに, いろいろとつながっているね。

T　例えば, 今, 食事は一日に何回ですか。

C　朝, 昼, 晩の3回です。

T　一日3回食事をとることも, このころから始まったのです（それまでは朝と晩の2回）。

4　室町時代を振り返り, まとめをして, 交流しよう。

T　「室町時代」と聞いて, 思い出すのはどんな人物でしょうか。

C　足利義満, 豪華な金閣を建てました。

C　足利義政。銀閣を建てたけどお金がなかった。

C　雪舟, 観阿弥と世阿弥。

T　室町時代の文化は, どんなものを覚えていますか。

C　畳敷き, 障子や襖, 床の間のある和室。

C　水墨画や生け花, 茶の湯, 能, 祭り。

T　これらは, どんな特徴があるといえばいいでしょう。

C　今の暮らしにも続いているものが多い。

　　今の私たちの暮らしとの関わりで振り返り, 思ったことを書きまとめさせて, 交流する。

戦国の世から天下統一へ

全授業時間6時間

◉ 学習にあたって ◉

◇何を教えるのか - この単元の特徴 -

　この小単元では，100年間続いた戦乱の世で，戦国大名の中から台頭してきた織田信長と豊臣秀吉により，全国が平定されて天下統一へと大きく動き出した世の中の変化をつかませます。どの教科書も，長篠合戦図屏風が大きくカラーで掲載されており，導入として，戦国の世が統一されていくきっかけを考える材料になります。その後で，それまでの文化とは大きく異なるヨーロッパ人の来航による南蛮文化の受け入れと共に，信長，秀吉の天下統一の過程を調べていくという学習の進め方になっています。

　二人の武将に共通しているのは，拡大していく天下取りの方法が，広大な領地だけでなく，金銀銅山や港湾都市，商業都市などを支配下において巨大な財力と流通の方法を手に入れていき，それを背景に強大な軍事力をもち，ほかの大名を圧倒していったことです。信長の楽市楽座の政策によって商工業が発展し，秀吉の検地・刀狩で農民は耕作権を保障され，戦に動員されることから解放され，その結果として登場した戦のない世の中で，百姓や町人は農工商業を発展させることができたともいえます。

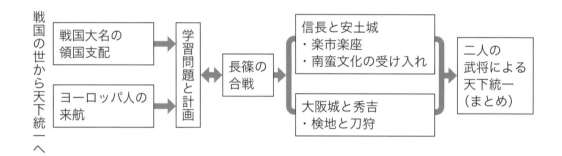

◉ 評　価 ◉

知識および技能
・織田信長，豊臣秀吉の2人の武将の働きによって，戦国の世が統一されたことがわかっている。
・文化財，地図や年表，そのほかの資料を活用して，戦国の世が統一されるまでの様子と，それに関わる織田信長，豊臣秀吉の働きや代表的な文化遺産について，必要な情報を集め，読み取っている。

思考力，判断力，表現力等
・戦国の世を統一するために，織田信長，豊臣秀吉がどのようなことを行ったのかについて，学習問題や予想を立てて考え，表現する。
・織田信長，豊臣秀吉が行ったことや関連した事柄について調べたことを比較したり，関連づけたり，総合したりして，2人の武将の願いや働き，代表的な文化遺産の意味を考え，適切に言語などに表現している。

主体的に学習に取り組む態度
・調べたことを白地図や年表，作品やノートなどにまとめている。
・戦国の世が統一されたこと，それに関わる織田信長，豊臣秀吉の働きや代表的な文化遺産に関心を持ち，進んで調べようとしている。

時数	授業名	学習のめあて	学習活動
1	天下統一を めざして - 長篠の戦い	・長篠合戦図屏風から，戦いの様子を読み取ることができる。	・織田・徳川軍が，戦国最強と言われていた武田軍と戦い勝利するために準備したことを，資料から発見させる。 ・織田・徳川軍の戦術・兵力・資金など，戦いをするまでにどのようにして力を蓄えてきたのかを考える。
2	戦国大名の登場	・戦国の世と戦国大名について知り，戦国武将の領国支配の様子について調べる。	・室町時代の後半，戦国の世が到来した理由を調べ，どんな戦国大名が登場してきたのか見つける。 ・グループで詳しく調べたい戦国大名を選び，まとめて発表する。
3	ヨーロッパ人の来航	・南蛮図屏風から当時の様子を読み取り，南蛮船が寄港したときの貿易の様子がわかる。	・南蛮図屏風に描かれていることから当時の人々の驚きや興味を読み取るとともに，当時伝わったものが長い時を経て今の日本人の生活に根づいていることを発見し，つながりを考える。
4	安土城と織田信長	・信長が力を蓄え，勢力を広げるために行ったことがわかる。	・「信長はどうやって強くなったのか」と疑問を投げかけることで児童の関心を高め，信長の打ち出した様々な新しい政策を調べ，その理由を考えると共に天下統一のための道筋を整理する。
5	大阪城と豊臣秀吉	・豊臣秀吉が天下を統一し，武士が支配する社会の仕組みをつくったことがわかる。	・秀吉の行った検地や刀狩が，当時の世の中にどのような影響を与えたのか，考えて話し合う。 ・この秀吉の政策が，後の世に続く武士や農民などの身分と，都市と農村の固定化につながっていくことを知り，その仕組みを理解する。
6	二人の武将による 天下統一	・二人の武将の果たした役割や重要な出来事をまとめ，天下統一に向けて大きな役割を果たしたのはどちらかを話し合う。	・織田信長と豊臣秀吉の行ったことを表に整理し，比較して，どちらがより天下統一に向けての影響が大きかったのかを話し合う。 ・これまでに学んだことを中心に，歴史書や資料集なども図書館で借りて補足し，まとめる。

板書例

㋫ **長篠の戦いは，誰が，どのようにして勝ったのだろう**

1,2,3 〈長篠の戦い（1575年）〉

豊臣秀吉
織田信長
徳川家康
武田勝頼

QR

▷旗 織田　▷旗 徳川
・川やさくで守る
・３０００丁の鉄砲
・３万８０００人

▶旗 武田
・騎馬隊でせめる（最強）
・やり
・１万５０００人

---

1 長篠合戦図屏風を見て，誰と誰との戦いがどんな場所で起こったのかを見つける。

長篠合戦図屏風 QR を黒板に貼るか映し出す。

T　これは，戦国時代の終わり頃の合戦の様子です。右側と左側に分かれて戦っています。絵の中にどんな人物がいるか探してみましょう

C　織田信長，豊臣秀吉，徳川家康がいます。

C　右側には，武田勝頼がいます。

　　イラスト図に色塗りなどして，信長，秀吉，家康，勝頼がいることを確かめる。

T　どんな場所で戦っているのか，地形などを見てみましょう。

C　野原や丘のようなところもたくさんある。

C　川が流れていて，そこを挟んで戦っている。

C　柵を作っているところがある。

C　起伏があって，平らなところが少ない。

2 左側の軍（織田・徳川軍）を見て，気づいたことを発表しよう。

T　絵の右にある長篠城を武田が攻めたので，織田・徳川が助けに来て，この戦いになりました。左側の織田・徳川軍の様子で気づいたことを発表しましょう。

C　鉄砲を撃っている人がたくさんいます。

C　鉄砲の人は，横一列に並んでいます。

児童プリント QR を配る。

T　織田・徳川軍は3000丁の鉄砲，すなわち「火縄銃」を使ったと言われています。プリント1を見てください。

C　3000丁ってすごいね。

T　織田・徳川軍の戦い方について気がついたことを発表しましょう。

C　わりと固まっていて，待ち構えている。

C　こちらの方が人が多い。

| 準備物 | ・長篠合戦図屏風 QR
・児童プリント QR |

<table>
<tr><td>I
C
T</td><td>長篠合戦図屏風を提示，共有してどちら
が有利なのか，理由となる絵を見つける。
児童の発言に合わせて，絵を拡大し，児
童が説明をし，教師が補足をする。</td></tr>
</table>

4 〈どちらが有利か話し合おう〉

織田・徳川
・武田軍の２倍以上の数
・3000丁の鉄砲を持つ

武田
・戦国最強の騎馬隊

結果：織田・徳川方が勝利

---

3 右側の軍（武田軍）を見て，気づいたことを発表しよう。

T　右側の武田軍の様子を見てわかることを発表しましょう。

C　馬に乗っている人が多くて，攻めている。

C　倒れている人やふせている人がいる。

T　織田・徳川軍は，３万8000人，武田軍は１万5000人だったといわれています。

C　織田・徳川軍の方が倍以上いる。

T　他に気づいたことがあれば発表しましょう。

C　刀と刀で戦っていない。

C　城の方でも戦っている。

4 両軍の戦い方を見て，どちらが優位か話し合おう。

T　織田・徳川軍は大量の鉄砲を持ち，人数は倍以上います。一方武田軍は戦国最強の騎馬隊と言われていました。どちらが勝ったか予想しましょう。

C　織田・徳川軍は，武田軍の騎馬隊が強いので，柵を作って止めようとした

C　武田軍は，いくら強くても，柵で防がれて鉄砲で撃たれたら勝てないと思った

T　プリントの２を見てください。鉄砲と弓矢の違いを探して下さい。

C　鉄砲は弓矢よりも遠くから敵を倒すことができて，しかも威力が５倍も大きい。

T　結果は，3000丁の鉄砲を使った織田・徳川軍が勝利しました。

C　やはり鉄砲はすごい。

C　最強の騎馬隊も鉄砲には勝てなかった。

戦国の世から天下統一へ　137

戦国大名の登場

板書例

ⓜ 戦国大名の支配のようすについて調べよう

1 〈応仁の乱から戦国の世へ〉

応仁の乱：京の都は焼け野原
世の中が乱れる

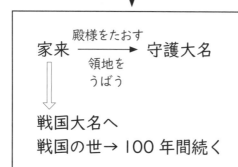

家来 ——殿様をたおす→ 守護大名
領地をうばう

↓

戦国大名へ
戦国の世→ 100 年間続く

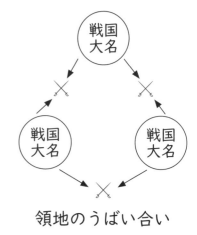

戦国大名

戦国大名　戦国大名

領地のうばい合い

POINT 児童が調べた戦国大名をまとめると，ほぼ全国に大名がいて，各地に城・城跡があることが分かる。

---

1 どうして戦国の世になったか調べよう。

マンガ「戦国の世へ」 QR を配る。

T　プリントを見て，いつごろから，どうしてこのような戦いをするようになったのかを調べましょう。

C　応仁の乱で，京の都が焼け野原になりました。

C　このころから世の中が乱れ，戦国の世になりました。

C　家来が殿様を倒して 領地を奪い，戦国大名になっていきました。

C　家来が，主人を倒して自分が殿様になることを下剋上と言うと，聞いたことがあります。

C　100 年ぐらい戦国の世が続いたんだね。

④下剋上の時代
家来が主人を倒して領地をうばい，戦国大名になっていきました。
おのれ！家来のくせにわしを殿すのか…！
これでこの国はわしのものだ！

2 戦国大名とは，どんな人がいるか見つけよう。

T　では，どんな戦国大名がいたか，プリントから見つけましょう。

児童プリント QR を配る。

C　中国地方を治めたのは毛利元就だ。

C　甲斐の武田信玄は，戦国最強と言われていた。

C　武田信玄と越後の上杉謙信がライバルで，川中島で戦った。

C　四国地方を治めた長宗我部元親もいる。

T　他にはどうかな。

C　九州には，大友宗麟や島津貴久がいた。

C　今川義元は，織田信長に敗れた。

C　織田信長や徳川家康も戦国大名だった。

C　豊臣秀吉や明智光秀は信長の家来でした。

C　織田信長は，京の都とその周辺地域を支配していた。

| 準備物 | ・マンガ「戦国の世へ」QR
・児童プリント QR
・戦国大名 QR | ICT | インターネットで，興味のある戦国大名を調べる。知っている都道府県や親戚がいる都道府県の戦国大名を調べるなど，児童の興味を引く条件を出すと良い。 |

2,3,4 〈主な戦国大名〉

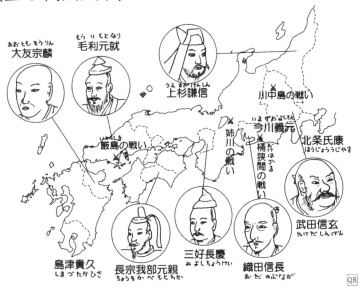

おおとも そうりん
大友宗麟

もう り もとなり
毛利元就

うえ すぎ けんしん
上杉謙信

川中島の戦い

いまがわ よしもと
今川義元

ほうじょう うじやす
北条氏康

いつくしま
厳島の戦い

姉川の戦い

おけ はざま
桶狭間の戦い

たけ だ しんげん
武田信玄

しまづ たかひさ
島津貴久

ちょうそか べ もとちか
長宗我部元親

み よし ちょうけい
三好長慶

お だ のぶなが
織田信長

織田信長　上杉謙信　武田信玄　毛利元就
大友宗麟　三好長慶　長宗我部元親　島津貴久

---

3 グループで調べたい戦国大名を選び，調べたいことを話し合おう。

T　グループで調べたい戦国大名を選んでください。
C　織田信長がいいな！
C　戦国最強の武将の武田信玄がいいよ。
C　毛利元就はどんな武将だったのかな。
T　選んだ戦国大名のどんなことを調べたいか，話し合いましょう。
C　どんなふうにして領地を治めていたのかな。
C　どんな子ども時代だったのか知りたい。
C　人柄がわかるエピソードも調べたいね。
C　有名な戦いはなんだろう。誰と戦ったのかな。勝ったのかな，負けたのかな。
C　人生の終わりはどんな風だったんだろう。

　　調べ学習は，時間外の課題にして後日まとめる形にしてもよい。

4 戦国大名について 調べたことを まとめよう。

T　それでは，グループで調べた戦国大名について発表してください。
C　僕たちのグループは武田信玄について調べました。
C　武田信玄は父親を追放して家を継ぎました。
C　上杉謙信との川中島での戦いが有名です。
C　上杉謙信から塩を送ってもらって助かった。
C　京を目指し徳川家康を破りましたが，途中で病気になって亡くなりました。

　　時間外の課題として，戦国大名の新聞作りをしてもよい。
新聞用の台紙は教師が用意しておく。
　　・見出しやキャッチコピーをつける。
　　・絵や写真を準備する。
　　・3段や4段に区切って読みやすく。
　　・絵や写真をどこに配置するか。
など，簡単に新聞作りについて説明しておく。

ヨーロッパ人の来航

板書例

Ⓜ 戦国のころ，日本とヨーロッパはどんなかかわり方をしたのだろう

1 〈世界とのつながり〉

〔どの国からやってきた？〕

スペイン，ポルトガル

〔やってきた理由〕

キリスト教を広める，貿易

2 〈南の海から来た南蛮船〉

ヨーロッパからやってきた人：南蛮人

鉄砲や日本になかったものを伝える

---

1 ヨーロッパの人たちは，どのようにして日本にやってきたのかを探ろう。

　　児童プリント QR を配る。

T　戦国大名が日本の各地で戦っていたころ，ヨーロッパ人はアジアに進出してきました。どの国の人が早く日本にやって来ましたか。

C　スペインやポルトガル。

T　ヨーロッパ人は，何のために日本にやって来たのでしょうか。

C　キリスト教を広めたり，貿易をするため。

T　では，どのような道筋で日本までやって来ましたか。プリント（1）の世界地図のスペイン王国を出発点にしてから日本までの道筋をたどってみましょう。

C　アフリカをぐるっと回って，南の海から来ている。

T　そうです。このころは，アフリカをぐるっと回ってインドにたどりつく道筋でした。

2 この頃にヨーロッパ人が伝えた代表的なものを考えよう。

T　戦国の終わり頃から信長・秀吉・家康の時代，ヨーロッパ人が日本へやってきて盛んに貿易が行われました。南の海からやってきたので，彼らは南蛮人と呼ばれていました。

T　このとき日本に伝えられたもので知っているものはありますか。

C　鉄砲！　戦国時代の授業で，織田・徳川軍が長篠の戦いで使っていました。

C　鉄砲のおかげで戦いの仕方も変わったのだったね。

C　キリスト教もこの頃に伝わりました。

T　ほかにも，それまで日本になかった珍しいものがたくさん伝わりました。その貿易船が来た時の様子を描いた屏風があるので，見ていきましょう。

準備物
・南蛮図屏風 QR
・児童プリント QR
・資料プリント QR

I
C
T
世界とのつながりの地図と南蛮図屏風を、タブレットを使って照らし合わせると、ヨーロッパから様々な文化が日本にもたらされたことが理解できる。

3,4 〈南蛮図屏風からわかること〉

（画像提供：神戸市立博物館）

・ぼうし, マント, 太いズボン　・白人, 黒人など　・宣教師, 日本人信者

A. 運んでいるものは？…トラ, 小鳥, 犬

B. 店で売られているものは？…トラやヒョウの皮,
　　　　　　　　　　クジャクの羽, 織物, 陶磁器

C. 何の建物？…教会（おいのり）

日本に伝わり, 日本語になっているもの　・テンプラ, パン, カボチャ, ジャガイモ

3 南蛮図屏風に描かれているものを詳しく見てみよう。

神戸市立博物館ホームページから南蛮図屏風（狩野内膳筆）右隻を検索し, 大型テレビ, プロジェクター・電子黒板に映すと良い。

T　どんな人がいるか, どんな服装をしているか, 見つけましょう。

C　黒人も白人もいて, いろんな国の人がいます

C　帽子をかぶっている。マントを着ている人もいる。

T　この人たちは何を運んでいるのでしょう？

C　オリの中に虎がいる！

T　店では何が売られていますか。

C　虎の皮, 豹の皮, クジャクの羽！

C　隣りは, 織物とか焼き物の器かな。

T　店の上の方の建物は何でしょう。

C　お祈りをしているから教会かな。（南蛮寺）

4 南蛮図屏風を見て, 気づいたことや思ったことを発表しよう。

T　港がにぎわっている様子がわかりますね。ほかに気付いたことや思ったことはありますか。

C　南蛮船で運ばれてきたものは, 誰が買ったのかな？大名？

C　外国との交流が深まって, 世界とつながっている感じがします。

C　今でも日本に残っているものはあるのかな。

資料プリント QR を配る。

T　この頃日本に伝わって, 日本語になっているものはたくさんあります。

C　テンプラも外国から伝わったものだったんだ！和食なのに。

C　パンは英語だと思っていた。

C　カボチャやジャガイモもなんだね。

C　ポルトガルから伝わったものが多いよ。

天下統一をめざした織田信長

板書例

ⓜ 織田信長はどのようにして勢力を広げていったのだろう

❶ 〈織田信長〉

QR　QR

・桶狭間の戦い：今川の大軍を破る

・長篠の戦い：武田軍を破る

・天下布武：武力で天下を統一する

・本能寺で明智光秀におそわれ，自害

❷ 〈信長が強くなったわけ〉

・堺などの商業都市を支配

↓

軍資金を手に入れて，鉄砲や軍船などの武器をそろえた

・足利義昭を京都から追い出し，勢力を拡大（室町幕府が滅びる）

POINT　織田信長，豊臣秀吉両方を調べる必要はない。ペアや希望で片方を調べ，調べたことをお互い共有して話し合う。

1 信長は誰とどんな戦いをしたのか調べよう。

児童プリントQRを配り，黒板に「天下布武」の印を貼る。

T　この印は何と書いてあるのでしょうか。誰が使ったものか知っていますか。

C　天下布武と書いてある。

C　知ってるよ！ 織田信長。

T　そうです。織田信長です。天下布武とは「天下に武を布く」，武力で天下を統一するという意味です。織田信長はどんな戦いをしましたか。

C　長篠の戦いで，戦国最強の騎馬隊の武田軍を破りました。

C　鉄砲を3000丁も使ったね。

T　ほかにどんな戦いをしたか，教科書で調べましょう。

C　桶狭間の戦いで今川氏の大軍を破っている。

C　将軍を追い出して，室町幕府を滅ぼした！

2 信長はどうやって強くなったのだろう。

T　信長は，もともとは尾張（愛知県）の小さな大名でした。どうしてこんなに大きな力を持つようになったのでしょうか。

C　鉄砲があったから？

C　3000丁もあったらすごく強そう。

C　鉄砲を最初から持っていたわけではないんじゃないかな。

T　大量の鉄砲などの武器をそろえるには，軍資金が必要ですね。信長はどうやって資金を手に入れたのか，教科書で調べましょう。

C　堺などの商業都市を支配した。

T　商人から莫大な矢銭（軍事費）を納めさせたのです。また，長篠の戦に勝った翌年には，安土（滋賀県）に城を築きました。城下町には家来を住まわせて，戦いに備えました。

③ 〈安土城を築く〉

城下町

QR

・楽市・楽座（商売が自由にできる）

・市場の税をなくす→寺社勢力を弱める狙いも

・関所をなくす

・家来を住まわせて，戦いに備える

④ 〈信長のキリスト教保護〉

・安土にはキリスト教の学校，京都には教会堂を建てるなど，<u>キリスト教を保護</u>

→南蛮貿易による利益

→仏教勢力との対抗

---

3 安土城が栄えていた様子を読み取り，その理由を考えよう。

安土城の城下町の絵 QR を黒板に貼る。

T プリントに安土城の城下町の様子を描いた絵があります。どんな様子ですか。

C 人がたくさんいてにぎわっている。

C 外国の人もいるみたいだ。南蛮人かな？

C いろいろなお店があって，商売をしている人もたくさんいる。

T 信長が定めた「きまり」があります。プリントを見て，どうして賑わっているか考えましょう。

C 商売が自由にできて（楽市・楽座）税金がかからない！ それでお店がたくさんあるんだね。

C 住んでいる人は，工事や運送をしなくていいんだ。住みやすい町になっている。

T 信長は，関銭を取って自由な通行を妨げていた関所もなくし，人を集め，商工業を盛んにしようとしました。

4 信長はどうしてキリスト教を保護したのか考えよう。

T <u>楽市・楽座になって困る人もいました。誰かわかりますか。</u>

C いいきまりなのに，困る人がいるのかなあ。

C 今まで税金を取っていた人かな。

T 座の商工業者や税を取っていた寺社などです。信長の政策には，領国の経済発展のほかに寺社などの勢力弱体化の狙いもありました。

T ほかにもキリスト教を保護し，安土にはキリスト教の学校を建て，京都には南蛮寺という教会堂を建てることを許可しました。<u>どうしてキリスト教を保護したのでしょうか。</u>

C 南蛮貿易による利益のためじゃないかな。

C ヨーロッパの進んだ文化を取り入れるため。

C 寺社の勢力を弱くするためかな。

T 天下統一をめざした信長ですが，京都の本能寺で家来の明智光秀に襲われ，自害しました。

豊臣秀吉による政治

板書例

㊞ 秀吉はどのようにして 天下を統一していったのだろう

1 〈天下統一への道〉

- ・明智光秀をたおす
- ・対抗勢力をおさえる
- ・大阪に大阪城を築く
- ・金山銀山の支配
- ・検地，刀狩
- ・朝鮮を攻める→失敗

2 〈検地〉

検地をするようす

- ・田畑の面積を調べる
- ・良し悪し（上田・中田・下田）
- ・とれ高
- ・耕作者名

POINT　織田信長，豊臣秀吉両方を調べる必要はない。ペアや希望で片方を調べ，調べたことをお互い共有して話し合う。

1 信長の死後，秀吉はどのようにして 天下を統一していったのか調べよう。

T　信長は明智光秀に襲われて自害しました。では，明智光秀が天下を統一したのでしょうか。

C　豊臣秀吉が明智光秀を倒しました。

T　そうです。光秀を倒した後，秀吉はどのようにして天下を統一していったのでしょうか。教科書で調べましょう。

C　全国の大名の力や，一向宗などの仏教勢力もおさえた。

C　朝廷から関白に命じられた。

C　大阪城を築いて政治や経済の中心にした。

C　金や銀の鉱山を支配し，大きな財力を蓄えた。

C　検地を行って，収入を確かなものにした。

C　刀狩をして，百姓が反抗できないようにした。

T　検地や刀狩は世の中に大きな影響を与えました。どのようなことを行ったのか，詳しく調べましょう。

2 検地について調べよう。

児童プリント QR を配る。

T　これは検地の絵です。どんなことをしているか，気づいたことを発表しましょう。

C　棒や紐を使って，田畑の広さを測っている。

C　測っているのは役人かな。

C　広さのほかに，土地の良し悪しも調べたようです。

T　プリントの2は検地帳です。上から一段目が田畑の良し悪しと面積，二段目と三段目は何かわかりますか。

　二段目：米の取れ高

　三段目：田畑を実際に耕作している人の名前

T　それまで，戦国大名たちは独自の道具で田畑の面積や収穫量をはかっていました。秀吉は検地のとき，全国で同じものさしと升を使って基準を統一したのです。

3 〈刀狩令〉

刀狩：百姓から武器を取り
　　　上げて，反抗できな
　　　いようにした

農民は…

・大仏をつくる釘にするため
（仏にすくわれる）

・農具だけもっていれば子孫
まで安心

4 〈身分の固定〉

検地と刀狩……武士と百姓・町人という身分が固定化される

〔武士・町人〕
・城下町に住む
・領主から禄をもらう武士
・土地を持たない武士

〔百姓〕
・村に住む
・土地を持ち，田畑を耕す
・年貢を納める

---

3 刀狩令について調べ，話し合おう

T　これは秀吉が出した刀狩令です。秀吉はどうしてこんな命令を出したのでしょう。

C　秀吉は，百姓が反抗できないように武器を取り上げようと思った。

C　この命令が出るまでは百姓も刀や鉄砲を持っていたんだね。一揆を起こしたりしていたんだ。

C　百姓を農業に専念させようとしたのかな。

T　では，百姓たちはどう思ったでしょうか。

C　大仏をつくる釘にするとか，仏に救われるとか，信じたのかな。だまされてない？

C　農具があって畑を耕せば子孫まで幸せって書いてあるよ。これも信じたのかな。

C　ずっと戦いばかりだったから，刀や鉄砲はいらないと思った人もいたと思う。

C　私も戦いに行くよりは，農業をして平和に暮らすほうがいいな。

4 検地や刀狩などで，世の中がどのように変わったのか考えよう。

T　検地と刀狩によって，武士と百姓・町人（商人や職人）という身分が区別され，武士と町人は城下町に，百姓は村に住むようになりました。身分は入れ替わることができたと思いますか。

C　できなかったと思う。

T　百姓にとって検地と刀狩は役に立ったかな。

C　検地帳に名前が記録されたから，誰かに土地をとられることはなくなった。

C　戦いに出なくてよくなったから，落ち着いて農業ができるようになった。

C　年貢が重くていやになっても逃げられない。

C　武器がないから，不満があっても一揆を起こすことはできなくなったよ。

T　天下統一の後，秀吉は海外にも目を向けます。中国（明）を征服しようとして朝鮮を攻めましたが，2回とも失敗に終わりました。

二人の武将による天下統一

ⓜ 天下統一に向け，信長と秀吉のどちらが大きな役割を果たしただろう

板書例

	織田信長	豊臣秀吉
戦い	・桶狭間の戦い ・長篠の戦い ・室町幕府を滅ぼす	・明智光秀を倒す
城	安土城	大阪城
政治	・楽市・楽座 ・市場の税をなくす ・関所をなくす ・家来を城下町に住まわせる ・キリスト教を保護 ・南蛮貿易	・検地 ・刀狩 ・金山・銀山の支配 ・朝鮮を攻める

1 信長の果たした重要な出来事を表に整理しよう。

児童プリント QR を配る。

T これまでに学習した織田信長について黒板にまとめていきます。戦い・城・政治について，信長が行った大事なことは何ですか。

C 戦いは桶狭間の戦いが有名だね。

C 長篠の戦いの屏風を見たよ。

C お城は安土城を建てた。

C 城下町で楽市・楽座を行った。

C キリスト教を保護した。

C 南蛮貿易もしていたね。

C 商工業を発展させ，軍資金を稼いで，3000丁も鉄砲を持っていたよ。

C 最期は明智光秀に裏切られて自害したんだ。

T 教科書や授業で学習したこと以外にも，知っていることや調べたことがあれば書き加えましょう。

2 秀吉の果たした重要な出来事を表に整理しよう。

T 豊臣秀吉についてもまとめます。秀吉が行った大事なことは何ですか。

C 信長をおそった明智光秀を倒した。

C 検地や刀狩をしたね。

C 大阪城を築いた。

C 朝鮮に2回も攻めていったよ。

C 武士と百姓，町人の身分の区別ができた。

C 武士と町人は城下町に，百姓は村に住むようにした。

C 朝廷から関白に命じられた。

T 教科書や授業で学習したこと以外にも，知っていることや調べたことがあれば書き加えましょう。

3,4 〈天下統一への役割どちらが大きい?〉

信長

・鉄砲でこれまでの戦い方を
　大きく変えた

・明智光秀に倒されなければ
　なぁ

秀吉

・検地や刀狩を行い, 武士が
　世の中を支配するしくみを
　整えた

・朝廷に認められて, 関白に
　なった

3 天下統一に向け, 信長と秀吉のどちらが大きな役割を果たしたかを話し合おう。

T　信長と秀吉は, 天下統一に向けてどちらの方がより大きな役割を果たしたでしょうか。

C　信長じゃないかな。鉄砲を使って, これまでの戦の仕方を大きく変えたよ。

C　私は秀吉だと思う。検地と刀狩をして, 武士が世の中を支配するしくみをつくったわ。

C　信長かなあ…。明智光秀に倒されなければ, 秀吉が行った検地や刀狩は信長がやって, 天下を統一したかもしれない。

C　でも実際にやったのは秀吉だよ。

C　信長が戦国最強の武田軍を倒したおかげで, 秀吉は天下統一が楽になったから信長。

C　朝廷に認められて関白にもなった秀吉かな。

　　信長グループと秀吉グループに分かれて, 意見を出し合うディスカッション形式にしてもよい。

4 みんなの意見を参考にして, 自分の考えをまとめよう。

T　たくさんの意見が出ましたね。みんなの意見を聞いて思ったこと, 学習をふり返って印象に残ったことなどをノートにまとめましょう。

C　僕はやっぱり, 織田信長が鉄砲を3000丁も使って戦国時代の戦いを変えたことが大きな出来事だったと思うな。

C　秀吉の作った身分の区別は, 江戸時代にまで影響があったみたいだ。やっぱり秀吉の方が天下統一の役割は大きいと思う。

　　図書館から, 歴史辞典やそれぞれの武将について書かれた本を借りて, 持ち込んでおくとよい。

T　次の時間から, 江戸時代について学習していきます。秀吉の死後, 信長と秀吉によってつくられた天下統一の道はどうなっていくのでしょうか。

江戸幕府と政治の安定

全授業時間6時間＋ひろげる1時間

◉ 学習にあたって ◉

◇何を教えるのか　-この単元の特徴-

　長い間続いた戦国時代が終わり，徳川氏が開いた江戸幕府の下で武士が支配する世の中が265年にわたって続きます。この長期政権が続いたのはなぜかを調べて考えるのが，本単元の学習です。幕府が強大な経済力（全国の石高の4分の1を領有し，金銀銅山や主要な商業都市や港を直轄，通貨も管理したなど）を基盤に，大名や朝廷などを統制し，百姓や町人たちも支配していったことをつかませます。

　東京書籍，教育出版，日本文教出版の教科書は，ともに「幕府の大名支配」「身分制度と人々のくらし」「鎖国」については，それぞれ小見出しを設けて扱っています。ただ，鎖国以後の外国との交流については，扱いが多少違っています。ここでは，鎖国体制の中でも「長崎→オランダ・清国」「対馬藩→朝鮮」「薩摩藩→琉球（→清国）」「松前藩→アイヌ（→清国）」の四つの窓を通して，外国との交流・交易があったことをおさえています。

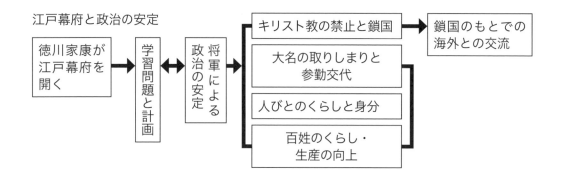

◉ 評　価 ◉

知識および技能	・江戸幕府によって世の中を支配する仕組みが整えられ，武士による政治が安定したことがわかる。 ・文化財，地図，年表，そのほかの資料を活用して，幕府の政治や人々の暮らしについての情報を集め読み取っている。
思考力，判断力，表現力等	・幕府の力を強め，支配を確かなものにするために，どのような政治が行われたのかについて，学習問題や予想を立てて考え，表現する。 ・参勤交代の制度や身分制度，キリスト教の禁止と鎖国などの政策について調べたことを比較したり，関連づけたり総合したりして考え，適切に言語などに表現している。
主体的に学習に取り組む態度	・調べたことを白地図や年表，作品やノートなどにまとめている。 ・江戸幕府による全国支配やその下での人々の暮らしなどに関心を持ち，進んで調べようとしている。

時数	授業名	学習のめあて	学習活動
1	徳川家康と江戸幕府	・徳川家康が江戸に幕府を開いて全国を支配し、265年におよぶ江戸時代が始まったことがわかる。	・関ヶ原の戦いに勝利した徳川家康が、どのようにして政治を安定させていったのかを考えさせる。大名配置や幕府の支配地などを地図から読み取り、そこから支配の仕組みを考え、さらに経済的にも優位に立った幕藩体制を理解する。
2	将軍による支配の安定	・家光の政策などから江戸幕府の支配の仕組みについて理解する。	・江戸図屏風や武家諸法度などの資料や、3代将軍家光による日光東照宮や江戸城の大改修のようすから、江戸幕府のしくみが確立されていく様子について考え、理解する。
3	大名の取りしまりと参勤交代	・大名行列図からわかる大名行列の姿を読み取り、幕府による巧みな大名の取り締まりを理解する。	・グループで大名行列図を調べることで、大名行列の意外な姿に気付かせる。また、なぜ参勤交代が華美になっていったのか、大名の気持ちや幕府の思惑について考えさせる。
4	人々のくらしと身分	・身分ごとにまとまって暮らす町人、百姓などの身分を、武士が支配した仕組みを理解する。	・資料の城下町マップから、今に残る町名をもとにどんな場所なのかを児童に想像させる。また、人口の80％以上を占めた百姓はどこで生活しているのか考えさせ、武士による城を中心とした町と農村の支配の仕組みに気づかせる。
5	百姓のくらし	・幕府は、百姓（農民）を支配するために、年貢を村で納めさせたり、慶安の御触書で暮らしを制限したことを理解する。	・戦がなくなり戦場に駆り出されることなく農業に集中できた百姓たちが、安定した生産向上のためにどのような努力をしたのかを調べる。農業技術の進歩で生産高は上がったが、武士の支配により倹約した生活を強いられた農民の気持ちについて話し合う。
6	キリスト教の禁止と鎖国	・幕府がキリスト教を禁止して、鎖国をしたことがわかり、その理由を考えることができる。	・キリスト教の考え（神の下の平等、神の教えに従う）と、幕府の政治体制（将軍への服従、身分制度）とが相容れないものであったことに気づかせる。キリスト教を広めないことと、外国との貿易を幕府が独占するねらいとが重なって、鎖国が実行されたことを理解する。
ひろげる	鎖国のもとでの海外とのつながり	・鎖国の下でも、限られた場所では、外国との交流が行われたことがわかる。	・鎖国で全く国を閉ざしてしまったのではなく、長崎の他にも、薩摩藩→琉球、対馬藩→朝鮮、松前藩→蝦夷地を通して、他国や他地域との交流が行われていたことを理解する。

※「ひろげる」の指導案についてはQRコード内に収録

徳川家康と江戸幕府

板書例

ⓜ 徳川家康はどのように全国を支配したのだろう

1 〈関ヶ原の合戦（1600年）〉

西軍 VS 東軍 ⟶ 東軍（徳川家康）の勝利

（石田光成）　（徳川家康）

2 〈徳川家康の全国支配〉

戦いの後で……
・西軍の大名を取りつぶす
・領地を減らす

↓

1603年　江戸に幕府を開く
1615年　豊臣氏をほろぼす

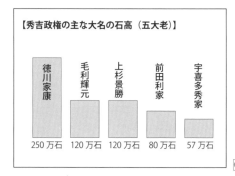

【秀吉政権の主な大名の石高（五大老）】

徳川家康	毛利輝元	上杉景勝	前田利家	宇喜多秀家
250万石	120万石	120万石	80万石	57万石

---

1 「関ヶ原合戦屏風」からわかることを話し合おう。

教科書の「関ヶ原合戦屏風」を見るように指示する。

T　どことどこが戦っているのでしょう。屏風を見て，どんなことがわかりますか。

C　石田三成中心の西軍と徳川家康中心の東軍です。

C　騎馬隊もいます。鉄砲隊もいるね。

C　両軍が入り乱れて戦っています。

T　この関ヶ原の戦いは，天下分け目の戦いと言われており，勝った方が天下を治めることになりました。勝ったのはだれでしょう。

C　徳川家康です。

C　西軍は，兵力も劣勢で士気が低かったのです。また，西軍の武将の中には，東軍に味方すると約束しているものもおり，その裏切りで西軍は負けたのです。

2 関ヶ原の戦いの後，家康が全国を支配するために何をしたか考えよう。

秀吉政権の主な大名の石高（五大老）を見せる。

T　関ヶ原の戦いで勝利した家康は，西軍に味方した大名を取り潰したり，領地を減らしたりしました。どう思いますか。

C　領地を減らされた大名は，抵抗しなかったのかな。

C　関ヶ原の戦いで負けたから，抵抗する武器も兵士もなかったんじゃないかな。

C　家康は，秀吉の家来の中でも一番勢力を持っていたみたいだ。誰も逆らえなかったんだね。

T　大名の勢力を押さえた家康は，次に何をしたのでしょうか。教科書などで調べましょう。

C　征夷大将軍になって，江戸に幕府を開いた。（1603年）

C　幕府の重要な役職には，古くからの家来をつけた。

準備物
・児童プリント QR
・主な大名の石高 QR

ICT 各藩に分かれている日本地図を児童に送信し，親藩大名・譜代大名・外様大名に分けてタッチペンなどで，色を塗る。家康の大名配置の意図が理解しやすくなる。

3 〈江戸幕府（家康による支配）〉

・親藩：徳川家の親戚

・譜代：古くからの徳川家の家来

　　　→江戸に近いところ，重要なところを守る

・外様大名：関ヶ原の戦いの後に，徳川に従った大名

　　　→江戸から遠いところ（東北・四国・九州など）
　　　を守る

29%

71%

■幕府領　■大名領

QR

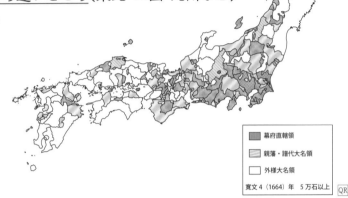

幕府直轄領

親藩・譜代大名領

外様大名領

寛文4（1664）年　5万石以上

QR

---

3 大名配置図をみて，わかったことを発表しよう。

児童プリント QR を配る。

T　江戸幕府を開いた家康は，大名の配置を工夫しました。地図の幕府天領（直轄領）には赤，親藩・譜代大名領にはオレンジ，外様大名領には水色を塗ってみましょう。

T　親藩とは徳川家の親戚，譜代とは古くからの徳川家の家来，外様大名とは関ヶ原の戦いの後に徳川に従った大名のことです。

T　色塗りをして，気づいたことは何ですか。

C　親藩や譜代大名は，江戸に近いところや重要なところに置かれている。

C　外様大名は，四国・九州・東北地方に多く，江戸から遠いところにいる。

C　どうしてこんな配置なのかな。

C　外様大名が反乱を起こしても，江戸を守れるようにするためだよ。

4 家康が直接支配したところは，どんな意味があったのだろう。

T　幕府が直接支配した場所について，気づいたことはありますか。

C　京都，大阪，奈良は大都市だね。

C　堺や長崎は商業が盛んで，重要な港だったんじゃないかな。

C　政治の中心や商業の盛んなところ，金山などを直接支配して幕府の力を大きくしたんだね。

T　家康は幕府による全国への支配を固めた後，何をしたでしょうか。教科書で調べましょう。

C　豊臣氏を滅ぼした（1614年大阪冬の陣，1615年大阪夏の陣）。

C　大名が住む城以外の城は破壊するようにという一国一城令を全国に出した。

T　こうして戦いのない世の中が訪れました。江戸幕府はどのようにして政治を安定させていったのか，次の時間から学習していきましょう。

将軍による支配の安定

板書例

㊍ 江戸幕府の大名支配のしくみを調べよう

1 〈武家諸法度の制定〉
ぶ け しょ はっ と

- ・大名同士で自由に結婚できない
- ・自分の城を修理するときも届けを出さないといけない
- ・参勤交代（家光が制定）

↓

大名の支配を強化

2 〈日光東照宮の改修〉

- ・家康をまつる（神）
- ・家光が大改修　・とてもごうか

大工事（57 万両, 500 万人）

幕府が費用を出す

大きな力と金

---

1 武家諸法度は何のためにつくられたのだろう。

児童プリント QR を配る。

T　家康の次に将軍になったのは，秀忠でした。秀忠は，大名が守らなければならない法律として武家諸法度を定めます。どんな内容ですか。

C　大名は毎年 4 月に参勤交代しなくちゃいけない。遠い領地にいる外様大名はたいへんだ。

C　大名同士で自由に結婚できなかった。

C　自分の城を修理するときも届けを出さないといけなかった。

T　どうしてこんなきまりを作ったのでしょう。

C　参勤交代は，幕府に忠誠を誓わせるためかな。

C　勝手に結婚して，大名同士が手を組んで幕府に反抗したら困るからかな。

T　法度にそむいた大名には，改易（身分や領地を没収すること）や国替え（領地を移し替えること）などの罰を与えました。

2 日光東照宮の写真を見て，気付いたことを話し合おう。

T　プリント 2 の写真は，3 代将軍家光が建てた日光東照宮の陽明門です。陽明門を見て，どう思いますか。

C　色鮮やかできれいです。

C　どれくらいお金がかかったんだろう。

C　彫刻がいっぱいです。

T　全体の工事にかかった費用は約 57 万両，働いた人は延べ 500 万人だといわれています。この費用は誰が出したのでしょう。

C　外様大名たちかな。

C　親藩・譜代大名たちも出したと思う。

C　幕府じゃないかな。

T　正解は，幕府です。幕府が強い力を持っていることを大名や天下に示しました。

| 準備物 | ・児童プリント QR
・画像（日光東照宮陽明門）QR | ICT | 日光東照宮の画像をインターネットなどから入手し，児童と共有する。じっくりと観察することで，徳川家がどれだけ力をもったのかが分かる。 | |

❸ 〈江戸城のようす〉

・城の周りに大名屋敷

・堀が何重にも巡らされ，攻めにくい

〔江戸城の改修〕

・大名たちによる建設

・費用も材料も大名負担

完成まで50年かかった

❹ 〈徳川家光〉

・生まれながらの将軍だ
・お前たちは家来
・不満があるなら戦いをしかけろ

・不満はいえない
・戦っても勝てない

---

3 江戸図屏風からわかることを発表しよう。

教科書の江戸図屏風を見せる。

T　家光は江戸城の大幅な改修も行いました。江戸図屏風を見て，思ったことは何ですか。

C　天守閣は5層もあり立派だ。

C　城の周りに大名屋敷があり，外に町屋がある。

C　堀が何重にも巡らされていて，攻めにくい。

C　江戸には沢山の人が暮らしている。

T　江戸城完成まで何年かかったでしょう。5年，10年，50年のどれでしょうか。

T　正解は50年です。江戸城は，誰がお金を出して建てたのでしょう。

C　日光東照宮みたいに幕府が全部出した。

C　大きすぎるから大名も出したと思う。

T　正解は，全部の大名です。どの大名にも工事を請け負わせ，たくさんのお金を使わせようとしました。

4 生まれながらの将軍家光について 調べ，感想を発表しよう。

T　こうして家光は江戸幕府のしくみを確立していきました。家光はどんな将軍でしたか。教科書の「生まれながらの将軍家光」のお話を読んで，思ったことを発表しましょう。

C　将軍が一番偉いと話している。

C　祖父（家康）や父（秀忠）は，同じ大名の時期があった。

C　家光は上手に大名を取り締まっている。

T　今日の学習を振り返って，幕府が大名を支配する仕組みをノートにまとめて，感想を書きましょう。

C　家康から家光の三代で，50年かけて，江戸幕府の仕組みが整ったことがわかった。

C　大名は，莫大なお金を建築，参勤交代と，幕府の言われるままに提供していた。

C　大名の力をそぎ落とす，幕府の政策だった。

大名の取りしまりと参勤交代

板書例

ⓜ 大名行列を見て，何のために参勤交代をさせたのかを考えよう

1 〈参勤交代〉

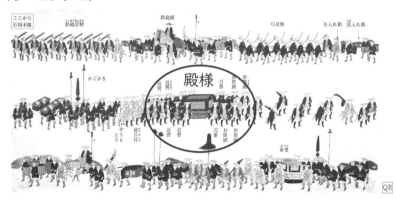

参勤交代
津山藩の大名行列　江戸 ⟺ 津山（国元）
16泊17日を1年おきに行う

---

1 津山藩10万石の大名行列図の部分から読み取ろう。

　　大名行列図 QR を配り，グループに分かれて読み取るように指示する。その際，ホワイトボードやA3の用紙をグループに渡しておくと発表の時の助けになる。

T　これは津山藩10万石の大名行列図です。服装や物にも気をつけて，できるだけ多くの発見をしましょう。

C　先番は5日も前に出発している。何をするのかな。

C　裸の人もいます。

C　お医者さんもいます。

C　長もちの中には何が入っているのかな？

T　何人いるか数えてみましょう。

C　駕籠に乗っている人を入れたら115人です。

C　馬に乗っている人と駕籠に乗っている人と，どちらが身分が高いのかな。

2 大名行列図から読み取ったことやわかったことを発表し合おう。

C　私たちの見た図では，荷物を担いだ人がいっぱいいました。

C　風呂や食器まで運んでいます。

C　米に水，お茶とお弁当も運んでいます。

C　殿様が乗りかえる，駕籠や馬も運んでいます。

T　ところで，殿様はどこにいますか。

C　お供や近習を従えて，5枚目の図の真ん中のかごに乗っています。

C　私たちの見た図では，人々が鉄砲や弓をたくさん持っています。

C　殿様の馬には，虎や豹の皮がのせてあります。

　　黒板に，グループから出た意見を書く。もしくは，グループでまとめた意見を書いたカードなどを掲示する。

準備物
・大名行列図 [QR]
・資料プリント（幕府が定めた大名行列の人数）[QR]

ICT
大名行列図を児童に送信する。教科書や資料集の大名行列の図と比較しながら、参勤交代の規模や江戸幕府のねらいについて話し合わせる。

2,3 〈津山藩の大名行列〉

・800 人ぐらい
（殿様、武士、荷物を担いだ人、医者、料理人、鷹匠など）

・馬に乗った武士＝24 人、かご＝22

・荷物＝着物、毎日使う物、鉄砲や弓もある

4 〈参勤交代のねらいと影響〉

〔大名〕

・立派に見せたい

・他の大名を意識

〔幕府〕

・将軍に従う態度を示せ

・命令に従って江戸に来い

$\Longrightarrow$

〔参勤交代の影響〕

・街道や宿場の整備

・宿屋はもうかる

・大名は財政が苦しくなる

・江戸と領地の二重生活

---

3 大名行列が派手になる理由を話し合おう。

T　行列の人数を合計すると何人になりますか。また、駕籠と馬に乗った人の数はどうですか。

C　807 人です。うち、駕籠は 22 人で、馬に乗った人は 24 人です。

　　資料プリント [QR] を配る。

T　幕府が指示した人数と比べてみましょう。

C　津山藩は 10 万石だから、幕府の指示よりずっと多い。

C　なぜ幕府が指示した人数より多くするの？

T　どうしてこんなに多い人数の行列をしたのかなあ。ヒントは『誰が行列を見たのか』です。

C　将軍や幕府の人たち。

C　江戸に住んでいる人たちも見たよね。

C　旅の途中で 他の大名も見たと思う。

C　領地に住む人たちも…。すごくたくさんの人が大名行列を見ただろうね。

4 幕府にはどんな思惑があったのか考えよう。

T　さて、参勤交代の大名たちは、何を考えたでしょうか。

C　幕府や他の大名に、自分が立派な行列をつくれるところを見せたい。

C　支配者として立派な姿を見せたい。

C　それで人数や荷物を増やしていったんだね。

T　幕府が指示した行列の人数より多くする大名たちを見て、幕府の役人はどう思ったかな。

C　大名が参勤交代にたくさんお金を使うと、幕府にはむかうお金が貯まらないので良い。

C　大名同士で競争してくれるので、幕府が無理矢理お金を沢山使わせているという批判がかわせる。好都合だ。

T　参勤交代を考えた幕府は、将軍に服従する姿を見せようとする気持ちと、他の大名と競い合う気持ちを、巧みに利用したのですね。

人々のくらしと身分

板書例

ⓜ 武士や町人，百姓は　どこでくらしていたのだろう

1,2 〈城下町の地名と由来〉

大和郡山の
城下町マップを
映し出す

茶町
塩町　　┐
魚町　　├ 物を売っている店
豆腐町　など┘ が集まった町

大工町　┐ その職業の人が
鍛冶町　など┘ 住んでいた町

奈良町　┐ その都市から来た人
堺町　　など┘ が住みついた町

---

1 城下町にはどんな地名があるのか探してみよう。

児童プリント QR を配る。

T　プリントの「奈良県大和郡山市の城下町マップ」を見ましょう。どんな地名がありますか。

C　塩町，豆腐町。

C　茶町があります。

C　鍛冶町というのもある。

C　藺町……これは何と読むのかな。

T　藺町（いのまち）と読みます。藺というのは，藺草（いぐさ）のことです。畳を作るのに使われています。町の名前を見て，気づいたことはありますか。

C　茶や塩や豆腐は食べ物の名前です。

C　魚町や雑穀町も食べ物だ。

C　大工や鍛冶は職業の名前だと思う。

C　堺や奈良は地名です。

2 城下町には，なぜこんな名前がついたのか考えよう。

T　なぜ，茶町や塩町，豆腐町などの名前がついたのでしょうか。

C　大工町は大工さんが住んでいたから？

C　きっと美味しい豆腐屋さんがあったんだよ。

C　藺町は藺草を売っているお店があったのかな。畳を作っていたのかもしれない。

T　そうです。塩町や豆腐町など，食べ物の名前が付いている町はそれを売っているお店が集まっているところでした。大工町や鍛冶町は，その職業を生業としている人が集まって住んでいた場所です。

C　紺屋町はなんだろう？

T　紺屋は藍染め職人さんが集まっていたところです。店の前には染め物を洗う川がありました。

C　奈良町は奈良の人が多く住んでいた？

C　堺町はきっと堺から来た人が住んでいた。

③ 〈身分ごとの人口の割合〉

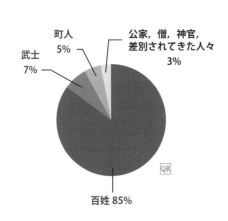

町人
5%

武士
7%

公家，僧，神官，
差別されてきた人々
3%

百姓 85%

④ 〈身分によって決まる暮らしの場〉

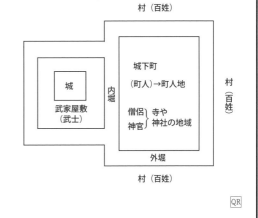

村（百姓）

城

武家屋敷
（武士）

内堀

城下町
（町人）→町人地

僧侶
神官
｝寺や
神社の地域

外堀

村（百姓）

村（百姓）

---

3 グラフを見て江戸時代には，どんな身分の人がどのくらいいたのか確かめよう。

T　こういった職人や商人たちは町人と呼ばれる身分でした。他に知っている身分はありますか。

C　武士や百姓。

T　皇族や公家（貴族），僧や神官などの身分もあります。それぞれの身分の人の割合は，どれくらいいたのか，教科書のグラフを見てみましょう。

C　百姓が一番多い！

C　町人は武士より少ない。

C　厳しく差別されてきた身分の人もいたね。

C　貴族はすごく少ないよ。

T　<u>武士や百姓はどこに住んでいたのでしょう。</u>

C　武士はお城じゃないかな。殿様の城だよ。

C　家来はお城の周りに住んでいたのかな。

C　城内町とか城見町っていう町の名前があるから，きっとここだね。

C　百姓は…，百姓町っていう名前はないよ。

4 身分によって住む場所や税などが決められ，武士に支配されていたことをまとめよう。

T　百姓たちは，城下町の周りの村に住んでいました。城を中心として，城下町と村との関係を図に書いてみましょう。

C　殿様がいる城がある。

C　城の周りに，城を守る内堀と武士の住まいがある。

C　その周りに城下町がある。

C　その周りに外堀がありました。

T　武士・町人・僧侶・神官・百姓はどこに住んでいたかを書き加えましょう。

T　このように，身分によって住む場所が決められていたのです（武家地，町人地，寺や神社の地域）。こういった都市は，城下町以外に門前町や港町などもあります。武士は，ほかの身分の人々を支配する側でした。住む場所以外でも，職業や税などの負担が決められていました。

百姓のくらし

板書例

㊁ 幕府は，どのように農民を支配したのだろう

1 〈田畑の面積と米の生産高〉

田畑の面積は約2倍

田畑の面積の変化

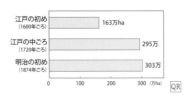

米の生産高は約1.4倍

田畑の面積の変化

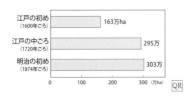

2 〈農具の改良〉

びっちゅうぐわ

ふみ車，

千歯こき

農作業を効率化したことで，

空いた時間が生まれる

↓

・新しい田の開発

・お祭り　・お伊勢参りなど

---

1 戦がなくなると，百姓たちは
どうしたのか考えよう。

T　戦国時代が終わり戦がなくなると，百姓たちは
どうしたでしょうか。

C　農業に専念した。

T　そうです。安心して米作りができるようになり
ました。

　　児童プリント QR を配る。

T　プリントの1の2つのグラフを見て，どんなこ
とがわかりますか。

C　田畑の面積がすごく増えている。

C　2倍近くになっているよ。

C　米の生産高も増えているね。

C　こっちは1.4倍くらいに増えている。

C　戦で田畑が荒らされないから，新しく田畑をつ
くる余裕ができたんだね。

T　江戸時代は，ずっと米の生産が増え続けていた
ようですね。

2 米の生産高を増やすために百姓が
した工夫について調べよう。

T　では，米の生産高を増やすために百姓たちはど
んな工夫をしたのでしょうか。プリントの2で調
べましょう。

C　備中鍬は今までのものより畑を深く耕すことが
できるよ。

C　土唐臼は，それまでに使われていた木臼より3
倍も効率が上がっている。

C　踏車の発明で，水を水路から田に一人で入れる
ことができるようになった。

T　どの農具も米作りの作業の効率を良くするもの
ですね。農作業の時間を短くし，余った時間で百
姓たちはどんなことをしたでしょうか。

C　新しい田を開発したんじゃないかな。

C　お祭りをしたかもしれないよ。

T　伊勢神宮へ参詣する「お伊勢参り」は，今でい
う海外旅行のようなものだったようです。

3 〈百姓を支配するしくみ〉

・5人組をつくって年貢を納めさせる（収穫の半分）

・生活の仕方もきびしく決める

4 〈慶安の御触書〉

・ぜいたくをしない！

・百姓が仕事をやめないように

↓

［百姓の声］

・武士はこわい

・しっかり働いて，豊かなくらしをしたい

---

3 武士は，どのようにして多くの百姓を支配していたのだろうか。

T　武士は，江戸時代の人口の80％以上いた百姓たちを，どのようにして支配していたのでしょうか。教科書で調べましょう。

C　名主（庄屋）を中心とした村のまとまりを利用して，五人組という仕組みをつくった。

C　収穫の半分にもなる重い年貢を納めさせた。

C　いろいろな役（力仕事）をさせたりした。

C　年貢や役は，村ごとに責任をもって出させるようにしました。

T　プリントの3は，百姓が武士に年貢を納めている場面です。絵を見てどう思いますか。

C　武士がすごく偉そうにしているね。

C　米俵を開けて，中身を確認している。

C　百姓は不安そうな表情をしているね。

T　百姓にとって，城に年貢を持ち込むときが武士の支配を一番身近に感じる時でした。

4 百姓にとって，武士の支配はどのようなものだったのだろうか。

T　プリントの4を見ましょう。幕府は「慶安の御触書」を出しています。どんなねらいがあったのでしょう。

C　1日の暮らし方を，細かく決めている。

C　お酒やお茶，食べ物まで制限している。

C　百姓が，仕事を辞めないようにしてある。

C　ぜいたくをしないように決めている。

T　この内容は，名主を通じて百姓に伝えられていました。聞いた百姓はどう思ったでしょう。

C　細かいことまで決められて，武士はこわい。

C　倹約した生活をすると，百姓はずっと続けられる。

C　村に武士はこないから適当にしておこう。

C　しっかり働いて，豊かな暮らしをしよう。

C　おいしいものも食べたいよ。正月はぜいたくしたいな。

キリスト教の禁止と鎖国

板書例

㋙ 幕府がキリスト教を禁止し，鎖国をした理由を考えよう

1 〈アジアの国々と朱印船貿易〉

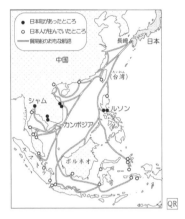

多くの日本人が海外へ
（日本町）

2 〈キリスト教の禁止〉

キリスト教＝神の教え

↕ 合わない

将軍の命令

キリスト教を禁止

---

1 江戸時代のはじめの頃の日本とアジアの国々の関係を考えよう。

T　織田信長は南蛮貿易をし，豊臣秀吉は朝鮮を攻めました。では，徳川家康が開いた江戸幕府は，外国とどのような関係を築いたでしょうか。

C　信長のように貿易をしたんじゃないかな。

　　　児童プリント QR を配る。

T　幕府は，大名や商人に許可状（プリントの1の朱印状）を与えて，外国と貿易を進めていました。朱印状に何と書いてあるかわかりますか。

C　慶長9年のところは日付だ。

C　「日本」と「商船」は読める。

C　判子は「家康」って書いてある。

C　すごく簡単な文だ。自由に貿易ができたんだ。

T　多くの貿易船がアジアの国々へ向かいました。そこで日本人が多く住む日本町も作られました。どんな国に日本町があったのか，プリントの2で調べましょう。

2 幕府がキリスト教を禁止した理由を話し合おう。

T　信長のころは，キリスト教の宣教師もやってきてキリスト教を広めていました。江戸幕府のときはどうだったでしょうか。

C　信長と同じように，貿易をするためにキリスト教を保護したと思う。

T　幕府は，キリスト教の信者が増えてくると，キリスト教を禁止しました。どうしてでしょう。

C　キリスト教の教えが幕府の政策と合わない。

C　信者が団結して，幕府の命令に反抗したら困るからだと思う。

C　将軍の命令より，神の教えのほうが大事だと思う信者もいたんじゃないかな。

T　幕府の支配にとって，キリスト教が広まるのは都合が悪かったのです。そこで，宣教師や貿易船の出入りを制限して，人々が海外に行くことも海外から帰ってくることも禁止しました。

| 準備物 | ・朱印状の解説 QR ・日本とアジアの貿易 QR
・児童プリント QR
・画像(原城祉,天草四郎時貞像,ベトナムの日本橋) QR | ICT | ベトナムなど世界各地の日本町の様子は, インターネットで手に入る。出来るだけたくさんの画像を入手し, 日本人が海外へ出向いた事実を理解させる。 | |

3 〈島原・天草の一揆〉

約３万７千人(キリシタン・農民・ろう人)

幕府：約 13 万人の大軍でやっとおさえる

・キリスト教の取りしまりの強化(絵踏みなど)

・オランダ，中国だけ貿易（鎖国）

4 〈鎖国についてまとめよう〉

・長崎に出島や唐人（中国人）屋敷
一部の人（役人や商人）を除いて，その地域への出入りは禁止

・貿易で得られる利益や海外からの情報は，幕府が独占

⬇

200 年続く

---

3 島原・天草の一揆について調べよう。

T このような状況の中で，九州の島原（長崎県）や天草（熊本県）で一揆が起こります。どんな人たちが，なぜ一揆を起こしたのか，プリントの３を見て調べましょう。

C キリスト教の信者を中心に，約３万７千人もの人たちが一揆を起こした。

C キリスト教の禁止や重い年貢の取り立てに反対した。

C 幕府はこの一揆に約 13 万人の大軍を送った。

C ４か月も続いたんだよ。幕府は苦戦したんだ。

T さて，一揆の後，幕府はどんな政策をとったでしょうか。

C キリスト教の取り締まりを強めた。

C 絵踏みを行って信者を発見した。

C 貿易の相手をオランダと中国に制限した。

C 貿易船の出入りを長崎に限定した。

4 鎖国について思ったことをまとめよう。

T こうした幕府の政策を鎖国といいます。ほかにどんなことをしたのか調べましょう。

C 長崎には出島や唐人（中国人）屋敷がつくられた。

C 役人や一部の商人などを除いて，その地域への出入りは許されなかった。

C 貿易で得られる利益や海外からの情報は，幕府が独占した。

T この幕府の政策は 200 年以上続きました。鎖国について，思ったことを話し合いましょう。

C 大名たちは不満に思わなかったのかな。

C キリスト教の信者は全然いなくなったのかな。信長の時代につくられた南蛮寺はどうなったのだろう。

C 海外へ行って帰ってこれなくなった人たちがかわいそう。

町人の文化と新しい学問

全授業時間 5 時間＋選択 1 時間

◉ 学習にあたって ◉

◇何を教えるのか　-この単元の特徴-

　江戸時代は，歌舞伎，人形浄瑠璃，浮世絵などの文化が，元禄期には主に上方で，化政期には主に江戸で町人を中心に広まり発展しました。これまでの貴族や武士中心の文化とは違い，はじめて民衆が本格的に文化の担い手として登場します。戦国の世が終わって平和で安定した社会が実現したことで農業，手工業，商業が飛躍的に発展したためです。蘭学（医学や天文学・地理学）や国学などの新しい学問も広まります。

　また，江戸時代の中頃から自然災害による飢饉が頻発して打ちこわしや百姓一揆が日常的に起こるようになると，幕藩体制の綻びが誰の目にも明らかになり，新しい時代への動きが活発になってきます。

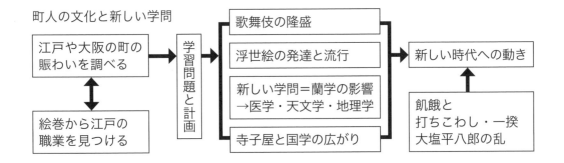

◉ 評　価 ◉

知識および技能
・社会が安定するにつれて，町人の文化が栄え，新しい学問が興ったこと，こうした学問も新しい時代への動きに影響を与え，一揆・打ちこわしの頻発と共に新しい時代への動きが胎動していることを理解している。

思考力，判断力，表現力等
・文化財，地図，そのほかの資料を活用して，歌舞伎や浮世絵などの文化，国学や蘭学などの学問とそれに関わる人物の働きや代表的な文化遺産について，必要な情報を集め，読み取っている。
・江戸時代後半の自然災害による飢饉と一揆・打ちこわしの状況から，新しい社会の胎動が始まっていくことを読み取っている。

主体的に学習に取り組む態度
・調べたことを，図，表，作品，ノートなどにまとめている。
・江戸や大阪の町の賑わいと共に，新しい文化・学問が広がって盛んになり，多くの人々に好まれ受け入れられたことを話し合い，共有する。

時数	授業名	学習のめあて	学習活動
選択	絵巻に見る江戸時代の人々	・江戸の町の絵巻から，都市の人々の様々な職業や暮らしの様子を観察し，今の暮らしとの違いを見つけて表現できる。	・江戸時代の町の人々の暮らしが描かれている熈代勝覧（きだいしょうらん）などの絵巻を観察して，どんな職業や仕事があるのか発見し，その内容を調べて話し合う。現代と比較しながら説明・表現できるように活動を進める。
1	江戸や大阪のまちと人々のくらし	・江戸や大阪の町の賑わいをつかみ，大都市での人々の暮らしや，新しい文化・学問の発展に関心を持つことができる。	・江戸や大阪の町のイラストから町の様子を読み取らせる。そのうえで，当時の社会の様子について話し合い，江戸や大阪が政治経済の中心として発展したことをつかむ。また，その中から生まれてくる新しい文化や学問の広まりなど，社会の変化について学習問題を設定する。
2	人々が歌舞伎や浮世絵を楽しむ	・歌舞伎や浮世絵などの文化が，人々に親しまれていたことがわかる。	・現代に残されているいろいろな資料から，歌舞伎や文楽を楽しむ人々の様子を読み取る。浮世絵から気付いたことを話し合い，版画として多くの人々に親しまれたわけをつかみ，歌舞伎や浮世絵が広まった理由をまとめる。
3	新しい学問・蘭学	・西洋の学問を学び，日本の社会や政治に役立てようとする人々が増えてきたことと，彼らの業績がわかる。	・江戸時代に新しい学問として受け入れられていった蘭学の広まりの様子をつかむ。杉田玄白らによる「解体新書」の出版と，伊能忠敬による「日本地図」の作成を例にして，蘭学の役割や影響について考える。
4	国学のひろがりと江戸時代の教育	・日本古来の考え方を研究する国学が広まったり，庶民を教育する寺子屋が各地につくられて広がったりしたことがわかる。	・蘭学（西洋の新しい知識や技術に学ぶ）と国学（日本人の古来の考え方の研究。天皇中心の政治に戻す立場から幕政批判）の違いを，二つの学問を比較しながら話し合い，考える。
5	新しい時代への動き	・自然災害や飢饉が続発し，幕府政治の行き詰まりの中で，社会変革を促す新しい動きが出てきたことを理解する。	・江戸時代の後半，自然災害や飢饉が続き，大商人の買い占めや幕府政治の行き詰まりの中で，打ちこわしや一揆が頻発して幕府への反乱まで起こり，社会変革を促す新しい動きが出てきたことについて考える。

板書例

⓶ 絵巻の中の江戸の町を歩いて，どんなお店や仕事があるのか探ろう

（絵巻の中のラベル）
めしや　薬屋　呉服屋
番屋　八百屋　牛屋　水売り　勧進僧　大道つき　獅子舞
茶店　読売り　仏具売

POINT　江戸時代の職業と今の職業を比べるとおもしろい。「水売り」は，今で言うコンビニでミネラルウォーターを売ることと同

1 江戸の町を描いた図から，町の賑わいについて気付いたことを発表しよう。

児童プリント QR を配る。

T　絵巻の中の江戸の町を歩いて，そこに描かれている人々の様子から，町の賑わいについて気付いたことを発表しましょう。

C　お店にはのれんが掛かっている。
C　店の前の看板に絵や文字が書いてあるよ。
C　道路に屋台を出している店もあるね。
C　米俵を積んだ荷車を牛が引いている。
C　道を歩く人たちはいろいろな格好をしている。
C　武士だけでなく品物を担いでいる人もいる。
C　品物の荷物を持って商いをしているのかな？
C　女の人や子どもも買い物に出かけている。

　　熙代勝覧（きだいしょうらん）は，1995年，ドイツで発見され，現在ベルリン国立アジア博物館が所蔵しており，インターネットで検索できる。

2 どんなお店や仕事が描かれているのか見つけよう。

T　絵の様子から，どんなお店が描かれているのかを話し合いましょう。出てきた意見を発表してもらいます。

　　※絵巻を概観し，わかるものから話し合っていくようにする。QRコードには，お店を個別に分けて収録してあるので，閲覧する方法もある。

C　看板の絵から想像すると，薬屋さんだ。
C　呉服物というのは着物屋さんだね。
C　店の中で食べている人がいるから食堂だね。
C　書物という看板，本屋さんのようだ。
C　筆硯を売っている文房具屋さんだ。
C　雛人形が並んでいる店，人形屋さんだね。
C　まんじゅうを並べているお菓子屋さんだ。
C　大福帳は，帳面を売っているのだろう。
C　雪駄ぞうりというのは履物屋さんだと思う。
C　おしろい粉？化粧品屋さんかな？

| 準備物 | ・熙代勝覧 QR　　・熙代勝覧の解説 QR
・児童プリント QR
・画像（熙代勝覧の中の職業絵図）QR | ICT | 絵巻物は，ぜひ画像を児童のタブレットに送信，共有し，個人で，ペアで，班で，そして学級全体で，いろいろな予想をさせながら話し合いを盛り上げたい。 | |

江戸の町は，武士だけでなくいろいろな職業の人が集まってにぎわっている

じである。

3 町のお店や仕事の内容を，現代と比べながら調べて話し合おう。

T　屋台や荷物を持ちながらの仕事はどんな職業なのか，今と比べながら考えて話し合いましょう。

C　屋根付きの屋台は釜があるからお茶屋かな。

C　小さなネタを並べたお寿司屋さんもあるね。

C　花を持った花屋さんが歩いている。

C　桶を担いだお水売りもいるよ。

C　仏像を担いだ仏具を売る人が居るね。

C　人だかりでチラシを売っている読売屋は，顔を見えなくしている。なぜだろう？

C　サルを担いだ猿回しは，見世物芸だね。

C　竹かごを大量に担いで売り歩く商売もある。

C　今の時代は品物を売り歩く商売はほとんどないね。

C　子どもが見てる傘を開いた店はお菓子屋だ。

C　野菜を一杯かごに入れている八百屋さんだ。

C　天秤のおけに大きな魚が入っているのは魚屋さんだろう。

4 江戸時代の町の人々の暮らしについて，わかったことをまとめよう。

T　絵巻の中から，今につながるような職業も見つけてみましょう。

C　荷車を牛に引かせた運送業があります。

C　屋台のお寿司屋がいろいろある。

C　魚屋や八百屋さんは，品物を担いで売り歩く商売だ。

C　小間物屋というのは，雑貨屋だね。

T　江戸の町の暮らしと今を比べながら，その特徴を考えて，気が付くことをまとめましょう。

C　品物ごとにそれぞれ専門のお店があるようです。

C　今と違い，品物を担いで売りに行く仕事があるね。

C　デパートみたいなお店はないのかな。

C　江戸の町は，武士だけでなくいろいろな職業の人が集まってにぎわっている。

本時の目標 | 江戸や大阪の町の賑わいをつかみ，大都市での人々の暮らしや，新しい文化・学問の発展に関心を持つことができる。

板書例

ⓜ 江戸や大阪の町の人々は どんなくらしをしていたのだろう

1,2,3
〈江戸と大阪の町のようす〉

江戸の町（将軍のおひざもと）

・たくさんの人（人口100万人以上）

・たくさんのお店

・武士，商人，おぼうさん

大阪の町（天下の台所）

・舟や蔵の周りにたくさんの人

・白かべの蔵（全国のお米や産物）

・米俵の船　　・大きな船（海）

---

1 江戸の町の様子を読み取ろう。

児童プリント QR を配る。

T　プリントの1には江戸の町の様子が描かれています。絵を見てわかることを発表しましょう。

C　武士やお坊さん，女の人などが見えます。

C　かごに荷物を積んで，何かを売り歩く人もたくさんいます。

C　道の両側にはお店がたくさん並んでいる。

C　大八車にたくさんの米俵をつんで，牛に運ばせています。

C　すごくにぎわっていることがわかります。

T　このあたりは日本橋といって，多くの船が荷物の積み下ろしをする場所になっていました。

※教科書に掲載されている「江戸図屏風」，または「こどもれきはく　江戸図屏風」と検索し，左隻の「日本橋付近」をズームアップして見せてもよい。

2 大阪の町の様子についても読み取ろう。

T　江戸の町と比べながら，大阪の町の様子の絵をみてわかることを発表しましょう。

C　大阪は，川岸に大きな店がたくさん並んでいます。

C　遠くに大きな船（千石船）がならんでいます。

C　大きな船で荷物を運んでいるようだね。

C　旗を立てた船はどこに行くのだろう。

C　向こう岸にも大きな蔵が並んで，人がたくさんいます。

C　すごい数の船が川に浮かんでいます。

T　江戸と大阪についてわかることを発表しましょう。

C　どちらもとてもにぎわっている。

C　どちらも川を利用してにぎわっているようです。

4 〈文化や学問の広がり〉

江戸や大阪のまちでは，産業や商業が発展
町人のあいだで文化や学問が広まる

〈文化〉 〈学問〉
歌舞伎 蘭学
浮世絵 国学 など

【学習したいこと】
・町人のくらし ・楽しみ
・どんな文化や学問が生まれたか

3 江戸や大阪の町についてわかることを調べ，話し合おう。

T 江戸の町について教科書で調べましょう。

C 武士や町人がたくさん住んでいた。

C 各藩の大名屋敷がおかれた。

C 「将軍のおひざもと」と呼ばれ，政治の中心だった。

C 江戸は，人口が100万人を超える世界的な大都市でした。

C 平地で川が多く，橋がたくさんかけられた。

C 船で人や荷物を運んでいて，交通がとても便利だったんだ。

T 大阪の町についても調べましょう。

C 大阪には各藩の蔵屋敷があり，全国のお米や産物が集まってきて商いが行われた。

C 「天下の台所」と呼ばれて経済の中心地となった。

4 人々の暮らしの中に生まれてきたことを調べ，学習問題をつくろう。

T 江戸や大阪の様子から人々の暮らしの中に生まれてきたことを調べ，学習したいことや知りたいことを話し合いましょう。

C 町人が文化や学問に親しむようになった。

C いろいろな演劇が流行したようなので，調べてみたい。

C 日本中を測量して，正確な日本地図がつくられた。

C 歌舞伎という演劇や，浮世絵という版画が親しまれて広がった。

C 町に住んでいた人たちの暮らしをもっと詳しく知りたいです。どんなお店があったとか…。

C 浮世絵の他に，どんな文化があったかも知りたいな。

T では，江戸時代にはどんな文化や学問が生まれたのか，調べていきましょう。

本時の目標：歌舞伎や浮世絵などの文化が，人々に親しまれていたことがわかる。

板書例

⊕ 歌舞伎や浮世絵はなぜ人々に親しまれたのだろう

❶〈歌舞伎を楽しむ人々〉

・大勢の人でにぎわう

・楽しそう

❷〈人々に親しまれた人形浄瑠璃〉

【作品を描いた有名な人】
　・近松門左衛門
　・井原西鶴

【どんな内容】
　・身近な題材
　・町人のすがたをいきいきと
　・気軽に楽しめる

---

1 芝居小屋で歌舞伎を見る人々の絵から，様子を読み取ろう。

児童プリント QR を配る。

T　プリントの1の「歌舞伎を楽しむ人々」の絵を見て気付いたことをいいましょう。

C　食べ物を運んだり，食べながら見たりしているね。

C　大勢の人で賑わっています。大入り満員だね。

C　舞台の上で，役者が劇をしています。

C　横の花道を役者が歩いています。

C　劇の中のお話はどんな内容をしているのだろうな？

T　絵から観客・人々のどんな様子がわかりますか。

C　みんな楽しそうな感じがします。

C　思い思いに好きなことをして，リラックスして見物しています。

2 近松門左衛門について調べ，なぜ作品が親しまれたのか考えよう。

T　歌舞伎とは，日本の演劇で，伝統芸能の一つです。どんなことが演じられたのでしょう。

C　古い時代の出来事や，身近で親しみのある現代の出来事など，さまざまな作品がありました。

T　誰が歌舞伎の作品を書いたのでしょう。

C　劇（芝居）の脚本家です。近松門左衛門という人が有名です。

C　井原西鶴という人も有名だよ。

C　人形を使って芝居をする人形浄瑠璃というのもありました。

T　歌舞伎や人形浄瑠璃が人々に親しまれたのは，なぜだと思いますか。

C　実際に起こったことや身近なことを題材にしたから。

C　町人の姿を生き生きと描いていたから。

C　気楽に楽しめたからだと思います。

準備物	・歌舞伎を楽しむ人々，浄瑠璃，北斎一神奈川沖 QR ・児童プリント QR	ICT	それぞれ3つの画像を児童のタブレットに送信して，個人でタッチペンなどを使って色を塗らせる。色を塗ることで，細かなところまで観察できる。

3,4 〈世の中のようすをえがいた浮世絵〉

人々が関心を持つ身近な話題や流行，名所案内などの内容が，全国に広まっていく。

【手順】
　①下絵をかく
　②何枚も版木をほる
　③何枚も刷る

【主な作者と作品】
・歌川広重　「東海道五十三次」
・葛飾北斎　「富士山」　など

【特ちょう】
・版画で大量につくる
　　　↓
　値段が安い
・役者，美人画，風景

3　浮世絵を見て気付いたことを発表しよう。

T　プリントの2を見ましょう。これは浮世絵といって江戸時代につくられたものです。どのようにつくられたかわかりますか。

C　絵だから誰かが描いたものだよね。

C　これ本物なのかな？

T　実は，浮世絵は版画です。何度も色を重ね刷りして1枚の絵になります。そのため多くの職人が，仕事を分けて作業をしていました。プリントの3は浮世絵ができるまでの手順です。

C　まず元の絵を描く人がいます。

C　1色ごとに木に彫る人と，色を刷る人が必要だね。

C　10刷りぐらい印刷して，やっと完成する。

C　風景画のすごい迫力が伝わってくるよ。

C　人物画は細い線で細かいところまで描けています。

4　浮世絵の作者や作品を調べ，なぜ人々に親しまれたのか考えよう。

T　プリントの4を見ましょう。みなさんが知っている浮世絵はありますか。

C　歌川広重の「東海道五十三次」を知っている。

C　女の人を描いている美人画の切手があるね。

C　葛飾北斎の富士山の絵がすごいよ。

T　なぜ浮世絵は人々に広まったのでしょうか。

C　役者絵は，人気歌手の写真みたいなものだから。

C　風景画は，行ったことがない名所の様子がわかるから。

C　版画で大量生産したら，値段も安いと思う。

T　歌舞伎や浮世絵が広まった理由をまとめましょう。

C　歌舞伎は，人々が関心を持つような身近な内容で楽しめた。

C　浮世絵は，わりと安い値段で手に入り，旅をしたときのおみやげにもなったから。

新しい学問・蘭学

板書例

㋲ 蘭学の発展によって，世の中はどのように変わっていったのだろう

1 〈2つの人体解ぼう図〉

当時の医学書の人体図　　オランダの人体解剖図

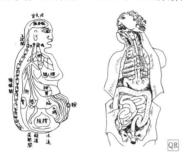

QR

正確なのは，
西洋の医学（蘭学）

2 〈解体新書のほん訳〉

ドイツ語の医学書
↓
オランダ語の医学書
ほん訳 ↓ 苦労 ── 杉田玄白
　　　　　　　　　　前野良沢

解体新書

〔社会への影きょう〕

・蘭学への関心が高まる

・医学だけでなく，地理学や天文学も

・医学の進歩→助かる人が増える

POINT　蘭学の解剖図や伊能忠敬の日本地図と現代の解剖図や日本地図を比較させると，すでに当時の技術の高さをより深く理解で

1 左と右の人体図を比べて，気付いたことを話し合おう。

児童プリント QR を配る。

T　当時の医学書の人体図と，オランダの医学書の人体解剖図を比べて気付いたことを話し合いましょう。

C　オランダの医学書の図は，大体正確です。

C　当時の医学書の図は，全然違っています。

T　オランダの医学書が正確であることを，どんな方法で確かめたのでしょうか。

C　実際の解剖に立ち会って，確かめた。

T　オランダの医学書の正確さを知って，日本の医学者の杉田玄白たちはどのように思ったのでしょう。

C　正確な医学を世の中に広めたい。

C　もっと蘭学の勉強をしたいと思った。

C　オランダの医学書を日本語に翻訳して広めたい。

2 『解体新書』の翻訳・出版の苦労や影響を調べよう。

T　オランダの医学書の翻訳には，どんな苦労があったのか，教科書などで調べましょう。

C　ドイツの医学書をオランダ語に翻訳した本を，さらに日本語にしたんだって！　すごい。

C　オランダ語の辞書がないので，なんと訳していいのか，なかなかわからなかった。

C　医学の専門の言葉は難しかったと思う。

C　4年間の間に，11回も書き改めたとあります。

T　『解体新書』は，世の中にどんな影響を与えたでしょう。

C　蘭学に対する関心が高まり，辞書などもつくられた。

C　医学のほかに，地理学や天文学なども広まりました。

C　医学はすごく進歩して，それまで助からなかった病気の人でも助かるようになったと思う。

| 準備物 | ・昔の日本地図 QR　　・児童プリント QR
・画像（人体解剖図，伊能忠敬，伊能地図）QR | ICT | 人体解剖図，昔の日本地図，伊能忠敬の地図をタブレットに送信し，拡大をするなどして，細かく観察することで，凄さが実感できる。 |

③ 〈日本地図の作成〉

伊能忠敬（い のう ただ たか）：日本地図の作成

・天文学や測量術（蘭学）を学ぶ

・全国を歩いて測量

・３万５千km（赤道４万km）

伊能地図

当時の地図

きる。

---

3 伊能忠敬による『日本地図』の作成について調べよう。

T　医学だけでなく，ヨーロッパの地理学や天文学も広まりました。プリントの２つの日本地図を比べて気付いたことを話し合いましょう。

C　左の図（伊能地図）は，今の地図とほとんど同じだけど，右の図（当時の地図）は，全然違っています。

C　正確な地図をつくったのは，伊能忠敬です。

T　どのようにして正確な地図をつくったのでしょうか。教科書などで調べましょう。

C　全国を測量して調べました。

C　72歳まで，実際に歩いて全国を測量したんだよ。

C　50歳から天文学や測量術を学んだ。蘭学だね。

C　江戸時代だから全部歩いて回ったのだね。

T　プリントの３には，測量で使った道具を載せています。

4 蘭学の発展による，世の中への影響について考えて話し合い，まとめよう。

T　蘭学の発展は，世の中にどんな影響を与えたでしょう。自分の意見を出して話し合いましょう。

C　ヨーロッパの国ではオランダとだけ交流があったから，蘭学が盛んになったんだね。

C　新しい知識や技術を知ってびっくりした。

C　新しい知識や技術を世の中に役立てようと考え，実行したのではないかな。

C　学んだ人の中から，鎖国を批判する人も出てきたようだ。

C　幕府の政治がおかしいと思う人も出てきたと思います。

T　高野長英など，蘭学者の中には，幕府の政治を批判して罰せられた人もいました。

C　新しい知識や技術を学びたいという人が増えたそうですが，その気持ちがよくわかります。

板書例

め 寺子屋ではだれが学んでいたのだろう
　蘭学や国学はどんな人たちに広まったのだろう

1⃣ 〈寺子屋〉

寺子屋 QR

・町人や百しょうの子の教育
・読み・書き・そろばん
・生活に必要なこと

2⃣ 〈2つの学問の広がり〉

国学 ────────────

古くからの
（仏教・じゅ教が伝わる前）
考え方を学ぶ

蘭学 ────────────

外国から伝わった学問
医学・天文学・地理学
（江戸時代の中頃〜）

POINT 国学は，天皇中心の政治に戻すこと，蘭学は西洋の国との交流を進めることをしっかりと押さえる。これから先の学習でそ

1 子どもの教育の広がりについて調べよう。

児童プリント QR を配る。

T　寺子屋の様子の絵を見て，気付いたことを発表しましょう。

C　先生はいるようだけど，本を読んだり，お習字したり，けんかしたり，勝手にしている。

C　自分のペースで勉強している感じだ。

T　寺子屋について，教科書で調べて発表しましょう。

C　各地の町や村に寺子屋ができました。

C　主に読み・書き・そろばんや生活に必要なことを習いました。

C　百姓や町人の子も教育を受けるようになったんだ！

C　人々の文字が読める割合が高い国になった。

C　18世紀中頃の江戸には，寺子屋が800カ所もあったらしい。

2 国学とはどんな学問なのか，調べて話し合おう。

T　キリスト教を禁止した江戸幕府や藩が重んじた学問は，仏教や儒教の教え（儒学）でした。江戸時代の中頃から，それ以外に二つの学問が広まりました。それは何でしょう。

C　蘭学と国学です。

C　蘭学は，医学や天文学・地理学などで，人々に広まっていったね。

T　国学とはどんな学問なのか，教科書で調べてわかったことを発表しましょう。

C　古くからの日本人の考え方を知ろうという学問。

C　仏教や儒教が中国から伝わる前の考え方です。

C　古事記とか万葉集などの研究をしました。

3,4 〈新しい学問と政治への批判〉

> **本居宣長**
> 日本古来の考え方を学ぶ
> （古事記・万葉集から）
> 『古事記伝』（35年間）

国学…天皇中心の政治にもどす

┌─────────────────┐
│ 蘭学や国学が
│ 武士，百しょう，町人
│ の間に広まる
└─────────────────┘

> **杉田玄白　など**

蘭学…西洋の国との交流を進める

の知識が必要となる。

---

3 本居宣長の人物と業績を調べよう。

T　国学で，優れた研究をした人が教科書で紹介されています。どんな人ですか。
プリントの2を見るように指示する。
C　本居宣長です。
C　伊勢松坂の医師でした。
　　　地図で伊勢松坂の位置を確かめてもよい。

T　宣長は，どんなことをした人ですか。
C　古事記の研究を続け，35年間かかって『古事記伝』という書物を書きました。
T　プリントの2の写真が『古事記伝』です。
T　儒学は，幕府や藩に仕える武士が学びましたが，蘭学や国学はどんな人たちの間に広まったのでしょうか。
C　幕府の政治に批判的な武士の間に広まった。
C　百姓や町人の間でも広まっています。

4 幕府政治への批判 - 国学と蘭学を比べよう。

T　国学と蘭学はどこが違っているでしょうか。
C　蘭学は西洋の新しい学問を取り入れようとした。
C　国学は日本の古い考えを知ろうとした。
C　どうも正反対のような気がするのですが…。
T　こうした中で，蘭学を学ぶ人でも国学を学ぶ人でも幕府の政治を批判する人が現れますが，二つの考えを比べてみましょう。
C　蘭学は，幕府の鎖国政策を批判しています。
C　国学は，世の中の乱れは政治を行う人が悪いと考えている。
C　だから国学は昔のように天皇中心の政治に戻すべきという立場です。
C　蘭学は，西洋との交流を進める立場だね。
C　国を外国に開く新しい方向か，昔に戻るかのちがいみたいです。

新しい時代への動き

板書例

ⓜ 江戸時代後半，なぜ百しょう一揆や 打ちこわしが増えていったのだろう

1,2 〈打ちこわし・一揆が起こった理由〉

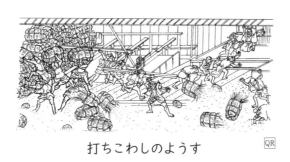

打ちこわしのようす　QR

百姓一揆と打ちこわしの件数

自然災害・天候不順
（商人による米の買いしめ）　→　ききん　→　打ちこわし・一揆へ

POINT　打ちこわしの目的は，米を奪うことではない。江戸の民衆の不満が表れた暴動のような事象であることをきちんと理解させる。

1 打ちこわしの様子を表す絵からわかることや，気付いたことを話し合う。

児童プリント QR を配る。

T　プリントの 1 の絵はどんな様子を表していますか。気付いたことを話し合いましょう。

C　棒を持った大勢の人たちが米俵を持ち出している。

C　なぜ泥棒みたいなことをしているのだろう？

C　米俵を開いてお米を取っている人もいる。

C　店の人は逃げていて，止めることができないようだ。

T　これは当時の打ちこわしの様子を表した絵です。当時の打ちこわしなどについて教科書で調べましょう。

【ききん】自然災害による凶作で多数の餓死・疫病者が出る状況，【打ちこわし】富農・富商などに押し入り米や家財を破壊すること，【百姓一揆】年貢減免を求める百姓の反領主の戦い

2 江戸時代後半の社会の状況を読み取り，変化の様子を話し合う。

T　プリントの 2 の「百姓一揆と打ちこわしの件数」のグラフを見て，気付いたことは何ですか。

C　1730 年頃の飢饉では，百姓一揆や打ちこわしが合わせて 150 件ぐらい起こっている。

C　1780 年頃には 350 件，倍以上に増えた。

C　1830 年頃には 560 ～ 570 件と増えている。

C　ききんがない普通の 10 年間でも 100 ～ 200 件起きているから，"ききん"だけが原因ではないのかもね。

C　一揆や打ちこわしに参加すれば重い罰を受けるのに，どうして増えていったのだろう？

C　自然災害が起こると，大商人が買い占めや売り惜しみをするようになる。

C　人々は米や食べ物がなくなり，ききんが何度も起こるんだ。

C　ききんのたびに百姓一揆や打ちこわしが全国で起こっている。

③〈天保の大ききんと大塩平八郎(ろう)の乱〉

打ちこわし・一揆　　　大塩平八郎の乱
〔続発〕　　　　　　　〔元役人・武士〕

> 幕府や藩(はん)→解決する力なし
> 新しい世の中への動きが加速

3 江戸時代後半の社会の状況に対応した，社会の動きを調べる。

T　プリントの2の1830年代の大飢饉と大塩平八郎の乱について，教科書で調べてみましょう。

C　原因である天保の大飢饉は，6年間も続いた。

C　乱では大商人が隠している米などを取り上げた。

C　苦しむ町人や百姓に分け与えようとした。

T　プリントの3の絵からわかることは？

C　「救民」の旗は，民を救うという意味だそうです。

C　大砲や火矢を使って町奉行所に抵抗した。

C　考えに共感した人たちがたくさん参加した。

C　乱は半日で終わったが，全国に後を継ぐ人が現れた。

C　大塩平八郎は大阪の役人だったそうだ。

C　幕府の役人だった人が反乱を起こすのは，よほどのことだと思う。

C　幕府がまちの人を救おうとしないことを批判したんだろうね。

4 江戸時代後半の社会の状況についてまとめる。

T　幕府の元役人まで反乱を起こすような社会の状況は，どんな世の中だったのか，話し合ってまとめましょう。

C　ききんでも年貢を取り，幕府や藩の武士，大商人は贅沢な暮らしをしていた。

C　一揆や打ちこわしが日常的に起こるような社会になっていた。

C　幕府や藩の政治はどうなっていたのだろう？

C　幕府や藩には，もう社会の問題を解決する力がなくなってきていたと思う。

C　人々も幕府や藩に力がないことに気付いてきていた。

C　新しい学問を学ぶ人たちも幕府や藩を批判した。

C　人々は藩を立て直したり，幕府を改革する新しい政治を考えるようになったと思う。

C　長州藩や薩摩藩では，藩の政治を改革する動きがあったみたいだね。

明治の国づくりを進めたひとびと

全授業時間 7 時間＋ひろげる 1 時間

◉ 学習にあたって ◉

◇何を教えるのか - この単元の特徴 -

この単元は，約 700 年間続いた武家政権が終わり，黒船来航・開国・討幕，明治維新と文明開化，自由民権運動が高まり大日本帝国憲法の発布と国会開設へと，時代が大きく変化していく過渡期を扱います。ここでは，江戸から明治へ，何がどのように変わっていったのか，何のために変わったのか，明治政府は何を目指そうとしているのかに焦点を当てて授業を組み立てていきます。

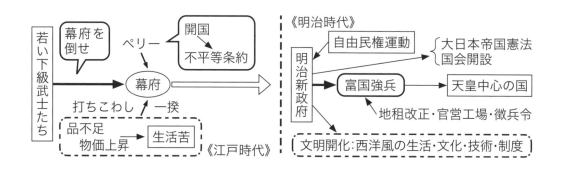

◉ 評 価 ◉

知識および技能
- 西洋の文化，技術，制度を取り入れ，近代化を進めていったことが具体的事例を通してわかる。
- 富国強兵の国を目指して，徴兵令，地租改正，官営工場の建設などの施策が進められたことがわかる。
- 自由民権運動の内容，大日本帝国憲法の特徴，国会開設に至る過程を資料から調べることができる。

思考力，判断力，表現力等
- 江戸から明治への変化が，生活，文化，社会制度などの具体的事例から理解できる。
- 明治政府の行った施策が，人々の願いに沿うものであったかどうか考え，評価することができる。

主体的に学習に取り組む態度
- 新たな時代を迎えた人々の思いや行動に関心を持ち，さらに詳しく調べてみようとしている。

時数	授業名	学習のめあて	学習活動
1	江戸から明治へ変わったことは？	・江戸から明治へ，町のようすや人々の生活が変わったことに気付き，詳しく調べたいことを考える。	・江戸時代末と明治時代初めの日本橋付近の様子の絵を比べ，変わったところを見つけて話し合う。 ・もっと調べてみたいことをグループで話し合い，発表する。
2	若い武士たちが幕府をたおす	・ペリー来航と条約締結から，人々の生活が苦しくなり，若い武士たちが新しい政府をつくる運動を進めたことを理解する。	・ペリー来航に対する幕府の対応を確かめ，人々の暮らしにどんな影響があったのか調べる。 ・討幕運動を進めた人たちについて調べる。 ・明治政府が目指した世の中について，五箇条の御誓文と五榜の掲示から考える。
3	明治新政府の改革－富国強兵－	・明治政府は，富国強兵策推進のため，官営工場建設，徴兵令や地租改正を実施したことがわかる。	・明治政府は，富国強兵を目指して，徴兵令や地租改正などの改革を行ったことをつかむ。 ・徴兵令と地租改正に対する庶民の受け止めや暮らしへの影響を確かめる。
4	明治の新しい世の中－文明開化と四民平等－	・文明開化によって文化や生活が西洋風になり，身分制度も形式上は改められていったことに気付く。	・生活や文化が西洋風になり，身分制度などの社会のしくみも変化したことを調べる。 ・文明開化は，人々の願いに応えるものであったかどうか考える。
ひろげる	寺子屋から学校へ	・学制実施以後，就学率が向上していき国民の教育が普及していったことがわかる。	・明治時代に作られた学校について，寺子屋との違いや，いつどのようにして作られたのかなどを調べる。 ・就学率の変化などの資料から，明治時代の学校について考え，話し合う。
5	板垣退助と自由民権運動	・自由民権の思想が広がり，国会開設や憲法制定を要求する運動が高まったことがわかる。	・士族の反乱が相次いだが鎮圧されたことをつかむ。 ・自由民権運動の要求を調べ，政府の取り締まりに対して様々な工夫で運動が進められたことをつかむ。 ・運動が全国に広まっていったことを確かめる。
6	伊藤博文と国会開設と大日本帝国憲法	・自由民権の考えとは異なった天皇中心の憲法がつくられ，国会が開設されたことがわかる。	・大日本帝国憲法と民権家の憲法草案を比べる。 ・国民の自由や権利を制限した天皇中心の憲法が作られたことを知る。 ・人々の願い通りの憲法や政治が実現したか考える。
7	江戸時代から明治時代へ－調べたことをまとめよう－	・江戸時代から明治時代へ何がどのように変わったのか，学習したことをもとにしてまとめる。	・江戸から明治にかけて変わったことを表にまとめ，発表し合う。 【別案】幕末に活躍した人物についてまとめ，関係図を作ることができる。

第1時
江戸から明治へ
変わったことは?

本時の目標 江戸から明治へ，町のようすや人々の生活が変わったことに気付き，詳しく調べたいことを考える。

ⓜ 江戸時代から明治時代へ
どんなことが変わっただろう?

1〈江戸時代の町のようす〉　**2**〈明治時代の町のようす〉

板書例

かご　　　　　家来がやり
さむらい・馬　ちょんまげ
頭を下げる人　着物
荷車

馬車・人力車　　日がさ　ガス灯
ざんぎり頭　　　洋風の建物
洋服　　　　　　（テラス，
　　　　　　　　　フェンス,石造り）

(POINT) 比較して話し合ったことをもとに，疑問に思ったことをまとめ，学習計画を立ててもよい。

1 江戸時代末頃の町の様子を見て，分かることを見つける。

江戸時代末の日本橋近くの絵 QR を見せる。

T これは日本橋近くの絵です。いつ頃の風景ですか?
C 江戸時代の終わりの1860年ごろです。
T 絵の中を歩いてみて，見えたことを発表してください。
C 駕籠に人が乗っている。侍と家来もいる。
C 荷馬車を押して荷物を運んでいる。
C 荷馬車?　えっ，どこにいる?
T 分からないときは，みんなで探しましょう。
C 絵の右の奥の方にあるよ。
C わかった!小さくてわかりにくかったんだ。
T 他にもあれば，どんどん発表しましょう。
C 左側に，侍に頭を下げている人がいるよ。
C 着物を着て，頭はちょんまげをしている。

2 明治時代の初めの町の絵を見て，江戸時代の絵にないものを見つける。

明治時代初めの日本橋近くの絵 QR を見せる。

T この絵は約20年後の同じ所です。絵の中を歩いて前の絵にはなかったものを見つけましょう。
C 傘をさしている人がいる。日傘みたいだね。
C 洋服を着ている人もいるよ。
C 男の人の頭には帽子をかぶっているのかな?
C 馬車や人力車が走っている。
C 警官がいるみたいだよ。
C 家の前に立っているのは街灯かな?

ガス灯の写真 QR を見せて説明する。

C 洋風の建物もある。
T 建物が洋風なのはどこで分かりますか?
C 2階にテラスがあって，家の周りにフェンスもある。
C 建物の形が違う。石造りの家や門がある。

| 準備物 | ・教科書のイラスト拡大版（例：江戸時代末と明治の初めの日本橋近く）QR
・グループ毎にホワイトボードと黒マジック・画像 QR | ICT | 江戸時代と明治時代のイラストを児童のタブレットへ送信する。それぞれを比較して、「変化した点」を話し合わせる。建物や服装など、視点を持って比べる。 | |

3▶ 〈江戸時代から明治時代への変化〉

- かごは馬車・人力車へ
  →乗り心地が良い，たくさんのれる

- 勉強する場所が，寺子屋から小学校になった。

- 明治時代になって，ガス灯がついた
  →町が明るくなった

- 明治時代には，さむらいがいなくなった。

4▶ 〈調べてみたいこと〉

- 明治維新で活やくした人について

- 人々のくらしや子どもの生活

- 明治になってよかったこと，悪かったこと

---

3 江戸時代と明治時代の2つの絵を見て，変わったところを話し合う。

2枚の絵で変わったところを書き出して，気付いたことをグループで話し合う。

C　駕籠や馬に乗っていたのが，馬車や人力車に変わった。

C　乗り心地がよくなったみたい。

C　馬車の方が大勢乗れるわ。

T　グループで話したことを発表してください。

C　着物から洋服の人が増えてきた。

C　寺子屋から小学校へ変わった。

C　江戸時代は灯りがなかったけど，ガス灯がついて町が明るくなったと思います。

T　気付いたことや思ったことも出てきましたね。

C　侍がいなくて，頭を下げている人もいないね。

C　明治になって侍がいなくなったんじゃないかな。

4 江戸時代の終わりから，明治時代の前半について，調べてみたいことを考える。

T　江戸時代から明治の世の中へ社会全体が大きく変わっていきました。この変化を何と呼びますか？

C　明治維新です。

T　江戸から明治に変わる20〜30年の間で，もっと調べたいことをグループで考えましょう。

C　町の様子以外に変わったことは何かな。

C　ぼくは，坂本龍馬とか西郷隆盛とか活躍した人を調べたいな。

C　絵だけでなくもっと生活のことを知りたい。

　　グループごとにホワイトボードに書いて発表させる。

C　人々の暮らしや子供の生活の中で変わったことは何かを調べてみたいです。

C　変わったことを調べるのも大事だけど，よかったことや，反対に悪かったことを調べるのも大事だと思います。

T　では，次の時間から調べていきましょう。

第2時

若い武士たちが幕府をたおす

本時の目標　ペリー来航と条約締結から，人々の生活が苦しくなり，若い武士たちが新しい政府をつくる運動を進めたことを理解する。

板書例

ⓜ ペリー来航は世の中をどのように変えたのだろう また，若い武士たちが幕府をたおしたあと どんな明治新政府ができたのだろう

1 〈ペリー来航の目的〉

1853年－1854年
ペリーが黒船軍隊をつれて
やって来る……〔開国を要求〕

↓

日米和親条約を結ぶ＝開国

ペリー上陸図　QR

2 〈海外貿易と人々の暮らし〉

1858年　日米修好通商条約

〔外国との貿易が始まる〕

海外にものが流れると

・国内のもの不足
・物価が上がる

↓

生活が苦しくなる
一揆や打ちこわし多発

---

1 ペリー来航の目的と幕府の対応を確かめる。

教科書（または QR ）のペリー上陸図を見せる。

T　これは何の絵でしょう。
C　沖にたくさん船がいて，兵隊が整列している。
C　分かった！ペリーが来た時の絵です。
T　ペリーの目的は何か，教科書で調べましょう。
C　日本に開国を求めるために来ました。
T　これは2回目の1854年に来た時の絵です。幕府はどうしましたか。
C　日米和親条約を結んで開国した。
T　鎖国を続けていた幕府が，なぜ開国したのでしょう。教科書やQRコードの絵も参考にして考えましょう。
C　大きな船がペリーの軍艦で小さいのが幕府の船だね。これじゃ勝てないよ。
C　きっと幕府は戦っても勝てないと思ったから，言いなりになって開国をしたんだ！

2 外国との貿易で人々の暮らしがどうなったか調べる。

T　幕府は1858年には何条約を結びましたか。
C　日米修好通商条約。貿易をする条約です。
T　外国との貿易が始まって，人々の暮らしはどうなったのか，次の資料から調べてみましょう。
C　米の値段がものすごく高くなっている。
C　きっと米だけじゃなくて他の物も値上がりしたと思うわ。どうしてかな？
C　一揆も急に増えている。大変だ。
C　生活が苦しくなったからだね。米屋を襲って打ちこわしもしているんだよ。

資料の打ちこわしの絵 QR も確かめさせる。

T　海外との貿易によって海外に物が流れたことで国内が品不足になって物価が上がったのです。
C　教科書にも生活が苦しくなったと書いてある。

180

| 準備物 | ・ペリー上陸図イラスト QR
・資料：開国と人々の暮らし QR
・資料：五箇条の御誓文と五榜の掲示 QR | ICT | ペリー上陸図のイラストを児童のタブレットに送信する。ペアや班で、自由に話し合わせる。江戸幕府がペリーを迎えたときの気持ちを想像させたい。 |

3 〈若い武士たちが幕府をたおす〉

若い下級武士たちの活やく：西郷隆盛，大久保利通，木戸孝允，坂本龍馬など

> 明治の新政府の誕生

4 〈新政府の方針〉

1868年　明治天皇の名で<u>五箇条の御誓文</u>が定められる

1868年　五箇条の御誓文の翌日に<u>五榜の掲示</u>が定められる

五箇条の御誓文

五榜の掲示

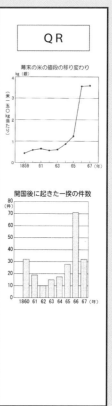

QR

幕末の米の値段の移り変わり

開国後に起きた一揆の件数

---

3 幕府に代わる新しい政府をつくる運動をしたのはどんな人たちか調べて話し合う。

討幕運動の中心となった人物を教科書で調べさせる。

C　西郷隆盛，大久保利通，木戸孝允，坂本龍馬。

C　薩摩藩や長州藩の人達が中心だった。

T　1867年で，大久保37才，西郷40才，木戸34才，坂本32才，下級武士が多かったのです。

C　みんな意外と若かったんだね。

T　どうして若い下級武士が中心になれたのでしょうか。

C　自由に物も言えない自分たちの生活を，なんとか変えたいと思ったのではないかな。

C　行動力があり，自由に動きやすかったのだよ。

C　外国の動きをよく知っていたのだと思う。

T　なぜ幕府を倒そうと思ったのでしょう。

C　幕府の政治ではもう国が駄目になると思った。

C　外国に対抗できる強い国が作りたかった…？

C　幕府に代わって新しい政治をしようと考えた。

4 明治政府が目指した世の中を考える。

五箇条の御誓文 QR を読み，説明をする。

T　これは明治の新政府が発表した政府の方針です。読んで思ったことを言いましょう。

C　みんなの意見を聞いて決めるとか，よくないしきたりを改めるとか書かれている。

C　江戸時代より，いい世の中になりそう。

五榜の掲示 QR を読み，説明をする。

T　五箇条の御誓文の翌日に，5枚の立て札に書いて国民向けに出されました。意見をいいましょう。

C　江戸時代のお触書とあまり変わらない感じ。

C　これを守ったら生活はよくなるのだろうかな。

C　五箇条の御誓文と書いてあることが全然違う。

T　<u>五箇条の御誓文と五榜の掲示。明治政府はなぜ異なる2つの考えを示したのか，これからの勉強の中で確かめていきましょう。</u>

㋯ 新政府はどのように政治を改革したのだろうか

❶ 〈富岡製糸場と廃藩置県〉

富岡製糸場（官営工場）
・外国から技師
・まゆから生糸作り

廃藩置県
・藩を廃止，県と府を設置

❷ 〈徴兵令〉

20才男子は，3年間軍隊に入る義務

・働き手を取られる
・生き血をしぼり取られる
→

・反対一揆
・徴兵のがれ

板書例

---

1 明治政府の行った改革について，教科書などから見つける。

官営富岡製糸場の絵を見せる（教科書または QR ）。

T　これは何をしているところでしょうか。
C　女の人が大勢並んで何かしている。大きな工場みたいだね。
C　これは富岡製糸場で，国が運営する工場よ。
T　教科書でもっと調べましょう。
C　近代的な工業を始めるためにつくった工場です。
C　外国から技師を招いて，蚕から糸を作った。
T　政府は他にどんな改革をしたか教科書から探して見つけましょう。
C　廃藩置県をした。
C　徴兵令を出した。
C　地租改正を行った。
T　それぞれどんなことか，また何のために行ったのか，学習しましょう。

2 徴兵令に対して，庶民はどのような行動をとったのか調べて確かめる。

あらかじめ廃藩置県の説明を簡単にしておく。

T　徴兵令とはどんなことですか。
C　20才になった男子は，3年間軍隊に入る義務がある。
T　人々は，どんな行動をとったと思うか想像してみましょう。
C　給料は出たのかな？それなら進んで行くかもしれない。
T　ではマンガ QR を読んで下さい。
C　生き血を絞られると思った？!
C　徴兵逃れもやっている。
C　反対一揆まで起きている！
T　長男，税金を270円以上納めた人や，役人などは免除され，実際に軍隊に入ったのは対象者の18％でした。

準備物	・富岡製糸場の絵（教科書または QR ）拡大版 ・マンガ資料 QR ・地券 QR	ICT	漫画資料を児童のタブレットに送信する。ペアや班，全体で役割を分けて演技をすることで，当時の状況や人々の思いを考えさせる。	

3 〈地租（そ）改正〉

土地の値段の 3% を現金で納める

・負担は軽くならない
・生活は苦しく

→ 反対一揆 → 2・5%にさげる

4 〈政府が進めた国づくり〉

・産業のさかんな豊かな国　（お金が必要…地租改正）

・強い軍隊を持つ国
　　　＝＝
富国強兵

西洋の国々に追いつきたい

負けない国に

---

3 地租改正で，庶民の暮らしはどう変わったのか調べて話し合う。

T　地租改正とは，どんなことですか。教科書で調べましょう。

C　年貢に代えて土地の値段の3％をお金で納める。

C　3％って年貢すごく安い！

T　本当にそうでしょうか。マンガ QR を読んで話し合いましょう。

C　役人が年貢の時よりも軽くはできないと言っているよ。

C　そうか！　取れ高の3％ではなくて土地の値段の3％なんだ。土地の値段が高いんだ。

T　そうすると庶民の暮らしはどうなりますか。

C　一揆になるほど苦しくなります。

4 政府はなぜこのような改革を行ったのか考える。

T　政府が行った改革から，どのような国を作ろうとしたのか考えてみましょう。

C　官営工場をつくったのは，西洋のような産業の盛んな豊かな国にするためです。

C　徴兵令で強い軍隊を持つ国にしようとした。

T　強い軍隊や工場を政府の手でつくったりするためには，何が必要ですか。

C　お金!!だから地租改正で税金を集めたのだ。

T　産業を盛んにして，強い兵隊を持つ豊かな国にすること。これを漢字4文字で何と言いますか。

C　富国強兵！

T　何のためにそんな国にしたかったのですか。

C　西洋の国々に追いつき，負けない国にする。

明治の新しい世の中
ー文明開化と四民平等ー

文明開化によって，文化や生活が西洋風になり，身分制度も形の上では改められていったことに気付く。

板書例

ⓜ 新しい世の中になって，生活や文化はどう変わったのだろう。

❶ 〈鉄道の開通〉

新橋ー横浜　29km

時速 30km

→鉄道を初めて見た人は，どう思っただろう

鉄道開通の錦絵

ビックリ！
世の中変わった！

❷ 〈文明開化　新しい世の中の文化や生活〉

西洋の技術や制度を取り入れて，生活や文化を西洋風に

・電報・新聞・パン・郵便・レンガ街

・福沢諭吉『学問のすゝめ』

「天は人の上に人を造らず人の下に人を造らずと言えり」

---

1 鉄道の開業について知る。

T　これは何の絵でしょう。絵を見て思ったことをいいましょう。

　　鉄道開通の錦絵（インターネット）またはイラスト 🄌 を見せる。

C　小さな機関車だね。おもちゃみたいだ。

C　鉄道が走っています。これも SL かな？

C　いつ頃，どこを走っていたのかな。もっといろいろ知りたいな。

T　この絵は，日本で初めて開通した鉄道の様子です。資料 🄌 でもっと，調べてみましょう。

C　明治になって，たった5年で開通した！

C　新橋と横浜間を馬ぐらいの速さで走った。

T　鉄道を初めて見た人はどう思ったでしょう。

C　見たこともないものでびっくりしたと思う。

C　黒船の時も驚いただろうからもう慣れたかな？

C　世の中がすごく変わってきたと実感した。

2 文明開化で変わったことを調べて見つける。

T　政府は，鉄道の他にも，西洋の技術や制度などを取り入れて，生活や文化を西洋風にしようとしました。これを何と呼びますか。漢字4文字です。

C　文明開化です。

T　ではどんなところが西洋風になったのか，教科書の年表から見つけましょう。

C　電報や新聞が始まったんだね。パンも作られてる。郵便も始まったね。

C　銀座にはレンガ街が完成した。

T　これらのことについても，人々はどう思ったか考えてみましょう。また，福沢諭吉についても調べましょう。

C　新しいことばっかりで，びっくりの連続！

C　昔が懐かしいと思う人もいたのかな？

3 〈人々のくらしや社会の変化〉

- 刀を持たない
- 名字が許される
- 職業や住む場所の自由
- 6才以上の男女が小学校に通う
- 西洋の学問や政治のしくみを学ばせる
  ため，留学生の海外派けん

> 本当に自由？
> 身分も改められたのかな？

〔四民平等〕
制度上ではすべての国民は平等 → 皇族
華族
士族
平民

QR

4

〈人々の願いと文明開化〉

> ※文明開化について出た児童の意見を板書する

---

3 教科書を読んで人々の暮らしや社会のしくみで変わったことは何か話し合う。

T 人々の暮らしや社会のしくみで変わったことはないですか。教科書などで調べましょう。

C ちょんまげを切り，刀を持たなくなった。

C 名字が許され，職業も自由に変えられる。

C どこにでも旅行できるようになった。

C 田畑の売買も自由にできるようになった。

T 江戸時代にあった身分はどうなったのですか。

C 身分制度は改められ国民は全て平等になった。

C でも，天皇の一族は皇族，公家や大名は華族，武士は士族，その他は平民になったよ。

C それじゃあ身分が改められたとは言えないよ。

T 他に江戸時代と変わったことはありませんか？
  ヒントのイラスト QR を見せてもよい。

C 華族とか平民とかいて，本当に身分に関係なく自由に結婚できたのかな？

C 職業だって簡単には変えられないと思うよ。

4 文明開化は人々の願いに応えるものだったか考える。

T 文明開化で，人々の暮らしや世の中が大きく変わりましたが，それは人々の願いに応えるものだったのでしょうか。

C 鉄道が開通したり，電報や郵便もできて便利になったからみんなよかったと思っているわ。

C でも，変化が急すぎてついていけないよ。みんな西洋風がいいと本当に思ったのかなあ。

C 武士が士族になって，農民や町人は平民でしょ。華族や皇族はその上みたいだし，本当に平等になったとは思えないわ。

C 刀を持った武士もいなくなって，江戸時代よりは自由な感じだからいいんじゃないかな。

C パンやガス灯など，新しいものや珍しいものがいっぱいあるから喜んだと思います。

T 文明開化についてもいろいろな見方ができます。さらに新しい世の中の様子を調べましょう。

寺子屋から学校へ

板書例

ⓜ 子どもの教育はどう変わったのだろう

1 〈寺子屋から明治の学校への変化〉

江戸時代

明治の学校

・子どもはみんな前を向く

・先生は洋服，立って教える

・洋風，2階建ての学校も

1872 年　学制発布
↓
全国に小学校

寺，民家も多く使う

反対する人も多い
（授業料など）

2 〈全国に広まる小学校〉

旧開智学校

---

1 江戸時代の寺子屋から明治時代の学校になって，変わったことを見つける。

T　江戸時代の寺子屋の様子を言ってください。

　イラスト QR と既習事項を思い出して発表させる。

C　子どもはバラバラに座り勝手に勉強している。

C　読み書きそろばんや生活に必要なことを習う。

C　百姓や町人の子も教育を受けるようになった。

T　明治の小学校の絵を見て，寺子屋と違うところを見つけましょう。

C　子どもはきちんと前を向いて座っている。

C　先生は着物ではなく，洋服を着て立って教えている。

T　教科書の旧開智学校と寺子屋の建物の写真を比べて，変わったことは何でしょう。

　「旧開智学校」「高麗家住宅（埼玉県日高市ＨＰ）」で検索可。

C　洋風で今の学校よりカッコいい。

C　2階建てになって，建物も大きい。

2 明治の学校は，いつからどのようにして作られたのか調べて話し合う。

T　明治の小学校はいつ頃つくられどんな様子だったのか，クイズで確かめていきましょう。

　5問の3択クイズ QR にまず自分で答えを書き込んでから発表させ，みんなで答えを確かめていく。

　例：①全国に小学校をつくるように「学制」が定められたのはいつでしょう。

　　ⓐ 1872（明治 5）年　　ⓑ 1877（明治 10）年

　　ⓒ 1887（明治 20）年

T　正解はⓐの 1872（明治 5）年です。明治維新から 5 年で全国に学校が広まったのですね。

T　明治の学校に感想や意見があれば言いましょう。

C　すごい勢いで学校ができていって驚いた。

C　学校に反対する人がいたなんて意外です。

C　鉄道にも反対はあったし，負担をもっと軽くしたら反対もなかったと思います。

| 準備物 | ・寺子屋と明治の学校のイラスト QR
・ワークシート 明治の学校クイズ QR
・資料 就学率の推移グラフ QR
・「学制」より先につくられた学校 QR | ICT | イラストやグラフを児童のタブレットに送信する。1つの資料を単体で読み取るのではなく、複数の資料を比較し、関連付けて指導をしたい。 |

3 〈学校に通う子どもの割合〉

図6　男女別の義務教育就学率の推移

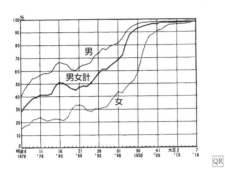

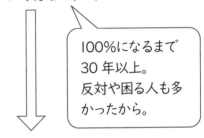

・1873（明治6）年 28%

100%になるまで30年以上。反対や困る人も多かったから。

・1907（明治40）年 98%

・だんだん増える

・男女差が大きい

なぜだろう？

---

3 学校に通う子どもの割合はどのように変わったのか資料を読み取り話し合う。

T　始めの頃は学校に通う子どもたちの割合はどれぐらいだったか予想してみましょう。

C　国が決めたんだから、ほとんどの子どもが通ったんじゃないかな。90%ぐらいかな。

C　学校に反対していた人も多かったし、60%ぐらいかな。

T　では、資料のグラフ QR で確かめてみましょう。グラフを見た感想や意見を発表しましょう。

C　始めはやっぱり28%で少なかったんだ。

C　でも、明治40年頃には100%近くになっているから、学校が大事だとわかってきたのだわ。

C　学校に通う子どもの割合がだんだん増えていることがよく分かりました。

C　男女の差が大きい。なぜかな？

4 就学率の変化などの資料から明治の学校について考えたことを話し合う。

京都の番組小学校の説明をする（資料）QR

C　国より先に学校を作るなんてすごいね。

C　学校がいろいろな役目もしていたんだね。

C　自分たちの町の学校っていう感じがするね。

T　こんな学校もあったのですね。

T　今日の資料や写真をもとに、小学校ができたことについて、自分はどう思うか話し合いましょう。

C　立派な学校を建てたり、町の人たちで学校を建てたりしているから、学校に期待する人も多かったのだと思うわ。

C　学校に通う子が100%近くになるまで30年以上かかったのは、反対する人や困る人もいたんだ。

C　学校に行ける女子が少なかったのはおかしい。

C　最後はどちらも100%近くになってよかった。

T　みんな、いろいろ考えましたね。寺子屋から学校に変わっていった様子が、わかりましたね。

板垣退助と自由民権運動

板書例

ⓜ 自由民権運動はどのように広まったのだろう

1 〈西南戦争〉

苦しい生活を送る士族
政府に不満を持つ

↓

西郷隆盛を中心に反乱
（西南戦争）

↓

政府軍に敗れる

武力から言論へ →

きびしくとりしまり（政府）

2 〈演説会のようす〉

演説をやめろ逮捕だ！

自由を！　民権を！

じゃまするなしゃべらせろ

［要求したこと］

・憲法をつくれ　・政治に参加させろ

・国会を開け　　・税金をまけろ

POINT　民衆は政治家に対してではなく、警察に文句を言っているのである。初めて見る児童は逆を想像することが多い。そのギャッ

1　西南戦争や武士の反乱について知り、なぜ逆らったのか考える。

教科書の西南戦争の絵を見て答えさせる。

T　政府に不満を持った士族の最大の反乱の絵です。この反乱は何と呼ばれ、中心人物は誰ですか。

C　西南戦争と言います。中心は西郷隆盛です。

T　絵を見て分かることを言いましょう。

C　西郷軍は江戸時代の武士のままだね。

C　政府軍はみんな制服で銃をもっている。

C　政府軍の方が強そうです。

T　武士の反乱が多く起きたのはなぜでしょう

C　政府の改革で収入を失い生活が苦しくなった。

T　西郷軍が負けて士族の反乱はどうなりました？

C　武力の反乱はなくなり、言論で主張するようになっていきました。

2　演説会で何が起きているか考え、自由民権運動の要求を確かめる。

T　この絵 QR は自由民権運動の演説会の様子です。この絵を見て気づくことはありますか。

C　土瓶が飛んでいる。投げた人は誰に怒って投げたのだろう？

C　髭のおじさんが壇の上から何か言っている。

C　お巡りさんらしい人がいるよ。下の人は怒っているみたいだけど…。

話し合いの中で、様々な言論取り締まりが行われたことを確認していく（教師も適宜助言する）。

T　自由民権運動でどんなことを要求しましたか。

T　絵の吹き出しに、演説する人、警官、聞いている人の言葉を入れてみましょう。

C　憲法をつくって国会を開け。

C　自分たちも政治に参加させろ。

C　税金をまけろ。

| 準備物 | ・資料：自由民権運動 [QR] ・資料：国会開設を望む声 [QR]
・演説会のイラスト拡大版（板書用）[QR]
※教科書に西南戦争の絵がない場合はWebの絵を使う | ICT | 演説会の様子の絵を児童のタブレットに送信する。絵だけを見て，警察・観衆・政治家が言っているセリフを考えさせ，話し合わせる。 | |

3,4 〈板垣退助の国会開設の要望と自由民権運動の広がり〉

〔自由民権運動〕　〔板垣退助〕

オッペケペー節　国会開設を主張し，

民権かぞえ歌　　要望書を提出

こっそり演説会

口コミ，手紙作戦

全国に広がる

国会開設の意見やせい願

政府「1890年に国会を開く」

資料　国会開設を望む声

プがおもしろい。

3 教科書を読んで，板垣退助のしたことと自由民権運動の広がりを考える。

T　政府の指導者だった板垣退助らは，国会を開くことを主張し，国会開設の要望書を提出しました。それらを受けて国会開設の声が高まると，政府は様々な条例（法律）を定めて，演説会や新聞の発行などを厳しく取り締まりました。

T　取り締まりに対してはどうしたでしょう。資料[QR]を見ましょう。

C　オッペケペーとか，面白そうなことを言っている。

T　これは，川上音二郎のオッペケペー節です。どんなことを言っているか確認しましょう

C　心に自由の種をまけとか言っているよ。

C　自由民権の考えに反対している人や，理解しない人を歌でやり込めようとしている。

4 自由民権運動の広がりを確かめ，まとめる。

T　オッペケペー節も，政府の取り締まりに対する工夫の一つですね。自分ならどんなを工夫しますか？

C　口コミで，言って回る。手紙大作戦とか…。

C　こっそり人を集めて演説会をする！

T　いろいろ考えられますね。実際にやったこともあるかもしれないよ。資料[QR]も見てください。

C　これなら，みんなが歌えるかもしれない。

T　自由民権運動は広がったのでしょうか？

C　「国を開け」[QR] という運動は全国に広まっている。

C　ほとんどの都道府県に広がっているよ。

C　厳しく取り締まっても押さえきれなかったのだね。

T　政府はついに，どんな約束をしましたか。

C　10年後の1890年に国会を開く。

本時の目標　自由民権の考えとは異なった天皇中心の憲法がつくられ，国会が開設されたことがわかる。

板書例

⊕ 明治の憲法と国会開設は
　　どのようにして定められたのだろう

〈2つの憲法〉

1,2,3

| 明治政府 | ドイツ（皇ていの権力が強い）を手本 |

伊藤博文（いとうひろぶみ）　「大日本帝国憲法」：天皇が授ける
・臣民
・法律のはん囲内で権利を認める
・天皇中心，権力大

QR

| 民権家 | 国民の権利に重点を置いた憲法案など |

植木枝盛（うえきえもり）
（民権家）　「東洋大日本国国憲按（あん）」
・人民
・自由と権利を広く認める

政党の結成

板垣退助（いたがきたいすけ）（自由党）
大隈重信（おおくましげのぶ）（立憲改進党）

1　明治政府の作りたい憲法と民権家の作りたい憲法を見つける。

T　国会開設を約束した政府はどこの国を手本として憲法を作ろうとしたか，3択クイズ QR です。

①国民の自由や権利を大事にしているアメリカ。
②議会が大きな力を持ち王の権利を制限するイギリス。
③皇帝の権力が強いプロシア（ドイツ）。
※選んだ理由をつけて答えてから教科書で調べさせる。

C　ドイツの憲法です。
C　政府は天皇の力が強い憲法を作りたかった。
T　民権家たちも自分の理想とする憲法の案を作りました。どんな案だったと思いますか。

※自由民権運動の主張から考えさせる。

C　人々の自由と権利を大事にした憲法。
C　人々の意見が政治に取り入れられる憲法。

伊藤博文の政府憲法案づくり

C　天皇を中心にしたしくみを支える憲法案。
C　議会の力は天皇や軍隊に及ばないような案。

2　2つの憲法を比べる。

ワークシート「2つの憲法を比べよう」QR を配る。

T　政府の憲法には（A），民権数え歌を作った植木枝盛の憲法案には（B）を入れましょう。

ワークシートに書いた後で発表させ，確認する。

T　どうしてそのように思ったか言ってください。
C　Aは臣民，Bは人民と書いてある。
C　臣は家臣の臣，天皇の家来という意味かな？
C　人民は，権力とかを持っていない普通の人？
C　自由や平等という言葉がある方をBにした。
T　民権家の中では，国民の意見を反映するための政党づくりも盛んでした。調べてみましょう。
C　板垣退助が自由党を結成した。
C　大隈重信は立憲改進党という政党を作った。

自由民権家の憲法案づくり

C　国民みんなで討論をして憲法案を作成する。
C　約60もの憲法草案が作られ発表された。

4 〈国会（帝国議会）〉

貴族院と衆議院
┊
　　　　国民が選挙で選ぶ

決まった税金を納める

25歳以上の男子にのみ選挙権
（全国民の 1.1%）

帝国議会の様子

〔憲法や国会について〕

・天皇中心，自由や権利は制限…人々の願いと違う

・近代的な国の体制が整う…一歩前進

---

3 明治政府の作った憲法とはどんな憲法だったのかまとめる。

T　政府の憲法は，誰が中心となって作った何という憲法ですか。

C　伊藤博文。大日本帝国憲法といいます。

　　憲法発布の様子を描いた絵 QR を見させる。

T　天皇は，どこで何をしていますか。

C　段の上から憲法を渡しています。

T　頭を下げて受け取っているのは誰でしょう。

C　総理大臣…かな？

T　そうです。天皇が臣民に授ける形なのです。

T　教科書に載っている憲法の主な内容や，先ほどのワークシートから思ったことを言いましょう。

C　天皇の力がすごく大きい。神のように尊い。

C　国民の自由や権利は，制限されて認められている（法律の範囲内で）。

4 憲法，選挙，国会は，人々の願い通りになったか考える。

T　国会のしくみを調べて発表しましょう。

C　貴族院と衆議院から成り立っていました。

C　衆議院議員だけが国民の選挙で選ばれた。

T　今は選挙権があるのはどれくらいの人でしょう。国民の半分ぐらいかな？

T　今は国民の 8 割以上です。では当時は選挙権を持っていたのは，どんな人で，国民のどれくらいの割合でしょう。

C　決まった額の税金を納める 25 歳以上の男子。

C　国民の 1.1% しか選挙に行けない。少ない！

T　憲法や国会は，自由民権運動で人々が願っていたようになったでしょうか？

C　国民より天皇の権力が強い憲法になって選挙権だって一部の人しかないから，願いとは違う。

C　憲法ができ国会が開かれて近代的な国の体制が整えられたと書いてあるから一歩前進だよ。

板書例

㉑ 調べたことをまとめよう

1,2,3 〈江戸時代から明治時代になって変化したこと〉

〔江戸時代〕
- 寺子屋で読み書きそろばん
- 将軍…徳川氏の一族や家来
- 藩（はん）…幕府領
- 武士・農民・町人
- 決まっている・自由にできない

〔明治時代〕
- ６歳以上の男女が小学校へ
- 天皇　公家　薩摩（さつま）や長州出身の武士
- 府・県
- 皇族・華族（か）・士族・平民
- 自由にできる

---

1 江戸時代から明治時代になって，新しく変わったのはどんなことだったのか振り返る。

T　江戸時代から，政治が変わって新しい明治の時代になったことを何と言いますか。

C　明治維新です。

T　<u>江戸時代から何が変わったでしょう。</u>

C　寺子屋で勉強していたのが，学校ができた。

C　藩がなくなって府と県が置かれた。

C　武士が支配して，その下に農民や町人がいたのが，皇族，華族，士族，平民になった。

C　木で造られた家だったのが，レンガ造りや洋風の家も造られた。

T　世の中のしくみや政治だけでなく，人々の暮らしも変わりましたね。

C　他にもいろいろ変わったことがあったね。アンパンができたり…。

C　どこへでも自由に旅ができたり，着物だったのが洋服を着る人が出てきたり…。

2 何がどのように変わったのか，表にまとめる。

ワークシート「江戸から明治へ―新しく変わったこと」QR を配る。

T　子どもの教育の変化を振り返ってみましょう。寺子屋が学校になった，その他にどんなことが分かりましたか。もう少し詳しく言いましょう。

C　始めは，学校に通う子は少なかった。

C　授業料を払わないといけないし，働き手の子どもがとられるから…。

T　では，"子どもの教育"の欄に今のことを書き入れましょう。<u>書けたら，教育以外に新しく変わったこともプリントにまとめましょう。簡単にしか書けないところは簡単で良いです。</u>

❸ 〈まとめたことを発表〉　　**❹** 〈別の1時間の板書例〉

※児童が発表したことを板書する

人物関係図

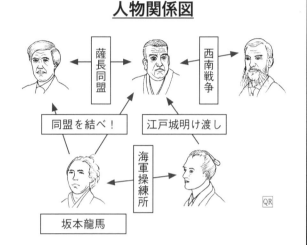

3 ワークシートにまとめたことを
発表し合う。

事柄ごとに何が変わったのか発表させる。発表は、全体でもよいが、ここではグループごとにさせる。

T　友達の発表を聞いて、自分のワークシートに付け足してもいいです。発表内容に付け足しや意見を言ってもいいですよ。

C　江戸時代の軍隊は武士で刀や鉄砲などの武器を持っていた。明治時代になると、徴兵令で国民が兵隊として集められるようになりました。

C　武士の軍は、西南戦争で、徴兵制の軍隊に負けてしまったね。

C　元は農民や町人だった人たちが徴兵された軍隊に負け、武士たちはどう思っただろう。

C　その徴兵令に反対の一揆を起こした人もいた。

C　江戸から明治って、いろいろなことが変わってとても大きな変化だったのだね。その時代の人の感想が聞いてみたいよ。

4 【別の1時間の案】幕府が倒れる頃に
活躍していた人を調べて表にまとめる。

T　江戸幕府が倒れる頃に活躍した人は誰ですか。

C　西郷隆盛、坂本龍馬、勝海舟…。

　ワークシート「幕末から明治に活躍した人」QR を配る。

T　この8人の活躍を調べて書きましょう。

C　高杉晋作は奇兵隊をつくり、長州藩で討幕運動を始めた。

T　書けたら、グループで発表し合いましょう。

C　勝海舟や福沢諭吉は、咸臨丸でアメリカへ渡った。

C　勝海舟は西郷と交渉して江戸城を明け渡した。

　できた人物関係図を全体の中で発表させる。

T　一番興味のある人物を中心にして、人物関係図を作りましょう。グループで相談や話し合いをしながら書いてもいいですよ。

C　ぼくは、坂本龍馬を中心に作ってみようかな。

　できた人物関係図を全体の中で発表させる。

世界に歩み出した日本

全授業時間６時間＋ひろげる１時間

◉ 学習にあたって ◉

◇何を教えるのか　- この単元の特徴 -

　幕府が結んだ不平等条約の改正は，明治政府にとっての大きな課題でした。一方では，1876 年に日本に有利な不平等条約（日朝修好条規）を朝鮮に押し付けています。日本は「脱亜入欧」を目指し，帝国主義国の一員としてアジアの国々を植民地とする方向に動いていくことになるのです。その中で日清戦争・日露戦争を起こしました。日露戦争の際には，主戦論・非戦論の論争が起こりました。非戦論は，国内の好戦的な風潮に飲み込まれていきますが，この時期は日本近代史の中で戦争と平和について唯一論争ができた時代であったと言えます。また，社会運動が発展し，普通選挙が実現したことも忘れてはならないことです。

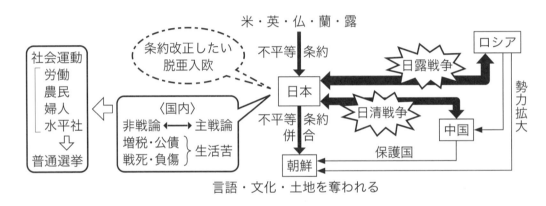

◉ 評　価 ◉

知識および技能	・不平等条約を改正したが，朝鮮の支配等をめぐって日清・日露戦争を起こし，朝鮮を併合したことがわかる。 ・産業や社会運動の発展によって，人々の暮らしや社会が変化したことがわかる。 ・2つの戦争の概要や国の内外への影響，働く人たちの労働と生活，社会運動の内容について資料から読み取ることができる。
思考力，判断力，表現力等	・日清・日露戦争，産業の発展と暮らしや社会の変化について，自分なりの意見を持ち発表している。 ・明治〜大正期に活躍した人について調べ，ワークシートにまとめることができる。
主体的に学習に取り組む態度	・明治〜大正期に活躍した人物に興味を持ち，進んで調べようとしている。 ・裁判の実演や朝鮮語での学習体験などに積極的に取り組んでいる。

時数	授業名	学習のめあて	学習活動
1	条約改正をめざして	・不平等条約に関わる具体的事例から問題点を知り，条約改正に長い年月がかかったことがわかる。	・ノルマントン号事件の模擬裁判をし，判決について考える。 ・不平等条約に伴う問題点を考える。 ・条約改正についてまとめる。
2	発展していく日本	・工業化が始まった日本で生産を支えていた人々の，労働や生活の様子がわかる。	・製糸工場の工女の働きぶりや子どもの生活を調べ，意見を出し合う。 ・産業の発展に伴う人々の生活の変化や問題点を調べる。
3	中国やロシアと戦う	・朝鮮の支配を巡って日清・日露戦争が起こったことを理解し，2つの戦争の概要や違いがわかる。	・日清・日露戦争が，いつ，何のために，どこで戦われ，結果がどうなったかを知る。 ・2つの戦争を比べ，日露戦争がより規模の大きい激しい戦争であったことをつかむ。
ひろげる	日露戦争の影響－国民のくらしとアジアの人びと	・日露戦争に対する非戦論が生まれ，戦争のために国民のくらしが苦しくなったことが理解できる。	・日露戦争の巨額の戦費は，増税や外国からの借金で賄われたことを知る。 ・戦争が国民のくらしに与えた影響を考える。 ・アジアの人びとの評価について考える。
4	世界に進出する日本－韓国併合	・韓国併合が韓国国民に与えた影響を調べ，日本が世界に進出していく様子がわかる。	・日本語の勉強をしなければならなくなった韓国の状況を体感する。 ・日本の植民地になった韓国がどのようになっていったのか調べ，話し合う。
5	民主主義運動の高まり	・民主主義への意識が高まり，様々な運動が展開される中で普通選挙が実現したことがわかる。	・第1次大戦後，様々な社会運動がおこり，成年男子による普通選挙が実現したことをつかむ。 ・普通選挙の選挙運動や選挙の結果について話し合う。
6	活躍した人物を調べてまとめよう	・日本の国際的地位の向上や科学，文化の発展に貢献した人物を調べ，まとめることができる。	・明治から大正期にかけて，国内や世界で活躍した人物について調べ，まとめる。 ・日本と欧米やアジアの国々との関係の変化を考える。

※「ひろげる」の指導案についてはQRコード内に収録

条約改正をめざして

ⓜ 不平等条約はどのように改正されたのだろう

1 〈ノルマントン号事件（1886年）〉

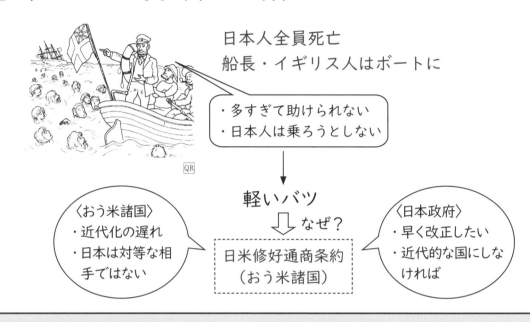

日本人全員死亡
船長・イギリス人はボートに

・多すぎて助けられない
・日本人は乗ろうとしない

↓

軽いバツ
⇩ なぜ？
日米修好通商条約
（おう米諸国）

〈おう米諸国〉
・近代化の遅れ
・日本は対等な相手ではない

〈日本政府〉
・早く改正したい
・近代的な国にしなければ

板書例

---

1 疑似体験でノルマントン号事件の裁判をやってみる。

ノルマントン号事件のイラスト QR を黒板に貼る。

T　これは何の絵でしょう。

C　船が沈没したのかな。救命ボートに乗ってる。事件の様子を教科書や資料プリント QR で知る。

T　この事件の裁判をやってみましょう。

裁判官と船長役を決め，資料の通り演じさせて感想を話し合う。

C　みんな「助けて」という顔をしている。

C　船長は指で「あっち行け」と言ってるようだ。

T　裁判官はどんな判決を下したと思うか，話し合いましょう。

C　西洋人の船員だけ助かって，日本人が全員おぼれて死ぬなんて絶対おかしい。

C　船長の言い訳は通らないよ。絶対有罪だな。

T　結局船長の言い分が認められて軽い罰で済みました。

2 なぜ軽い罪なのか，不平等条約が続くとどんな問題が起こるか考える。

T　どうして軽い罰になったのでしょう。江戸時代末の条約から考えましょう。

教科書や資料「日米修好通商条約」QR で考える。

C　日米修好通商条約が原因だ。イギリスや他のヨーロッパの国々とも同じ条約を結んでいる。

C　外国人は何をやっても無罪になってしまう。

C　罪を犯した人の国の領事が裁判をするから，自国の人に有利な裁判をする。

T　資料に載っている修好通商条約の3では，どんな問題が起こりますか。

C　税金を自由にかけられないと輸入品が安くなり，日本製品が売れなくて困る。

C　日本の工場がつぶれたら，失業者も増える。

教科書や資料「関税自主権がないと」QR で考える。

C　何とか条約を改正しないと大変だよ。

C　政府も国民も早く改正したいと思っただろう。

2 〈日米修好通商条約の問題〉

・外国人が日本で罪を犯しても日本の法律で裁けない（領事裁判権）

・輸入品に自由に関税をかけることができない（関税自主権がない）

3,4 〈近代的な国づくりの政策〉

・文明開化

・富国強兵

・近代的な産業（製糸業とぼう績業）

・憲法・国会

鹿鳴館での舞踏会

---

3 不平等条約に対して，政府や欧米の国々はどう考えたのか話し合う。

T 政府はこの条約をどう思ったでしょう。

C 絶対に早く改正したいと思った。

T 欧米の国々はどう思ったでしょう。

C 自分のところに有利なんだから変えたくない。

C 平等にしようと思わなかったのかな？

T 欧米の国々の言い分は次のどれでしょう。

①国同士が結んだのだから不平等ではない。
②近代化が遅いから対等な条約は結べない。
③幕府が倒れ，条約改正の交渉相手がいない。

C う〜ん，どれかな？　①かもしれないな…。

C 国内でもめていても，当時の国の代表は幕府ということになるのだろうな。

C かなり急いで明治政府ができたから，③の交渉相手はいたはずだと思う。

T 正解は②です。なかなか認めてもらえなかったのですね。

4 条約は，いつどのようにして改正されたのか調べてまとめる。

T 政府は近代的な国をつくるために，どんなことをしましたか。教科書を読み，学習したことを振り返って話し合いましょう。

C 文明開化で，外国から文化を導入して，西洋風の生活を取り入れた。それでも近代化が遅いと思われていたんだね。

C 富国強兵の名の下に，産業を興して近代的な国づくりを進めた。

C 自由民権運動におされながらも，憲法を作って国会を開いたりした。

T 政府は，国会開設と同じように鹿鳴館をつくり，度々舞踏会を開いて文明国になったとアピールしましたが，成功しませんでした。

C 国際的に認められるようになるには，どうしたらよいのだろう。

発展していく日本

板書例

㋱ 産業が発展する中で　人々の生活はどう変わっただろう

1 〈産業発展を支えた人々〉

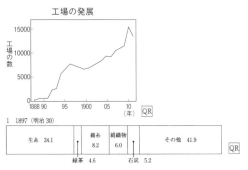

工場の発展

1 1897（明治30）

生糸 34.1	綿糸 8.2	絹織物 6.0	その他 41.9

緑茶 4.6　　石炭 5.2　QR

製糸とぼう績：主力産業（輸出の40%）
生糸や綿糸をつくる若い女の人：工女

↓

産業の発展を支える

2 〈工女の生活〉

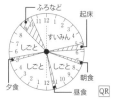

・朝6時から夜9時まで仕事
・食事は15分
・自由な時間はない

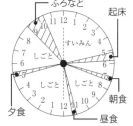

「まゆ」を煮て糸をとる製糸工場の工女

---

1 日本の産業を支えた人たちはどんな人たちか確かめる。

工場数や働く人の数のグラフ（教科書やQR）で工業の発展を確かめる。

C　急に増えてきて，工業が発展してきた。

C　殖産興業の成果が上がってきたのだね。

資料QRの輸出品の割合のグラフを見させる。

T　輸出が多いのは何ですか。

C　生糸です。綿糸も多いです。

C　合わせると輸出の40%を占めています。

T　この製糸と紡績が当時の日本の主力産業でした。教科書や資料の工場写真QR（または絵）を見ましょう。働いている人はどんな人ですか。

C　若い女の人が働いています。

C　若い女の人が産業の発展を支えていた。

T　こうした女の人たちを工女または女工といいます。やがて重工業が発展すると男性も増えました。

2 工女達はどんな生活をしていたのか調べて，その様子を話し合う。

T　製糸工場で働く工女の1日の生活のグラフQRから分かることを発表しましょう。

C　朝6時から夜9時まで14時間以上働いている。

C　食事は15分。自由な時間が全然ないよ。

T　工女の仕事や生活について話し合いましょう。

C　毎日こんな生活が続くなんてつらいだろう。

C　もう嫌だとかやめようとか思わないのかな。

C　やめられないのだと思う。家が貧しいとか…。

C　病気になったらやめさせられたのだろうな。

T　その通り。工場には見張りがいて，病気になったら家に帰されてしまうのです。

C　え〜，ひどい！死んだ人もいたかもしれない。

3 〈日本の工業の移り変わり〉

〔工場の数〕

1890 年	1910 年
約 1000 以下	約 13000 工場

〔働く人数〕

1895 年	1910 年
約 40 万人	約 80 万人

〔輸出入の変化〕
輸出品：生糸，綿糸中心
　金額：9 倍近く増える
輸入品：綿花が急増する
　金額：6 倍近く増える

4 〈不平等条約の改正〉

○ 1894 年
陸奥宗光（むつむねみつ）による

イギリスとの条約改正

領事裁判権をなくす

○ 1911 年
小村寿太郎（こむらじゅたろう）による条約改正

関税自主権の回復

幕末から50年後

---

3 産業の発展は，日本をどんな国に
していったのか調べましょう。

T　産業の発展で日本はどのように発展したのか，教
　科書で調べましょう。

C　1890 年には 1000 もなかった工場の数が，5 年
　後に 6000，20 年後に 15000 近くできている。

C　ものすごい数の増え方だ！

T　働く人の数も 50 万人から 80 万人近くまで増え
　た。

C　貿易 1890 年から 1910 年で，輸出は生糸や綿糸
　が多い。

C　でも輸出金額が 5 千万から 4 億 5 千万に急増し
　て，20 年間で 9 倍にもなっている！

C　輸入は 20 年間で綿花が急増している。

C　原料を輸入して製品を輸出する今の日本の工業
　の形だね。

T　19 世紀末から 20 世紀初頭，日本はアジアで最
　も工業の盛んな国になったのですね。

4 産業の発展と共に不平等条約はどの
ように改正されていったのか調べる。

T　それでは，不平等な条約はどのようにして改正
　されていったのか，教科書で調べましょう。

C　1894 年に陸奥宗光（むつむねみつ）がイギリスと交渉して領事裁
　判権をなくすことができました。

C　イギリスは，ロシアと対立していたので日本を
　味方につけたかった。だから成功した。

T　関税自主権はどうなったのか，教科書の他のペー
　ジも探してみましょう。

C　ずっと改正できなかったけど，日露戦争の後の
　1911 年に小村寿太郎（こむらじゅたろう）が改正に成功しました！

T　条約を結んでから何年かかりましたか？

C　1858 年に結んだから…50 年以上！

C　これでやっと西洋の国と対等になったね。

中国やロシアと戦う

板書例

ⓜ 中国やロシアとの戦争はどんな戦争だったのだろう

1〈朝鮮をめぐる3国〉

日本　ロシア　中国（清）

・朝鮮をねらう

・他国の土地で戦争

・勝って領土を手に入れる

2〈日清戦争〉

清 ⟸💥⟹ 日本

日本が勝利

・ばいしょう金を得る

・台わんなどを植民地にする

日清戦争のおもな戦場

POINT　戦場を示す地図を拡大させたり，加えた説明を共有しながら，戦争の状況を理解させる。

1 日本と清（中国），ロシアは何をしているのか想像して話し合う。

風刺画を見せる（教科書になければイラスト QR）

T　これは朝鮮をめぐる日本・清（中国）・ロシアの様子を風刺した絵です。日本と清は何をしようとしていますか。

C　ただの魚釣りではないよね。

C　魚は何かな？　CORÉE？

C　朝鮮のことみたいだね。

C　日本と清は，朝鮮という魚を釣ろうとしているんだ。

T　では，ロシアは何をしていますか。

C　橋の上から日本と清の様子を見ています。

C　ロシアも隙があれば朝鮮を取ろうとねらっているのじゃないかな。

C　みんな朝鮮を下に見て，支配しようしている。

2 日清戦争について教科書や資料で調べる。

T　日清戦争について，教科書で調べましょう。

C　1894年に始まりました。

C　戦争は日本が勝って，賠償金を取り，台湾などを日本の植民地にしました。

C　賠償金は日本の国の歳入の3倍ぐらいで，戦争に使ったお金よりも多い。すごい額です。

T　資料 QR で日清戦争の主な戦場を調べ，わかったことを話し合いましょう。

C　日清戦争だから，日本と清の戦争だよね。

C　でも朝鮮半島が戦場になっていることが多い。

T　日本と清の戦争なのに，主な戦場になったのは朝鮮でした。朝鮮の人々の気持ちも考えましょう。

C　どうして朝鮮で戦争するのか！

C　戦場になったら危ない。怖い。

準備物	・ビゴー風刺画 QR ・資料「日清戦争と日露戦争」 QR	I C T	日清戦争と日露戦争の資料を児童のタブレットに送信する。「費用」「犠牲」「得たもの」など視点を明示して, 2つの戦争の状況を比べると理解が深まる。	

3 〈日露戦争〉

日本 ⟵💥⟶ ロシア

日露戦争は，日清戦争より大きく激しい戦争

ぎせいも大きい

↓

戦争を続ける余力がない

↓

アメリカ大統領の仲立ちで講和

日露戦争のおもな戦場

4 〈2つの戦争を比べよう〉

	動員兵力	戦病死者	戦費
日清戦争	24万人	1.4万人	2.3億円
	↓4倍	↓6倍	↓7.5倍
日露戦争	109万人	8.5万人	18億円

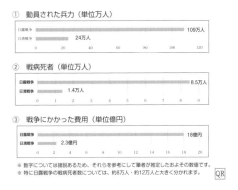

※ 数字については諸説あるため，それらを参考にして筆者が推定したおよその数値です。
※ 特に日露戦争の戦病死者数については，約8万人・約12万人と大きく分かれます。

---

3 日露戦争について教科書や資料で調べる。

日露戦争についても教科書で調べて発表させる。

T ロシアは，日清戦争後どうしたでしょう。
C 中国東北部に勢力を伸ばそうとしてきた。
C 日本が奪った領土の一部を清に返させた。
T 日露の対立が深まり 1904 年に日露戦争が始まりました。わかったことを発表しましょう。
C 多くの戦死者を出したけど日本が勝ちました。
C 樺太の南半分と満州の鉄道を手に入れ，韓国を日本の勢力範囲であることを認めさせた。
T また主な戦場を資料 QR で調べましょう。
C 今度は日本とロシアの戦争なのに，清が戦場になっている。
C 清の人たちは，家や田畑を荒らされたり，命だって危険だわ。
C きっと清の人たちは日本やロシアのことを怒っているだろうね。日清戦争の時の朝鮮人も。

4 日清戦争・日露戦争
―2つの戦争を比べて考える。

T 2つの戦争に共通していることは何か話し合いましょう。
C どちらも自分の国以外の土地で戦争をした。
C 勝った方は，領土を手に入れています。
C 朝鮮をねらっていた。
T では2つの戦争で違うことは何か，資料 QR から調べましょう。
C 日露戦争は日清戦争の 4 倍もの兵隊数だ。
C 戦争費用も 7 ～ 8 倍になっている。
C 戦争で死んだ人も日露戦争がすごく多い。
C 日露戦争は，日清戦争よりとても大きくて激しい戦争だったといえる。
C どちらの国も戦う余力がなくなり，アメリカ大統領の仲立ちで，戦争は終わりました。

板書例

ⓜ 朝鮮の植民地化はどのように進められたのだろう

1

〈朝鮮語で勉強する〉

イーボンオーロ　マルハミョン　アンテヨ
① 일본어로 말하면 안되요
（日本語で話してはいけない）　QR

ソンセンニム　ミョンリョンウル　トゥローヨ
② 선생님 명령을 들어요
（先生の命令を聞くこと）　QR

2

〈朝鮮の学校での日本語教育〉

朝鮮の学校

日本語，日本の内容

POINT 戦時中の領土拡大など，内容が次第に難しくなる。教師が教壇で説明するだけでなく，タブレット上で行う説明を児童のタ

---

1 朝鮮語で勉強しなければならなくなったらどうなるか想像する。

일본어로 말하면 안되요

T　オヌプト　ハキョエソ　ハングオロ　コンプール　ハンミダ

（今日から学校では朝鮮語を勉強します）

C　え〜 何それ，全然わからないよ。

T　イーボンオーロ　マルハーミョン　アンンデヨ

黒板に朝鮮語のカード① QR を貼り，下に「日本語で話してはいけない」と書く。

C　無理だよ！　こんな言葉知らないから…。

T　ソンセンニム　ミョンリョンウル　トゥローヨ

カード② QR を貼り「先生の命令を聞くこと」と書く。

T　初めの言葉は "今日から学校では朝鮮語で勉強します" です。ある日突然こうなったらどうしますか?

C　すごく困るし絶対いやだ！

2 どこの国の学校なのか考える。

資料 QR を配り，黒板の字を読ませ，簡単に説明する。

T　資料の上の2つの絵を見てください。分かることや気付いたことはありませんか。

C　女の子が，習字をしているわ。

C　カタカナの勉強をしているみたいだよ。

T　これは20世紀の前半の絵です。どこの国の子どもたちだと思いますか。

C　習字やカタカナの勉強だから日本です。

C　もしかしたら……。朝鮮のこどもかな。

T　これは朝鮮の学校です。日本語で日本と同じ内容の勉強をしなければならなくなりました。いつ，何があってそうなったのか教科書で調べましょう。

C　1910年に日本が朝鮮（韓国）を併合した。

C　朝鮮は日本の植民地になりました。

3 〈韓国併合（かんぺい）（1910年）〉

韓国皇帝（てい）──→ 天皇の支配へ

・朝鮮は日本の国土の
　一部（植民地）になる
・朝鮮の土地→日本人地主
　朝鮮人→小作人
　　　　　仕事を求めて日本へ

朝鮮の歴史，伝統，文化を禁止
名前を日本風に変える──→日本人化

韓国併合後の範囲（1875年）

韓国併合後の範囲（1895年）

4 〈日本と世界との関係〉

・海外の領土などを増やす
・条約改正→欧米諸国と対等な
　関係に
・医学，文学などで活やくする
　人たち
　　　↓

欧米諸国：日本の力を認める
アジアの人々：日本は新たな
　　　　　　　　支配者

韓国併合後の範囲（1905年）

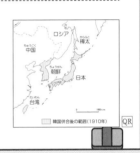
韓国併合後の範囲（1910年）QR

ブレットでも同時に見られるようにしておくとよい。

3 植民地になるとは，朝鮮がどうなることなのか調べる。

T　植民地になるとはどういうことなのか，資料の『韓国併合条約』QR で調べましょう。
C　韓国皇帝は統治権を日本の天皇に譲り渡す。
T　その頃の地図で，日本の範囲に色をぬって確かめましょう。
C　"日本の朝鮮地方" みたいになったのかな。
T　植民地にされた朝鮮では，他にどのようなことがあったか教科書や資料集で調べましょう。
C　土地を失い，日本人の地主の小作人になった。
C　朝鮮の歴史の勉強や伝統や文化が禁じられた。
T　朝鮮の人々は名前を日本風に変えさせられ，日本人化することを押し付けられました。
C　朝鮮の人々は，独立運動を続けたと思う。
C　仕事を求めて日本へ移住しなければならなかった。

4 日清日露戦争後の，日本と世界の関係を話し合って確かめる。

T　日本が朝鮮を植民地にした他に，日清・日露戦争の後で，日本の国土や世界との関係にどのような変化があったか地図 QR をみて確かめましょう。
C　清からは賠償金をとって，台湾を植民地にした。
C　ロシアからも，サハリンの南半分や満州の鉄道をとっているね。
C　1911 年の条約改正で関税自主権も回復し，治外法権と合わせ，欧米とやっと対等になった。
C　世界の国々と対等な関係になるだけでなくて，日本の領土を増やしていっているね。
C　欧米の国々は日本を認めるようになった。
T　後で勉強しますが，医学や文学などで世界から認められるような人たちも出てきました。
C　朝鮮やアジアの人たちは喜ばないだろうね。
C　戦争に勝って認められるのは，私は嫌だわ。

民主主義運動の高まり

本時の目標　民主主義への意識が高まり，様々な運動が展開される中で普通選挙が実現したことがわかる。

板書例

㋯ 民主主義運動はどのように広まったのだろう

1,2 〈産業の発展と生活の変化〉

・生活が便利になった
・モノが増え，豊かになった
・女性も仕事で活やく
　しかし ↓
足尾銅山の鉱毒問題
働く人の労働条件問題
（長時間労働など）

2,3 〈第一次世界大戦と民衆運動〉

〔第一次世界大戦〕
・日本も戦勝国
・輸出が増え，好景気をむかえる
・戦争の終わりごろ，物価が上がる ↓

〔民衆運動〕
・労働運動　　・米騒動
・農民運動　　小作料引き下げ
　　　　　　　　　　　　など

交通の発展

洋服のふきゅう

ラジオ放送が始まる

---

1 産業の発展によって，人々の生活の変化や，発展に伴い起こった問題を調べて考える。

T　産業の発展で人々の生活はどのように変わってきたか，資料 QR や教科書を見て考えましょう。

C　遠くまで早く行けたり，ニュースが早く伝わったり便利になった。

C　モノが増えて生活が豊かになり，女の人もいろいろな仕事が生まれ，活躍している。

資料はイラストや「女性が担った仕事」QR から見つける。

子ども	子守（女の子）、家事の手伝い、女工、農作業や山・海の仕事（手伝い）各種職人の見習い
女性	家事（洗濯、炊事、子守一切）、女工、女給、事務員、売り子（店、デパート）、看護婦、洋裁師、踊り子、車掌（バスガール）、電話交換手、タイピスト

2 第一次世界大戦下の社会の変化と民衆運動を調べる。

T　産業の発展で問題は出てこなかったのでしょうか。教科書で調べてみましょう。

C　足尾銅山の鉱毒問題が起こった。

C　煙や排水が山林を枯らし，田畑や川を汚した。

C　田中正造が政府に訴えた明治時代の公害だ！

C　工場で働く人の労働条件の問題もあった。

T　産業発展のよい面と問題点，両方あったのですね。続いて 1914 年，ヨーロッパで第 1 時世界大戦が起こります。どうなったのか教科書で調べましょう。

C　日本は戦場ではないから，輸出が増えて好景気になったけど，戦争が終わると米の値段などが急に高くなった。

C　それでは生活ができないと，日本各地で生活を守るための民衆運動が起こったんだね。

3 〈民主主義への意識の高まり〉　**4** 〈普通選挙の実現〉

・普通選挙運動 ┈┈ [運動の広がり] ┈▶ 【第１回普通選挙】

・女性運動 　　　　　　　　　　　・25才以上のすべての男子

・全国水平社 　　　　　　　　　　・納税額は関係なし
　就職や結こんなどで差別され，
　苦しめられてきた人々が差別
　をなくすためにつくった
　　　　　　　　　　　　　　　　　有権者は4倍

一票に
強い願い

米騒動のようす　　　　　　　　　第１回普通選挙で並ぶ人々

3 民主主義への意識の高まりについて，どんな民衆運動が起こったのか調べて知る。

T　この絵 QR は，何をしているのでしょう？

C　大勢で押しかけている。打ちこわしかな？

T　これは米騒動の絵です。教科書で調べましょう。

C　第１時世界大戦の終わり頃から，米の値段が急に上がり始めたので，米屋に押しかけている。

C　米の安売りを要求したのかな。
　　（関心があれば後で参考資料 QR 等で調べさせる。）

T　他にも起きた民衆運動について教科書や資料で調べましょう。

C　労働者の生活を守る労働運動。

C　小作料の引き下げをもとめる農民運動。

C　普通選挙を求める運動。

C　女性の地位向上をめざす運動。

C　全国水平社を作って，差別をなくす運動。

4 民衆の多数が参加する選挙はどのようにして実現したのか調べる。

T　では民衆の運動から詳しく勉強します。この絵 QR は何をしているのでしょう。

C　大勢行列をつくって並んでいる。何かな？

T　これは衆議院議員選挙の投票に来た人たちです。運動が広がり，普通選挙が実現したのです。

C　すごい行列をつくってまで投票に来ている！

C　それだけ，みんなの願いが強かったんだね。

T　<u>並んでいる（選挙権がある）人は，どんな人たちですか。</u>

C　行列には女姓がいない。女姓にはないんだ。

C　"25才以上のすべての男子" と教科書にある。

C　それで女性の地位向上を目指す運動なども広がったのだね。

C　工場で働く人や農民も投票に行ったと思う。

T　今の選挙権に比べたら不十分ですが，それでもこの時代としてはすごい前進だったのです。

板書例

ⓜ 活やくした人物を調べよう

[1,2] 〈明治中頃〜大正時代〉

医　　　学…北里柴三郎（きたざとしばさぶろう）　野口英世（のぐちひでよ）　志賀　潔（しがきよし）

文　　　学…樋口一葉（ひぐちいちよう）　与謝野晶子（よさのあきこ）　夏目漱石（なつめそうせき）

条約改正…陸奥宗光（むつむねみつ）　小村寿太郎（こむらじゅたろう）

外　　　交…新渡戸稲造（にとべいなぞう）

女性運動…平塚らいてう（ひらつか）　市川房枝（いちかわふさえ）

音　　　楽…滝廉太郎（たきれんたろう）

さらに調べよう

---

1 日本が世界に歩み出した頃に活躍した人を調べよう。

T　明治中頃から大正にかけて活躍した日本人を教科書や資料集などから探しましょう。

C　条約改正の小村寿太郎と陸奥宗光，新渡戸稲造は外交官で活躍した。

C　野口英世や志賀潔は，本で読んだことがある。

C　女性なら与謝野晶子，お姉ちゃんに聞いたことがある。

C　夏目漱石も知っているよ。

C　田中正造ってすごいひげのおじいさんだね。

C　樋口一葉，北里柴三郎も知っているよ。

C　平塚らいてうって，面白い名前だね。

T　いろいろな名前が出てきましたね。今までに知っていた人もいれば，初めて知った人もいますね。今日は，そんな人たちを調べてみましょう。

2 活躍した人達の働きを調べてワークシートに書こう。

　　ワークシート「活躍した人たち」[QR]を配る。

T　いろいろなところで活躍した人や，世界的に有名な人をワークシートに載せてあります。どんなことをしたのか調べてワークシートに書き入れましょう。

C　北里柴三郎は破傷風の治療方法を発見した。

C　与謝野晶子や平塚らいてうのように，女性も活躍するようになってきた。

　　図書室の本や，それぞれの人物について書かれた資料のコピーなどをそろえ，子どもたちが自由に調べられるように準備しておく。
　　隣同士で助け合いながら調べさせるようにする。

T　教科書などに書いてあることを丸写しでなく，自分でまとめたり付け足したりしましょう。

C　文学や医学でこんなに活躍した人がいたんだ。

C　女性のために運動した人をもっと知りたいわ。

3 〈日本と世界との関係〉

〔欧米諸国からみた日本〕

・近代国家として認められる

・日本の力を認める

・対等な立場で貿易

〔アジアの国々からみた日本〕

・朝鮮や台湾の支配

・欧米の支配者の仲間

4 〈活やくした人物を調べよう〉

小村寿太郎　　野口英世

樋口一葉

滝廉太郎　　田中正造

---

3 日本と欧米やアジアの国々との関係はどう変わってきたのだろう。

T　この人たちはどんな活躍をしたのですか。

C　病気の治療法や新しい薬を作って，医学の研究で世界に認められるようになりました。

C　優れた作品を発表して文学で活躍した。

C　やっと不平等条約も改正できた。

C　女性も活躍するようになり，女性の権利を守るための運動も始まった。

T　こうした人たちの活躍もあって，欧米の国々との関係は，どのように変わりましたか。

C　世界も日本の力を認めるようになった。

C　日本を近代的な国と認めるようになり，対等の立場で貿易もできるようになってきた。

C　でも，その代わりに台湾や朝鮮を支配するようになったのはよくないよ。

T　日本の国際的地位は向上したけど，アジアの国々との間で問題も出てきたということですね。

4 他にも調べてみたい人物を見つけてワークシートに書いてみよう。

T　ワークシートにはまだ空欄があります。明治の中頃から大正にかけて活躍した人物の中で，他に調べてみたい人物を見つけて書いていきましょう。教科書に載っていない人物でも構いません。

C　う～ん，だれかいるかなあ？

C　田中正造が何をしたのか，詳しく調べてみたいです。

C　音楽の時間に習った滝廉太郎のことを調べて書きたいわ。

C　友達と一緒に調べてもいいですか？

T　はい，それでもいいですよ。

図書館やインターネットで調べさせてもよい。時間がない場合は，自由課題として調べてこさせる。調べたワークシートの内容は，紙上発表などで交流させてもよい。

長く続いた戦争と人々のくらし

◉ 学習にあたって ◉

◇何を教えるのか　-この単元の特徴-

　第一次世界大戦による好景気から戦後の不景気，さらに世界恐慌と続き，日本経済は深刻な危機に陥ります。日本政府と軍部は，この局面を打開する道を対外侵略に求めました。中国から東南アジア，さらには太平洋地域へと広がっていく泥沼の戦争の時代を，国民の暮らしや子どもの目線を大切にしながら学んでいきます。

　また資料から事実を読みとるだけでなく，「なぜ日本は東南アジアまで戦争を広げようとしたのか」「戦争中に食糧不足になった原因はなにか」「沖縄で多くの住民が犠牲になったのはなぜか」「日本が降伏を決めた理由はなにか」といった，「なぜ」という疑問を引き出し，児童との対話を通して認識を深め，広げていきたいものです。

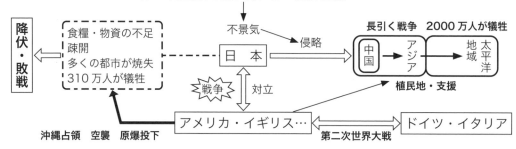

◉ 評　価 ◉

知識および技能	・日本が中国から東南アジアや太平洋地域にまで戦域を広げ，15 年にわたって戦争を続けたことがわかる。 ・戦争の経過，人々の暮らしと被害について，資料から読み取ることができる。
思考力，判断力，表現力等	・日本が戦争を始め，拡大し，降伏した理由について考え，自分なりの意見を持つことができる。 ・資料からわかったことや自分の考えを的確に述べ，討論の中で意見を聞き判断している。
主体的に学習に取り組む態度	・戦争の原因，戦時下の人々の暮らし，被害などについて自分なりの問いを持ち調べてみようとする。 ・戦争について被害者の視点からとらえることができる。

時数	授業名	学習のめあて	学習活動
1	原爆ドームから考え始めよう－不景気になった日本の行方－	・不景気や飢饉のために，多くの人々が生活に苦しんだことを知り，学習課題をつくることができる。	・好景気から不景気へと変化していった日本の状況をグラフとイラストから読み取り，その原因を考える。 ・戦争によって不況を乗り越えようとする動きをつかむ。
2	中国との戦争が広がる	・日本は戦争を起こし中国を侵略していったが，中国の人々の抵抗で戦争は長引いていったことを理解する。	・満州事変〜日中戦争に至る主な出来事を調べる。 ・中国侵略に対する，日本の国内や諸外国の考えをつかむ。 ・日本軍に対して中国の人々が抵抗していったことを資料からつかみ，戦争が長引いたことを理解する。
3	戦争が世界に広がる1　世界に広がる戦争	・第二次世界大戦が始まり，日本も東南アジアへ戦争を広げていこうとしたことを理解する。	・第二次世界大戦が始まったことを知る。 ・資源を求めて中国から東南アジアへと戦争を広げていき，アメリカやイギリスなどとも対立していったことを，話し合いの中からつかむ。
4	戦争が世界に広がる2　アジアから太平洋へ	・日本軍はアジアから太平洋地域にまで戦争を広げ，多くの人たちを犠牲にしたことを理解する。	・日本がアジアから太平洋の広い地域に戦争を広げ，多くの人々が犠牲になったことを資料から読み取る。 ・対話を通して，日本の戦争の悲惨さや無謀さを理解する。
ひろげる1	子どもたちと戦争－青い目の人形	・青い目の人形の扱いから，戦争が子どもたちの気持ちや考えさえも変えてしまうことに気付かせる。	・青い目の人形と答礼人形を介して，日米の交流があったことを知る。 ・日米開戦後，当時の子どもたちは青い目の人形をどう扱ったか考える。
5	すべてが戦争のために－戦争中のくらし・食べ物－	・戦争が続いて暮らしが苦しくなったが，国民は戦争に協力させられていったことがわかる。	・集団疎開児童の体重の記録から食糧不足を知り，原因について，これまでの学習をもとに考える。 ・戦時体制が国民の生活を統制し，戦争協力の体制が築かれていったことをつかむ。
ひろげる2	戦場となった沖縄	・戦場となった沖縄の住民の状況と，多くの人々が犠牲になったことをつかむ。	・戦火に追われて南へと追い詰められていく家族の足跡をたどり，イラスト資料も併せて，戦場となった沖縄の住民の様子を知る。 ・なぜ多くの沖縄住民が犠牲になったのか考える。
6	空襲－日本の都市が焼かれる－	・アメリカ軍の空襲を受けた多くの都市の被害の様子がわかる。	・空襲の意味や標的について確かめる。 ・空襲を受けたところがどこか調べる。 ・空襲被害者の状況や心情を考える。
7	原爆投下と戦争の終わり	・原爆投下や様々な要因で戦争を続けることができなくなり降伏をしたことがわかる。	・広島の原爆投下による熱線・爆風・放射線の被害の大きさを知る。 ・日本全国が空襲を受けていたことを知る。 ・降伏を決めた理由について考え話し合う。

※「ひろげる1」の指導案については QRコード内に収録

原爆ドームから考え始めよう
－不景気になった日本の行方－

本時の目標｜不景気や飢饉のために，多くの人々が生活に苦しんだことを知り，学習問題をつくることができる。

板書例

め 第一次世界大戦後，日本はどうなったのだろう

❶〈原爆ドーム〉

QR

なぜ世界遺産になったのか

・戦争のおそろしさを伝える

・戦争を二度と
　起こさないという願い

❷〈第一次大戦前後の日本の景気〉

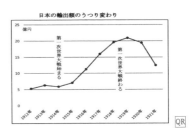

日本の輸出額のうつり変わり

QR

【第一次世界大戦中】好景気

　ヨーロッパへ武器など輸出

　ヨーロッパに代わり，アジアへ輸出

【1929年ごろ（大戦後）】不景気

　ヨーロッパのアジア輸出が復活

POINT 日本と世界の状況を関連付けて学習する。グラフやイラストなどの資料を，使いながら考えさせることができるようにする。

1 原爆ドームは，どうして世界遺産になったのか話し合う。

原爆ドームの写真（インターネット）QR を見せる。

T これは何ですか。なぜこうなったのでしょう。
C 原爆ドームです。世界遺産になっています。
C 広島に原爆が落とされて，町が破壊されたとき，残った建物がそのまま残されているのです。
T 原爆ドームはなぜ世界遺産になったのですか。
C 戦争の恐ろしさを伝えるためです。
C 二度と戦争を起こさないという願いも込められています。
T こんなドームが残された戦争について，どんなことが知りたいですか。
C どうして戦争が起きてしまったのかな？
C 人々は，その間どんな生活をしていたのかな？
T 始めに，戦争が始まる前の第一次大戦前後の日本の景気について少し見ておきましょう。

2 第一次世界大戦中と戦後の日本の景気を調べ，その理由を考える。

資料「日本の輸出額の移り変わり」グラフ QR を見せる。

T このグラフから，どんなことがわかりますか。
C 第一次大戦中に日本の輸出額がすごく増えた！
C 第一次世界大戦後は輸出が減っているわ。
C 大戦中は日本の景気が良くなって，戦後は悪くなっている。
T 大戦中は，なぜこんなに日本の輸出が増えたのでしょう。
C ヨーロッパの国々は戦争で，アジアやアフリカの国に工業製品を輸出できなくなった。
C 代わりに日本から輸入するようになった。
C 戦争で使うものを日本が作って輸出した。
T 戦後になって輸出がなぜ急に減ったのかもわかりますね。
C ヨーロッパの産業が立ち直って輸出を増やしたから，日本の製品が売れなくなったんだ。

| 準備物 | ・資料：好景気から不景気へ QR
・イラスト2枚（拡大版）QR
・グラフ（拡大版）QR | I
C
T | 資料を児童のタブレットに送信する。輸出額のグラフと農産物の価格変動のグラフを読み取らせ，イラストと関連付けて当時の日本の様子を理解させる。 | |

3 〈世界恐慌と人々のくらし〉

1929年〜

不景気

↓

農産物の値段が下がる

東北・北海道の冷害

↓

生活苦しく，うえ死にも

4 〈不景気への対応〉

→ 軍や政府

「満州を手に入れよう」

「戦争で不きょうを乗りこえよう」

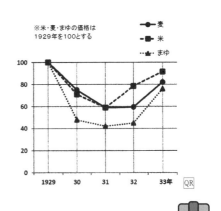

※米・麦・まゆの価格は1929年を100とする

---

3 アメリカの不景気・世界恐慌は日本の農村の人々の生活にどう影響したのか話し合う。

T 　資料 QR の農村の子どもたちは何をしているのでしょう。

C 　大根を食べている。もしかしてこれがご飯？

C 　大根しか食べるものがないみたい。

T 　資料「農産物の値段の移り変わり」QR を見て下さい。

C 　農産物の値段がすごく下がっている。

C 　収入が減って生活が苦しくなった。

T 　東北や北海道では冷害も重なって，飢え死にする人が出るほど生活が苦しくなったのです。

T 　世界的なある出来事も原因です。3択問題です。

　　① 世界中が不景気（世界恐慌）になった。
　　② 世界中の国が日本との貿易をやめた。
　　③ 世界中で異常気象が発生した。

C 　何だろう？　今のように③異常気象になったのかな…？

T 　正解は①です。

4 不景気になった世の中を，日本はどう乗り切ろうとしたのか話し合って考える。

T 　不景気を乗り越えるため，政治家や軍の指導者たちはどんなことを考えたでしょう。明治からの歴史を振り返って，意見を出し合いましょう。

C 　貧しい人達にお金を貸してあげて助ける。

C 　不景気で，国だってお金はないと思うよ。

C 　ヨーロッパに負けないように工業を盛んにして輸出を増やそうとしたのじゃないかな。

C 　戦争をして，賠償金や新しい領土を取ろうと考えた。

T 　教科書の年表も参考にして考えてみましょう。

C 　満州の中国軍を攻撃して満州国をつくった。

C 　日中戦争を始め，太平洋戦争も始めた。

C 　戦争することで不景気を乗り越えようとした。

C 　長い戦争になって原爆が落とされて終わった。

T 　では，どんな学習問題にするか考えましょう。

C 　人々の暮らしにどう影響したかです！

中国との戦争が広がる

板書例

㋑ 中国との戦争はどのようになったのだろう

1 〈満州事変と国際連盟の脱退〉

1931 年　日本軍が南満州鉄道をばく破

↓

> 日本は，中国軍のしわざだと主張

1932 年　満州国をつくる

↓

> 国際連盟の調査の結果，満州国を認めない

1933 年　国際連盟を脱退

↓

1937 年　日中戦争へ

[日本国内では]
満州の支配に賛成反対意見も

国際連盟の調査団
（Wikipedia より）

---

1 中国との戦争がどのように始まったのか調べて知る。

リットン調査団の写真 QR を見せる。

C　何か調べているみたいだけど…。いったい何をしているのかな。

T　1931 年に起きた南満州鉄道爆破事件について国際連盟の調査団が調べている写真です。この鉄道は日本の鉄道でした。誰が爆破したのでしょう。
　　①満州にいた日本軍　②中国軍　③ソ連軍（ロシア）

C　中国軍に決まっているよ。

C　ソ連軍かもしれないよ。

T　日本軍が爆破して中国軍の仕業にしました。その後日本はどうしたか教科書で調べましょう。

C　日本軍が中国軍を攻撃して満州事変になった。

C　満州を占領して満州国を独立させ，政治の実権を日本が握った。

2 満州事変をめぐる日本国内と，世界の考え方を比べて話し合う。

T　国際連盟は，調査の結果どうしましたか。教科書で調べましょう。

C　満州国の独立を認めなかった。

T　日本はどうしましたか。

C　国際連盟を脱退した。

T　日本を支持した国は何か国だと思いますか。

C　5 か国ぐらいかな…。少なかったと思う。

T　日本以外どこもありませんでした。

C　嘘をついたから当然じゃないかな。

T　国内ではどんな考えがあったのでしょう？

教科書や資料 QR の2からつかませる。

C　満州は日本にとって大事な土地だと賛成した。

C　国内では反対意見もあったけど少なそう…。

C　日本の勝手な考えは世界から支持されない。

C　景気がよくなったり産業が発展するためなら仕方ないかな。

③ 〈日中戦争〉

日本軍が中国全土にしんこう

北京，上海，南京などをせん領

中国の人々は…

④ 〈長引く戦争〉

・各地でていこう

・せん領地を解放

↓

長引く戦争

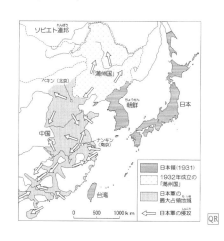

日本軍の占領地域

---

3 中国との戦争はどのように広まっていったのか調べる。

地図をタブレットに送信。

T　日本は1937年には何を始めましたか。

C　北京の郊外で中国軍と戦争を始めた。

C　戦争が広がり，全面的な日中戦争になった。

T　日本軍の侵攻を地図（教科書または参考図 QR）で確かめましょう。

C　中国の広い範囲に攻め込んでいる。

C　中国も全部占領するつもりかな。

T　続いて日本軍は，北京，上海，南京（当時中華民国の首都）などの都市を占領しました。南京ではどんな出来事があったでしょう。

C　武器を捨てた兵士や女性や子供など，多くの中国人を殺してしまった。

T　その後も日本軍は，徐州，武漢，広東，南昌，南寧（元ベトナム国境）と軍を進め，戦線を拡大していきました。

4 日本軍に対して，中国の人たちはどのような行動をとったのか調べる。

T　日本軍が中国各地へ攻めていったのに対して，中国の人たちはどうしたと思いますか。

C　激しく抵抗したと思う。

C　でも，中国軍でも勝てない日本軍に，普通の人が抵抗できるのかな？

C　みんなで逃げ出したかもしれない。

T　資料の3『日本軍の占領地域』QR（板書掲示）を見て，気付いたことはありませんか。

C　占領していないところもたくさんある。

C　占領したのは主な都市と鉄道の周りぐらい。

T　日本の占領地域の中に，こんなに空白地帯があるのはなぜでしょう。

C　中国の人たちの抵抗が激しかったからかな。

C　占領しても，また取り返されたんだよ。

T　日本は100万人の兵力をつぎ込みましたが，戦争は長引いていきました。

板書例

㊕ 第二次世界大戦はどのように広がったのだろう

1 〈ヨーロッパの戦争〉

1939年　ドイツ（ヒトラー）が周りの国々をしん略

↓

イギリス，フランスと戦争
のちにアメリカも参戦

↓

第二次世界大戦

2,3 〈東南アジアに戦争を広げる〉

中国との戦争で行きづまり

↓

東南アジアに軍隊を進める
豊富な資源を得るため

東南アジアの資源

---

1 第二次世界大戦が始まったことを確かめる。

T　日本が中国と戦争をしていた1939年にヨーロッパでも大きな出来事が起こりました。それはどんなことか，教科書で確かめましょう。

C　ドイツが周りの国々を侵略し始めた。

C　反対したイギリスやフランスと戦争になった。

C　戦争が広がって第二次世界大戦になった。

T　後にアメリカ等も参戦し世界中に広がりました。

T　ドイツでは，ヒトラーが率いるナチスが政権を握り，一時はヨーロッパのほとんどを占領しました。ナチスのしたことで何か知っていますか。

C　ユダヤ人を大勢殺しました。

C　アンネの日記を読んだことがあります。

T　第二次世界大戦中，ナチスドイツはユダヤ人を迫害し，アウシュビッツ強制収容所などに送り込んで約600万人を虐殺したのです。

2 中国との戦争に行き詰っていた日本はどうしたのか予想して考える。

　　地図をタブレットに送信。

T　中国との戦争で，すぐに降伏するだろうと日本は思っていました。実際はどうだったでしょう。

C　日本軍は，中国の一部分の都市とそれを結ぶ鉄道しか占領できず，戦争をやめられなかった。

C　中国の人達に激しく抵抗され，戦争は長引いた。

T　中国との戦争に行き詰まった日本はどうしようとしたと思いましたか。3択クイズです。

　①中国と仲直りをして戦争をやめようとした。
　②中国のもっと奥地の方へ攻めていこうとした。
　③東南アジアの方まで攻めていこうとした。

C　何とかしてやめようとしたんじゃないかな。

C　そう簡単にはやめないから②か③だと思う。

T　答えは③です。フランス領インドシナ（今のベトナム，ラオス，カンボジアの地域）へ軍隊を送り込み，東南アジアに戦争を広げようとしました。

準備物	・資料：日本の戦争と資源 [QR] ・地図拡大版「東南アジアの資源」[QR] ・グラフ拡大版「石油の輸入先」[QR]	I C T	東南アジアの資源の地図を児童のタブレットに送信する。タブレット上で，色を塗ることで，東南アジアに進出してきた国を視覚的に理解させる。	

④ 〈日本と世界の国々との関係〉

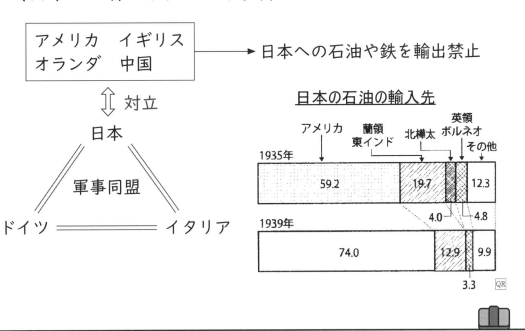

日本の石油の輸入先

---

3 なぜ中国だけでなく，東南アジアまで戦争を広げようとしたのか考えて話し合う。

T　中国との戦争だけでなく，なぜ日本は東南アジアにまで戦争を広げようとしたのだと思いますか。資料１[QR]を参考にして話し合いましょう。

C　どうしてだろう？　何か中国との戦争が有利になるような目的があったのだと思います。

C　いろいろな資源があるよ。これが欲しかったのかな。でもなぜ…？

C　戦争を続けるために資源が必要だったのじゃないかな。

C　鉄とか石油とかは兵器を造ったり動かしたりするのに必要だよ。食糧だっているし…。

T　そうです。戦争に使う資源が豊富にあったのです。その他にアメリカやイギリスの中国支援物資もインドシナを通って送られていたのです。

C　中国への支援物資を止めるという狙いもあったのか！

4 日本と世界の国々との関係は，どのようになっていったのか考えて確かめる。

T　日本が中国だけでなく東南アジアにも軍隊を進めたことに対して，他の国はどうしたでしょう。資料の１をもう一度参考にして話し合いましょう。

C　日本に出て行けといったと思う。

C　戦争になったかもしれない。

C　こんなことをしたら，日本は軍隊を進めた国の人々まで敵を増やしてしまうだけだよ。

T　アメリカ，イギリス，中国，オランダなどの国々は，日本への鉄や石油の輸出を禁止しました。

　　資料の２のグラフ [QR] を見せる。

C　アメリカやオランダ領東インドから輸入できないと石油がほとんど手に入らなくなる。

T　日本が手を結んだ国はありますか。

C　ドイツ，イタリアと軍事同盟を結んだ。

T　その結果，アメリカやイギリスなどと対立しました。

板書例

ⓜ 戦争はどこまで広がっていったのだろう

1 〈太平洋戦争〉

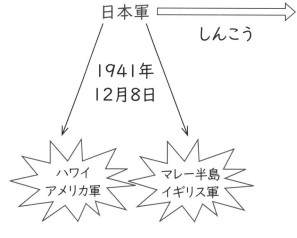

日本軍 → しんこう

1941年
12月8日

ハワイ
アメリカ軍

マレー半島
イギリス軍

2 〈戦場となったアジア太平洋の地域〉

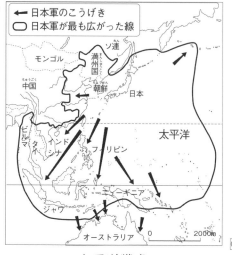

← 日本軍のこうげき
◯ 日本軍が最も広がった線

ソ連　モンゴル　満州国　中国　朝鮮　日本　太平洋　ビルマ　タイ　インドシナ　フィリピン　ジャワ　ニューギニア　オーストラリア　0　2000km

太平洋戦争
（アジア太平洋戦争）

---

1 （アジア）太平洋戦争は，いつ，どこで始まったのか確かめる。

T　インドシナ（今のベトナム，ラオス，カンボジアの地域）へ日本軍が侵攻し，米国やイギリスと激しく対立した日本はどうしましたか。

C　アメリカやイギリスと戦争を始めました。

C　アメリカのハワイ真珠湾の軍港を攻撃した。

C　マレー半島のイギリス軍を攻撃した。

　地図帳で位置（アジアと太平洋の島であったこと）を確認させる。

C　ずいぶん離れたところを攻撃したんだ。

T　マレー半島の方が2時間ほど早かったのですが，同じ日にアメリカの真珠湾に奇襲攻撃をしました。いつのことですか。

C　1941年12月8日です。

2 日本の軍隊はどこまで戦場を広げていったのか調べる。

T　資料1 [QR] の地図の中で，日本軍が最も広がった地域に色をぬりましょう。

　資料1の地図を配りながら確認する。

C　中国や東南アジアから太平洋の半分ぐらいまで，すごく広い範囲に広がっている！

T　どの国に攻めていったのか，地図帳と比べて確かめましょう。

C　中国，フィリピン，ベトナム，ミャンマー，マレーシア，シンガポール，インドネシア，……オーストラリアにも攻めているよ。

T　アジアから太平洋までの広い範囲で戦争をしたので，太平洋戦争と言われています。アジア太平洋戦争という意見もあります。

【朝鮮や台湾でも徴兵】
　日本軍の兵力を補うために，日本が支配していた朝鮮では1944年に徴兵令が出され，軍人・軍属合わせて約24万人が日本軍に組み込まれた。台湾でも，1942年から志願兵が募集され1945年には徴兵令が出され，約21万人が「日本兵」とされた。彼らは，最も危険な最前線に送られたり，捕虜の監視などの汚れ役をさせられ，軍の中でも差別された。

準備物	・資料：戦争の広がりと日米の国力差 QR ・図2枚（拡大図）QR ・地図帳	I C T	3つの資料を児童のタブレットに送信し、児童が各資料を比較しながら話し合いできるようにする。犠牲者数や国力差も理解しやすくなる。	

3

〈太平洋戦争のぎせい者数〉

アジアで2000万人以上のぎせい

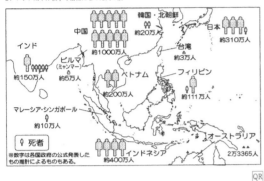

2．アジア太平洋戦争で犠牲になった人の数

4

〈日本とアメリカの生産力の差〉

アメリカの生産力は 日本の約 10 倍

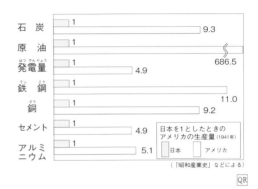

（「昭和産業史」などによる）

---

3 （アジア）太平洋戦争で犠牲になった 人々について調べて話し合う。

T （アジア）太平洋戦争で何人ぐらいの人が犠牲になったのでしょうか。資料2 QR を見てください。

C 計算すると 2000 万人を超えるわ。

C 中国が約 1000 万人で断トツに多い。

T 図を見た意見や感想を発表して下さい。

C こんなに多いとは思いませんでした。

C すごく激しくてひどい戦争だったことがわかる。

T 日本の犠牲者のうち，約 230 万人が兵隊です。その中で，餓死や病死は何人ぐらいでしょう。

C 10 万人ぐらいかな？

T 約 6 割の 140 万人，餓死者の数の方が多かったのです。

C え〜，それってすごく悲惨だな。

C 餓死の方が多いなんて信じられない…。

4 日本とアメリカの生産力の差から 戦争の行方を考え話し合う。

T 資料3 QR 日米の生産力を比べたグラフを見て，分かったことや意見を隣同士で話し合いましょう。

C どれも日本よりアメリカの生産力が高い。

C こんなに差があるなんて思わなかった。

C これじゃ戦争しても勝てないよ。

C それなのにどうして戦争を始めたのかな。

T はじめは日本軍が占領地を広げていきました。それはどれくらい続いたでしょう。3 択問題です。

【①半年　②1年半　③2年半】

T 正解は①です。その後は，連合国の反撃で日本軍は占領地を奪い返され，壊滅状態になっていきます。

C そんなになる前に早く戦争をやめたらよかったのに。

C こんなに多くの犠牲者を出さずにすんだよね。

すべてが戦争のために
－戦争中のくらし・食べ物

板書例

ⓜ 戦争中の国民のくらしはどうだったのだろう

1 〈集団疎開（そかい）〉

空しゅう ━━━━━▶ 集団疎開

・都市部の小学生たちは，地方へ集団で疎開

・家族とはなれて子どもだけの集団でも

2 〈体重が減った子ども達〉

疎開児童の食事

朝：ごはん，つけもの，
　　ダイコンのみそしる

夜：ぞうすい，つけもの

集団疎開をした子ども達の
体重の変化（5 年生）

	4 月	5 月	6 月	7 月
H 君	25.0	23.6	23.0	23.2
K 君	23.0	21.9	21.7	21.6
O 君	26.7	25.2	24.8	24.7
体重の平均	25.7（16人）			23.9（14人）

＊現代の5年男子の平均体重は34.7kg（2005年度）

QR

 お腹がへった

 家に帰りたい

---

1 戦争中，子ども達がどこで何をしているのか知る。

学童疎開の食事の場面の絵 QR を見せる。教科書などに写真があればそれを使ってもよい。

T　この子ども達は，どこで何をしているのでしょう。

C　みんなで合掌している。「いただきます」かな。

C　学校ではなさそうだ。どこだろう？

T　学童疎開って聞いたことがありますか？

C　知ってる！　みんなで田舎へ逃げていく！

T　教科書や資料集などで調べてみましょう。

C　都会の子どもが，田舎へ疎開をしていった。

C　空襲が激しくなって，都会は危ないから。

T　親から離れて集団疎開をした子ども達の気持ちを考えてみましょう。

2 子ども達の体重が減っているのはどうしてか考えて話し合う。

T　資料の表 QR は，集団疎開をした子ども達の体重の変化です。気付いたことを発表しましょう。

C　三人ともだんだん体重が減っている。

C　平均も減っているということは，みんな減っているんだ。

T　なぜ体重が減ったのだと思いますか。

C　何か病気が流行した？

C　家族から離れて，食欲がなくなっていった。

T　資料の “疎開児童の食事” QR を見て，気付いたことを発表しましょう。

C　朝は毎日ご飯とダイコンの味噌汁と漬物だけ。

C　夜はほとんど雑炊と漬け物だけ。

C　肉も魚もないし，これじゃあ栄養が足りない。

C　量も少ないかも。体重が減るわけだよ。

３ 〈食べ物不足の原因〉

・男は兵隊→農家も人手不足

・輸入できない

・兵隊に優先して食べ物を送る

↓

配給制に

捨てていたものの食べ方

４ 〈戦時中の生活〉

戦時体制

・戦争に協力させる

・反対したら，
厳しくとりしまり

※児童の意見を板書する

---

３ 食べ物が不足した原因を考え話し合う。

資料「捨てていたものの食べ方」QR を見させる。

T これは戦争中のある雑誌に載った記事です。どう思いますか？

C 捨てていたものまで食べなくてもいいと思う。

T なぜ捨てていたものまで食べるようになったでしょう。

C 食糧を優先して兵隊に送っていたから，国内では食糧不足になったのだよ。食べ物は配給制になったよ。

C 外国から食料が輸入できなくなったからじゃないかな。

C 男の人はみんな兵隊に行ったので，お米や作物を作る人がいなくなったから。

グループ討議の後で，全体で発表して交流させる。

T 食べ物以外は不足していなかったのか，関心のある人は，もっと調べてみましょう。

４ 食べ物以外の戦争中の生活について，もっと調べてまとめる。

T 教科書を読んで，戦争中の生活の様子を短く箇条書きでノートに書き出しましょう。

C ぜいたくはできなくなって，戦争に協力させられたなんて，嫌だね。

C 学校の勉強まで，軍隊式なんだ。どんなことをしたのかな？

隣同士で相談させて書き込ませる。

T 書いたことを発表して話し合いましょう。

C 天気予報まで，国民に知らされなかった。

C 不便だね。台風が来たら困るよ。

C 女子生徒も工場で働きました。

C 戦争のために暮らしも制限されました。

C 協力しなかったら，どうなるのかな？

T 戦時体制といって，全国民に戦争に協力するように求められました。反対したら日本国民でないと言われ厳しく取り締まられました。

戦場となった沖縄

板書例

㊫ 戦場となった沖縄はどうなったのだろう

1 〈ある沖縄の家族〉

1945年4月2日

旅に出た

↓

約3か月

にげ回りながら

南に向かう

4月1日
アメリカ軍
沖縄上陸

2 〈アメリカ軍上陸〉

3つの家族

〇：山内さん一家（6人）
□：中本さん一家（11人）
△：伊佐さん一家

QR

---

1 沖縄の家族はどこに向かったのか調べて知る。

T　1945年4月2日，南の方のある県の家族は長い旅に出ました。どのような旅だったのでしょう。

　ワークシート「旅の道筋」QR を配る。

T　〇△□の1から順に，家族の旅の道筋を線で結んでいきましょう。3つの家族を違う色の線で書きましょう。書けたら気が付いたことを発表しましょう。

C　どの家族も2か月と20日ほどの長い旅です。

C　みんな南の端の方へ向かっています。

C　でもまっすぐには行ってないよ。

　地図帳で沖縄本島の南部であることを確かめる。

C　1945年の沖縄だから戦争関係の旅かな？

C　車で行ったのですか？

T　いいえ，みんな歩いて行ったのです。

2 沖縄の家族に何が起こったのか調べて知る。

　3つの家族の地図をタブレットに送信。

T　3つの家族の出発はいつですか。

C　みんな4月2日です。

T　なぜ4月2日に出発したのか，旅の目的は何なのでしょう。地図の白い矢印のところで，4月1日に何があったのか，年表で調べましょう。

　※資料を配り，年表QR で調べさせる。

C　アメリカ軍が上陸した。矢印は上陸地だ。

C　戦場になるから，4月2日にアメリカ軍から逃げ出した。

T　点線㋐→㋒はアメリカ軍と日本軍の戦線を表しています。南に行った理由もわかりましたか。

C　次第に追い詰められて，南にしか行けなかったんだね。

【なぜ沖縄戦なのか】
　アジア・太平洋戦争の末期，沖縄戦は，一般住民を巻き込んだ国内では唯一の地上戦だった。戦場となった地域の様子や土地，逃げ惑う住民の姿から沖縄での戦争の惨禍を考えていきたい。

3 〈戦場の住民〉

> ケガ・死んだ人・焼かれた家
> 老人，子どもまで兵隊に
> 女学生は傷病兵の手当

※児童の意見を板書する

4 〈多くの住民がぎせい〉

・9万4千人以上が死ぬ

・住民が戦とうに巻き込まれた

・集団自決

・日本兵に殺された

・ほりょになった人もいる。

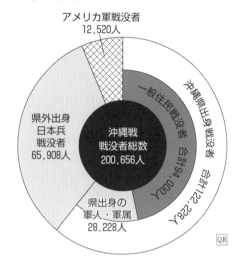

沖縄戦でなくなった人の数

アメリカ軍戦没者 12,520人

一般住民戦没者

沖縄県出身戦没者 合計94,000人

県外出身日本兵戦没者 65,908人

沖縄戦戦没者総数 200,656人

沖縄県出身戦没者 合計122,228人

県出身の軍人・軍属 28,228人

---

3 戦場になった沖縄の住民たちは，どのような様子だったのか話し合う。

T 6月20日，23日が旅の終わり。どうなったのでしょうか。

C 多分捕虜になった。

C 本当に助かったのかな？

T 戦場になった沖縄の住民の様子について，資料のイラスト を見て想像しましょう。

C 倒れた人のそばで子どもが泣いている。

C 戦車に追われたら恐怖だよ。砲弾もいっぱいとんでくる。

C 食べ物もなく家も焼かれただろう。

　グループごとに思ったことを話し合える。1〜2枚の絵に絞って話し合わせるのがよいだろう。

T グループで話し合い，発表しましょう。

C 女学生がケガをした兵隊の手当をするのは，血がいっぱい出たりして怖かったと思います。

C ガマの中で住民は怖そうにうつむいている。銃を持つ日本兵は何をしているのかな？

4 沖縄で多くの人たちが犠牲になったのはなぜなのか考えて深める。

　円グラフをタブレットに送信。

T 沖縄戦では，どれぐらいの人が犠牲になったのか，資料のグラフで確かめましょう。

C 沖縄出身の死者が全体の3分の2近くある。

C 亡くなった人の中で，沖縄の一般住民が一番多くて10万人近くもある。

T こんなに大勢の住民が亡くなった原因として何があるでしょう。次の中から考えて下さい。

　①戦闘に巻き込まれたりしてアメリカ軍に攻撃された。
　②集団自決をした。
　③日本兵に殺された。

C やっぱり①だよ。③はないね。

C 集団自決って聞いたことがある。

T 正解は全部ありです。②は手榴弾や毒薬などを渡されて最後は自殺するように強制されました。③はスパイと疑われたりして殺された人も多くいました。

　本時の授業の感想を書かせ，後日交流の機会を持つ。

空襲－日本の都市が焼かれる

板書例

ⓜ アメリカ軍の空襲は どのように進められたのだろう

❶〈空襲〉

・飛行機でばくだんを落とす

・多くの死傷者

・家が焼かれ，こわされる

❷〈こうげき目標〉

・軍基地兵器工場など

・大都市－無差別ばくげき

　　民家を焼きはらう

　　しょういだん

---

1 絵を見て空襲とは何か話し合う。

教科書，インターネット（「空襲絵」で検索），QR の絵，絵本などの空襲の絵を拡大して見せる。

T　これは何の絵ですか？

C　みんなが火から逃げているみたい。

C　炎が大きくて恐ろしそうだわ。

C　わかった。これは空襲の絵だよ。

T　空襲って何ですか？知っていることを出し合いましょう。

C　飛行機で爆弾を落とすことです。

C　たくさんの人が死んだり怪我をします。

C　家とかも焼けたり壊れたりします。

T　空襲について調べてみたいことがありますか。

C　私たちの町の近くでも空襲があったのかな？

C　空襲を受けた人はどうなったのか？

2 どんなところが空襲で狙われたのか 予想して話し合う。

T　空襲で狙うとすればどんなところでしょう。

T　5つのヒントで話し合いましょう。

〈ヒント〉
①田や畑のあるところ
②兵器工場のあるところ
③自然の豊かなところ
④軍隊の基地があるところ
⑤大都市があるところ

C　兵器工場も狙われるわ。兵器を造れなくさせられるから。

C　絶対に軍隊の基地だと思う。

このヒント以外から考えさせてもよい。

T　基地や兵器工場も狙われますが，アメリカ軍は違うところも狙いました。

C　え～，どこだろう…。

T　東京大空襲，大阪大空襲，神戸大空襲…。

C　大都市ばかりだ。

T　民家を焼き払う無差別爆撃で，焼夷弾という燃えやすい薬品や油が飛び散る爆弾を使いました。

3 〈日本で空襲のひ害にあった場所〉

大都市の被害が大きい
東京　大阪　神戸…

↓

なぜ民家まで？

4 〈空襲を受けた人々〉

・家を焼かれる

・家族がケガ

・亡くなる

・こわい　　・悲しい
・戦争はもういや　・敵がにくい

原子爆弾や空襲で被害を受けた人の数

資料：「日本の歴史7」ほるぷ出版　総務省・一般戦災ホームページ
「母と子でみる 日本の空襲」草の根出版会

1945年8月9日 長崎
原子爆弾の投下

1945年8月6日 広島
原子爆弾の投下

1945年3月10日
東京大空襲

1945年3月 沖縄
アメリカ軍上陸

被害を受けた人の数
10万人以上
5万～10万人
5千～5万人
5百～5千人
0～5百人
● 被害の大きかった主な都市

---

3 日本全体で空襲の被害にあったところを調べる。

T　日本全体でどれくらい空襲の被害があったのか，資料で調べてみましょう。

C　日本全国で空襲を受けている。北海道や東北まで…。

C　被害人数が多いのは，やはり大都市のあたりだね。

C　ほとんど日本中が空襲を受けているんだね。

T　何のためにこんなに空襲をしたのでしょう。

C　日本の力を弱めて戦う意欲をなくさせるため。

C　基地や兵器工場は日本の力を弱めることになるけど，普通の家まで攻撃するのはなぜかな？

C　日本人が憎かったからじゃないかな。

　空襲の後の焼け野原になった様子をインターネットの写真などで確認させる。

C　ぼくたちの町は空襲を受けていないのか調べてみよう。

4 空襲を受けた人達のことを考える。

T　空襲を受けた人達はどうなったでしょう。

C　死んだりケガをする人も多かっただろうな。

C　家を焼かれたら，住む所がなくなって困る。

C　親が死んでしまったら，子どももどうやって生活していくのかな？

C　町中が焼けたら生活していけないよ。

T　空襲の被害者となった人たちはどんな気持ちだったと思いますか。

C　すごく怖かったと思います。

C　家が焼けてしまったり，家族が死んだりケガをしたら，とても悲しかったと思います。

C　空襲をしたアメリカ軍が憎い！

C　早く戦争が終わってほしいと思ったかも…。

　教科書などに空襲の体験談があれば読ませる。直接体験談が聞ける人は少なくなっているので，書物などの体験談を読ませたい。

原爆投下と戦争の終わり

板書例

め アジア太平洋戦争は どのようにして終わったのだろう

1,2 〈原爆投下とひ害〉　1945年8月6日8時15分・広島

数百万度
1秒で280mに

原子爆弾

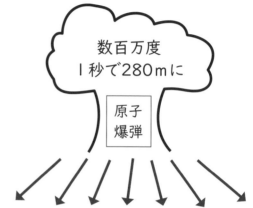

死者約14万人
熱線・爆風・放射能
→放射線被害も
建物の9割が破かい・焼失

熱戦・爆風・放射能
3000〜4000℃（地表）

POINT　戦争の被害を理解させることは大切だが，教師は児童の心の状態に配慮することを大切にする。

1 1945年8月6日に広島で何があったのか知る。

時計の画像 QR を見せる。

T　これは何だと思いますか？

C　古そうな時計だ。懐中時計っていうんだよ。

C　時計の針は8時15分を指しているわ。

T　この時計は広島にありました。1945年8月6日午前8時15分で止まっています。なぜでしょう。

C　わかった！この時計は，原爆で止まってしまって，爆発の時刻を表しているのね。

T　そうです。その原爆について，資料 QR の『1 原爆投下』で調べて発表しましょう。

C　数百万度ってすごいね。想像できない。

C　爆風もすごい。家も吹き飛ばされそうだね。

C　放射能が怖い。

T　鉄は約1500度で溶け，太陽の表面温度は約6000度です。原爆の恐ろしさがわかりますね。

2 原子爆弾の被害で広島の町はどうなったのか調べて話し合う。

T　広島の町では，どんなことが起きたでしょう。
　建物がみんな壊れて火事が起こり，町が全滅したと思う。
　人間は逃げられないままに黒焦げになるか溶けてなくなる…かな。

T　資料 QR の『2 原爆による被害』やイラスト，教科書でも調べてみましょう。

C　1km以内は，人も建物も全滅だ。

C　熱と爆風と火事と放射能…いろんな被害が重なっているよ。

C　たった1発の爆弾で14万人もの人が死ぬなんて…。

T　学校から半径1km以内とか2km以内がどこまでになるかで被害の範囲を想像してみましょう。

C　ものすごく広い範囲だ。とても逃げられない。

T　このような原子爆弾が8月6日には広島に8月9日には長崎に落とされました。

3 〈戦争の終わり〉

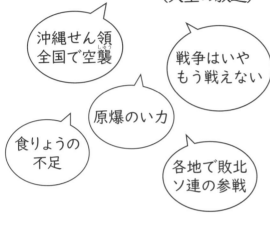

1945 年 8 月 15 日　日本が降伏（ふく）　⟶　戦争が終わる
　　　　　　　　　　（天皇の放送）

沖縄せん領
全国で空襲（しゅう）

戦争はいや
もう戦えない

原爆のい力

食りょうの
不足

各地で敗北
ソ連の参戦

原爆ドーム

3 日本は，どのようにして戦争を終えたのか調べて話し合う。

T　日本は，いつ，どのようにして戦争を終わらせたのか，教科書で調べましょう。

C　1945 年 8 月 15 日に降伏しました。

C　天皇の玉音放送で国民に伝えられました。

T　これでアジアから太平洋各地を戦場にした 15 年にもわたる戦争が終わりました。

T　日本が降伏を決めた理由は何だと思いますか。

C　食糧も不足して，国民が食べていけないからね。

C　国民の中にも，もう戦争は嫌だと思う気持ちが広がっていたのじゃないかな。

C　沖縄占領や空襲でもう戦えないと思った。

C　原爆の威力に驚いた。日本が全滅すると思った。

T　いろいろ理由が考えられますね。日本軍が海外の各地で敗北を重ね，ソ連まで参戦して，もう駄目だと観念したのでしょうね。

C　もっと早く戦争をやめていれば……。

4 これまでに調べたり話し合って学習してきたことをまとめる。

ワークシート「長く続いた戦争と人々のくらしーまとめ」QR を配る。

T　戦争の影響や人々の暮らしについてまとめます。長方形の中に，まとめたい場所や人々を書き込みましょう。

C　朝鮮や中国のことをまとめよう。

C　私は子供たちの生活についてまとめたい。

全部書けなくてもよい。他の子の発表を聞いて書き足したり，書き直したりさせる。

T　ワークシートの中に書いたことを発表しましょう。（児童に発表させる）

T　それぞれのところに，まとめを書いてきましょう。まん中には，自分の考えを書いてきましょう。

※後日，何らかの方法で発表の機会を設定する。
※日本による台湾と朝鮮の植民地支配の終わりについても触れておく。

新しい日本　平和な日本へ

全授業時間 7 時間（B 案 1 時間）＋ひろげる 4 時間＋いかす 1 時間

◉ 学習にあたって ◉

◇何を教えるのか　- この単元の特徴 -

　敗戦により日本は米軍主力の連合国軍に占領されました。連合国は，平和で民主的な日本に変革するため様々な戦後改革を実施します。しかし，東西冷戦に伴い戦後改革は「逆コース」と呼ばれる方向に転換されました。日本はアメリカ陣営の一員として独立し，高度経済成長期を迎えます。この現代史と戦後改革の流れをとらえさせるのがこの単元の学習です。

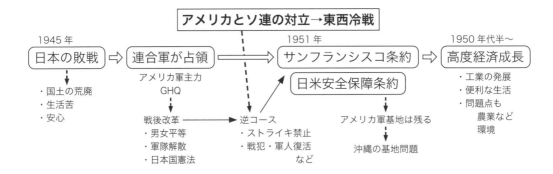

◉ 評　価 ◉

知識および技能	・平和で民主的な日本を目指した戦後改革が行われたが,冷戦の影響で占領政策が変わり,日本はアメリカの同盟国として独立したことがわかる。 ・高度経済成長で工業生産が飛躍し生活は便利になっていったが，農業や環境の問題も生じたことがわかる。 ・文章，イラスト，データから人々の暮らしや社会の動きを読み取ることができる。
思考力，判断力，表現力等	・戦後改革やその転換について，資料や世界情勢などから考え，自分の意見を持つことができる。 ・憲法案を比較したり,憲法の成立過程について感想や意見を書いてまとめることができる。
主体的に学習に取り組む態度	・資料から読み取ったことをもとに自分の意見や疑問をもち，進んで話し合いに参加しようとしている。

◉ 指導計画　7 時間（B 案 1 時間＋ひろげる 4 時間＋いかす 1 時間 ◉

時数	授業名	学習のめあて	学習活動
1	戦争直後の人々のくらし	・戦争が終わり，平和な世の中になったが，人々の暮らしは苦しかったことがわかる。	・戦後の国民の暮らしについて,資料をもとに話し合う。 ・戦争孤児の存在について知り，彼らの生活について考える。
ひろげる1	連合国の日本占領	・日本はアメリカ主体の連合国に占領され，軍国主義の排除と民主化が目指されたことがわかる。	・連合国軍の日本進駐について調べ，当時の人々の受け止め方やわかったことなどを話し合う。 ・連合国は，日本をどのような国に変えようとしたのか，ポツダム宣言を手掛かりにして考える。

2	民主主義による国を目指して	・敗戦とともに日本は連合国に占領され，GHQの指導により改革が行われたことがわかる。	・戦後改革について，日本国民の願いや実際にどのような改革がなされたのか確かめる。 ・子どもにとっての戦後改革について話し合う。 ・どの改革が特に重要か考えることで理解を深める。
ひろげる2	調べよう日本国憲法 QR	・日本国憲法の主な特色を知り，憲法がどのようにして作られていったかがわかる。	・日本国憲法の目指す方向と3原則を確かめる。 ・新しい日本に適した憲法案が作れない政府に対してGHQ案が提示され，それに基づいた政府案が国会で議論され日本国憲法が成立した経過を理解する。
3	再び世界の中へ	・米ソが対立する東西冷戦の中で，日本はアメリカの同盟国として独立したことがわかる。	・東西冷戦下で，朝鮮戦争が起こったことを調べる。 ・冷戦下で民主的改革も方向転換させられ，日本はアメリカの同盟国として独立したことを理解する。
4	流行語で見る高度経済成長	・高度経済成長により便利で快適な暮らしになったが，様々な問題が起こってきたことがわかる。	・家電製品の普及から，工業が発展して高度経済成長期を迎え，生活が便利になってきたことをつかむ。 ・高度経済成長の下，どのような問題が生じてきたのか考える。
4B案	高度経済成長 QR	・高度経済成長により便利で快適な暮らしになったが，様々な問題が起こってきたことがわかる。	・家電製品の普及から，工業が発展して高度経済成長期を迎え，生活が便利になってきたことをつかむ。 ・高度経済成長の下，どのような問題が生じてきたのか考える。
5	変化の中の日本	・世界の国々の対立や日本経済から，日本が今どのような変化の中にいるのか考えることができる。	・冷戦と日本経済の変化をとらえる。 ・2つの大震災について調べる。 ・日本の地域や社会の課題について考える。
6	これからの日本を考えよう−解決すべき課題−	・戦後，日本にも様々な課題があることを見つけ，その内容を知る。 ・調べて発表し，話し合う。	・今の日本に解決すべき課題があることを知る。 ・領土問題や人権問題，災害についてなど，解決すべき課題について話し合い，どのように解決していくか考える。
ひろげる3	これからの日本を考えよう−アメリカ軍の基地が残る沖縄 QR	・沖縄に米軍基地が集中する中で，危険や不都合と隣り合わせで生活していることを理解する。	・沖縄にアメリカ軍基地が集中していることを知る。 ・普天間基地を具体例にして，さまざまな危険や問題の中で沖縄の住民が日々生活している実態をつかむ。
ひろげる4	コンビニ外国人 QR	・外国人留学生のアルバイトによって成り立っているコンビニの現状から，今後の日本の外国人労働者の受け入れについて考えることができる。	・日本国内の外国人労働者数の変化を調べる。 ・外国人留学生がコンビニで働く理由と暮らしを調べる。 ・外国人労働者と今後の日本社会について考える。
7	キャッチフレーズをつくろう学習のまとめ	・学習したことを年表に整理し，キャッチフレーズをつくることができる。	・年表をつくり，ひと言コメントとキャッチフレーズを入れる。 ・作ったキャッチフレーズについて話し合う。
いかす	歴史学習をふり返ろう−日本歴史十大ニュース− QR	・歴史学習をふり返り，重要だと考えた出来事を十大ニュースにまとめることができる。	・歴史学習をふり返り，日本歴史十大ニュースを選んで紹介し合う。 ・未来を展望し，十一番目のニュースを考える。

※「ひろげる2」「ひろげる3」「ひろげる4」「第4時B案」「いかす」の指導案についてはQRコード内に収録

終戦直後の人々のくらし

板書例

ⓜ 戦争が終わり，日本はどうなっただろう

[1,2] 〈戦後間もない日本〉

1945年8月15日玉音放送（ぎょくおん）

| 敗戦 |

↓

| 空襲（くうしゅう）はなくなった |

↓

| 食りょう不足は続く |

↓

| 兵隊が戦地から帰ってきた |

焼野原になった大阪市内　QR

焼野原→バラックの家

町は品不足→農村へ買い出し

やみ市

---

1 戦争が終わった後の国民の暮らしを想像する。

T　戦争が終わったのはいつでしたか。

C　1945年（昭和20年）8月15日です。

C　天皇の玉音放送がありました。

T　戦争を始めるのも終わるのも，決められるのは天皇だけでした。

　　資料の新聞記事 QR を見せて簡単に説明をする。

T　このようにして敗戦を迎えましたが，戦争が終わって，国民の暮らしはどうなったか想像してみましょう。

C　空襲はなくなったからもう安心できるね。

C　でも食糧不足はすぐ解決しないと思う。

T　話し合ったことを発表しましょう。

C　兵隊になった人が帰ってきました。

C　空襲で家が燃えた人は，どこで暮らしているのかな？

　　教科書で復興していく様子を確かめてもよい。

2 戦後間もない頃の国民の暮らしについて，資料の絵をもとに話し合う。

　　資料「戦争が終わったあとのくらし」 QR を配る。

T　資料1イラスト QR を見てわかったこと，疑問，思ったことを出して話し合いましょう。

C　学校も燃えたから，外で勉強している。

C　小さな小屋（バラック）は，粗末な感じ。簡単な雨や風をよけるものだったのだろうな。

C　超満員の汽車に窓からも人が乗っている。大変だ！

T　では話し合ったことを発表しましょう。

C　町では品不足で買えないから，農村に米などの食べ物を買い出しに行きました。

C　密かに食べ物などを売り買いする闇市（やみ）があったそうです。何か怪しそうです。

T　戦後は，飢えや寒さで毎日何人もの人がなくなっていきました。その中には子どもも大勢いました。

3,4 〈戦争孤児〉

駅で寝とまりする子ども達

・家がいない

・親もいない

生きるために何でも…

・くつみがき

・すいがらひろい　など

＜都道府県別戦争孤児数＞

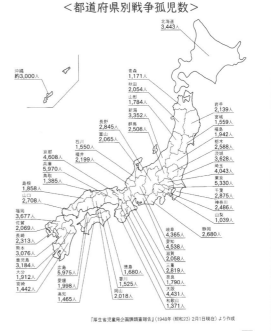

『厚生省児童局企画課調査報告』（1948年（昭和23）2月1日現在）より作成

日本全国に約12万人

3　この子ども達は何をしているのか考える。

拡大した資料2イラスト QR を黒板に掲示する。

T　この資料2は敗戦後の名古屋駅のようすです。この子たちは何をしているのでしょう。

C　寝ているのかな？ふとんもないね。

T　なぜ駅で寝ているのですか？子どもたちだけですね。

C　家が焼けてしまって，ないからだと思います。

C　親も死んでしまって，いないのだと思います。

T　枕にしている箱には，何が入っていると思いますか？　資料のイラストの中にヒントがあります。

C　寝るときも離さないんだから，何か大事なものが入っている。

C　わかった！靴磨きの道具だ。

T　この子達は戦争で親をなくした戦争孤児です。

4　戦争孤児についてもう少し詳しく調べて考えを深める。

T　靴磨き道具がなぜそんなに大切だったのですか。他にどんなことをして生きたのでしょう。

C　靴を磨いてお金を稼いでいた。

C　道具がないと，靴磨きの仕事ができなくて，生きていけなくなる。

C　誰かの仕事の手伝い？駅で旅行者の荷物運びもしていた？

C　食べ物をもらって歩いたかも…。

T　たばこの吸い殻を拾ったり，スリをしたり…生きるために何でもしたのです。戦争孤児は全国何人ぐらいいたのか，資料を見てください。

C　え，12万人！こんなに大勢…。

C　このあとどうなったのだろう。みんな生きていけたのかな？

T　今，君たちなら彼らに何と声をかけますか？

C　「辛いけど頑張って」しか言えないよ。

連合国の日本占領

本時の目標｜日本はアメリカ主体の連合国に占領され，軍国主義の排除と民主化を目指したことがわかる。

板書例

㊫ 戦争が終わり，日本はどうなっただろう

1 〈アメリカ軍の上陸〉

40万人が全国に進駐 QR

殺される，こわい，
これからどうなる（不安）

↓ 実際

意外とやさしい（安心）

2 〈連合軍の日本進駐（ちゅう）〉

占領軍の上陸地点と進駐場所

◎ 上陸地点（厚木は飛行機）
● 占領軍が配置された都市

占領軍総兵力40万人　1945年10月15日の状況
竹前栄治『占領戦後史』より作成

占領軍総兵力40万人　1945年10月15日の状況
竹前栄治『占領戦後史』より作成

---

1 日本人はアメリカ軍の上陸を
どう思ったのか想像する。

「アメリカ軍上陸」の写真1 QR を掲示する。

T　これは，日本を占領するために上陸したアメリカ軍の写真です。アメリカは40万人の軍隊を8か所から上陸させました。

C　うわ～，銃を持った兵士がいっぱいいるよ。

C　日本はアメリカの植民地になってしまうの？

T　当時の人々は，アメリカ軍の上陸をどう思ったでしょう。資料 QR の①を読んでみましょう。

C　アメリカ軍に圧倒されている。

C　殺されると思ってこわかった。

C　これからどうなるんだろうと不安だった。

C　意外とアメリカ兵が優しかったので安心した。

〈ポツダム宣言〉
1945年7月26日に，トルーマン米大統領，チャーチル英首相，蒋介石中華民国国民主席の名前で出された日本への降伏要求の最終宣言。米英で宣言案をつくり，中国の承認を得て出された。ソ連は日本と中立条約を結んでいたため，8月8日に宣戦布告をしてから宣言に参加をした。
日本はすぐには受諾せず，原爆が投下され，ソ連が対日参戦をしたため，8月14日に受諾し，8月15日の天皇の玉音放送で敗戦を迎えた。

2 連合軍の日本進駐について調べる。

T　日本に進駐した占領軍は，アメリカ軍だけだったのでしょうか？

C　アメリカだけだったと思います。

C　世界の多くの国と戦争したから，占領軍も多くの国が加わったと思うよ。

T　イギリス，オーストラリア，ニュージーランド，イギリス領のインドからも進駐軍がきましたが，大半はアメリカ軍でした。

資料②の占領軍の進駐場所などの地図 QR を配る。

T　資料②の占領軍の進駐場所などの地図を見て意見を出しましょう。

C　やっぱり東京周辺が多いね。

C　東北の青森や岩手にも多いのはなぜかな？

C　北の方には何かあるのかな？

C　沖縄はどうなっているのかな。

3 〈連合国軍総司令部（GHQ）〉

占領政策の命令

最高司令官マッカーサー

（アメリカ軍）

マッカーサーと昭和天皇

4 〈ポツダム宣言〉

・軍国主義，軍隊をなくす

・戦争や軍隊に関係のない経済

・民主主義，基本的人権の尊重

> もう二度と戦争をしない平和で民主主義の国

3 マッカーサーと天皇が並んで撮った写真を見てどう思ったか話し合う。

T 進駐軍をまとめて占領政策の実施を日本政府に命令したのはどこでしょう。3択問題です。

　①アメリカ軍司令部　②連合国軍総司令部
　③アメリカ・イギリス連合司令部

T 正解は②で略してGHQと言います。その最高司令官がアメリカ軍のマッカーサーでした。

T 写真2 QR は，天皇がマッカーサーに会うためにアメリカ大使公邸を訪ねた時の写真です。当時の国民になったつもりで，この写真を見て感じることを言いましょう。

C マッカーサーは大きくて堂々としている。

C 天皇は緊張しているみたいだね。マッカーサーは余裕の態度だ。

C マッカーサーの方が偉そうに見える。日本の国民は天皇は神様だと思っていたから，ショックだったと思う。

4 連合国はどのような日本に変えようとしたのか調べて話し合う。

T 写真2は，日本が戦争に負けたことを国民に強く示しました。では連合国は日本をどんな国に変えようとしていたのか，ポツダム宣言の内容から考えてみましょう。

　ポツダム宣言の簡単な説明をしてから資料③ QR を読んで話し合う。

C 軍隊をなくして戦争ができないようにする。

C 軍国主義を取り除くとか，戦争能力が失われたことを確認といっているから，同じ意見です。

C 民主主義の復活とか，基本的人権の尊重も大事な目標だったと思います。

C これまでの日本と反対の世の中だね。

T もう二度と戦争をしない，平和で民主主義の国にしようとしていたのですね。

民主主義による国を目指して

板書例

ⓜ 戦後日本の改革は どのようになされたのだろう

1 〈戦後改革〉

アメリカ軍中心に進駐

連合国軍総司令部（GHQ）

最高司令官：マッカーサー

占領軍の上陸地点と進駐場所
◎ 上陸地点（厚木は飛行機）
● 占領軍が配置された都市

自由。人を大切に

戦争はいや平和に

QR

2 〈せん領政策－日本の改革〉

・女性に選挙権

・教育の新制度

・農地改革

・言論，思想の自由

・大会社の解体

・男女平等

・軍隊の解さん

・労働者の権利を保障

・日本国憲法の制定

---

1 日本国民は，戦後の改革でどのような国にしたいと思ったのか予想する。

〈前ページの「補充」を学習しなかった場合〉
「ひろげる1」資料②「占領軍の上陸と進駐」QR で話し合う。

T 進駐軍の大半はアメリカ軍でした。占領政策の実施を日本政府に指示したのはどこでしょう。

　「補充」の展開3 QR の3択クイズをする。連合国軍総司令部（GHQ）とマッカーサーをおさえておく。

〈前ページの「ひろげる1」を学習した場合〉

T 前の時間にどんなことを勉強しましたか？

C アメリカ中心のGHQが占領政策を進めた。

C 日本を平和で民主主義の国に変えようとした。

　上記の展開「日本国民は，戦後の改革でどんな国にしたいと思ったか」について話し合う。

C もう戦争は嫌だから，平和な国にしたい。

C 言論の自由が欲しい！人を大切にして欲しい！

2 どんな改革が行われたのか，調べる。

T 日本政府が連合国軍の指導でどんな改革を進めたか，資料の絵 QR で調べましょう。

C 女の人も，選挙で投票できるようになった。

C 戦車や兵隊に×がついているから，武器を持たない，軍隊をなくすということだね。

T 話し合ったことを発表しましょう。

C ①は，学校だから教育も変わりました。

C ⑥は，畑で楽しそうだけど何だろう。

C 農家の人にも嬉しい改革があったんだよ。

C ⑦は，労働者が組合を作れるようになった。

　資料2の（1）QR で，改革の内容を確認させる。

C 農地改革で農地が自分のものになった！

　地主と財閥は軍国主義体制を支えた勢力なので，改革の対象となったことなどを，簡単に補足説明をしておく。

3,4 〈戦後改革の影響〉

［戦前・戦中の子ども］　　［戦後改革の中の子ども］

・お国のために育てる　　・人として尊ばれる, 大事にされる

・人口を増やすため　　　・幸せになるように, 子どものために
　（産めよ増やせよ）

［一番大事だと思う戦後改革は？］

※児童の発表を聞いて板書する

---

3 戦後改革を, 子どもの側から考えて話し合う。

T　戦前の日本では, 子どもはどんな存在だったのか, 資料2の(2) QR で調べましょう。

C　子どもは大東亜共栄圏の兵士や労働力のために必要だなんてかわいそう。

C　『産めよ増やせよ』という合い言葉まであった。

T　では, 戦後はどんな存在になったのか資料 QR で確かめ, 話し合いましょう。

C　人として尊ばれるとか, よい環境で育てられるとか, 子どもがとても大事にされている。

C　子どもが幸せになるように考えられているね。

C　戦後は, 国や兵隊になるためではなくて, 子どものためを思ってくれていて, とてもいい。

C　平和で民主主義の国になったら, 子どもは大事にされるのね。

4 連合国はどのような日本に変えようとしたのか, 調べて話し合う。

T　これらの改革の中で, 一番大事な改革はどれだと思いますか。理由をつけて意見を発表しましょう。

C　言論・思想の自由が一番大事だと思います。戦争はいけないと言えるから。

C　男女平等が絶対大事です。民主主義の世の中にするのだから, 平等にするべきです。

C　やっぱり教育の改革が一番大事だと思います。平和が大事とか民主主義の国にしようとかは, 勉強してわかるものだから。

C　軍隊がなければ戦争は出来ないから, 軍隊解散が一番です。

T　戦後改革でもう一つ大事なことが抜けています。何でしょう。

C　日本国憲法の制定です。

T　憲法については次の時間に勉強しましょう。

再び世界の中へ

板書例

◉ 日本はどのように独立したのだろう

1 〈1945年の東アジア〉

点線＝独立していない

ソ連中心の勢力（東陣営）

↕ 冷戦

アメリカ中心の勢力（西陣営）

2 〈1950年の東アジア〉

1950年　朝鮮戦争（せん）

北朝鮮 ⟵ 中国（東）

↕

韓国 ⟵ アメリカ（西）

---

1 冷戦とは何なのか調べる。

資料「1945年の東アジア」の地図 QR を配る。

T　この地図は1945年の東アジアの様子を表しています。疑問に思ったことを書いて発表しましょう。

C　日本や韓国，北朝鮮が点線になっている。

C　連合国に占領されていて独立してないから？

T　日本，韓国，北朝鮮が点線なのは，敗戦後，国として独立していない地域なのです。

T　第2次世界大戦後，世界平和のために国際連合がつくられました。しかし，ソ連を中心とする東陣営とアメリカを中心とする西陣営が対立しました。これを〇戦と言います。〇に入る字は何かな？

C　再戦かな？

C　よくわからない。

T　冷戦と言います。武器で直接戦わない冷たい戦争です。地図の色つきの方が東陣営です。

2 朝鮮戦争について調べる。

前の地図と「1950年の東アジア」の地図 QR を比べる。

T　5年後の地図はどうなっていると思いますか。

C　日本も朝鮮も独立していると思います。

T　1948年に朝鮮は北朝鮮と韓国に分かれて独立しました。1950年に北朝鮮が韓国を攻撃して朝鮮戦争がはじまりました。これはその時の地図です。

C　始め北朝鮮が韓国のほとんどを占領してる。

C　次は韓国が北朝鮮を追い詰めている。

C　最後はまん中の辺りで停戦している。

T　アメリカが韓国に味方して北朝鮮軍を追い詰め，今度は中国が北朝鮮の味方をして押し返し，北緯38度線が停戦ラインとなりました。

3 〈東西冷戦下の戦後改革〉

```
┌──────────┐  ┌──────────┐
│ 農地改革  │  │ 39人の    │
│ 始まる    │  │ 女性議員  │
└──────────┘  └──────────┘

       ┌──────────┐
       │ 日本国    │
       │ 憲法制定  │
       └──────────┘
            ⇩ 変化する

┌──────────┐  ┌──────────┐
│ ストライキを│  │ 戦犯や軍人が│
│ 禁止      │  │ 復活      │
└──────────┘  └──────────┘
```

・ストライキ権を認めていたのに禁止するなど「逆コース」

4 〈アメリカのせん領政策〉

1951年
サンフランシスコ講和条約
<u>アメリカなど48か国と平和条約</u>
　　　↓
日本の独立

同時に日米安全保障条約
　　　↓
<u>アメリカ軍は残る</u>
今も，沖縄日本各地に
アメリカ軍基地

1956年　国際連合に加盟
…国際社会に復帰

---

3 戦後改革は，東西冷戦の中でどのような方向に進んでいったのか調べて発表する。

T　戦後の日本は，民主主義に基づく政治や社会のしくみをつくって，平和国家として再出発したのですが，冷戦の中での動きを調べましょう。

　　資料2 QR の年表を見て気付いたことを発表させ板書する。

C　1946年頃まではいろいろな改革がされているけど，<u>1947年頃からはストライキ禁止とかに変わって来ている。</u>

C　平和と民主主義の国をつくる改革と違ってきているよ。

T　<u>なぜ改革の方向が変わってきたのでしょう？</u>

C　日本はほとんどアメリカが占領していたので，日本をアメリカ側につけたかったんだよ。

C　冷戦が始まって，中国もソ連側の国になってしまったからだと思う。

T　ストライキ権を認めていたのに禁止するなど一部民主主義を抑えるような動きは「逆コース」と呼ばれました。

4 日本はいつどのようにして独立したのか調べてまとめる。

T　<u>戦後改革の方向が変わってきました。日本の独立はまだです。アメリカはどうしたでしょう。教科書を読んで調べましょう。</u>

C　年表には，<u>1951年にサンフランシスコで平和条約を結び，翌年に独立した</u>と書いてある。

C　日本がアメリカと安全保障条約を結んだので，日本を占領していたアメリカ軍は日本に残ったのだな。

C　じゃあイギリス軍とかはいなくなったんだね。

　　資料の (3) QR 条約の内容を読んで確認させる。

T　日米安保条約は約70年後の今も継続され，沖縄をはじめ日本各地にアメリカ軍基地があります。

T　日本は，いつ国際連合に加盟できましたか。

C　1956年です。戦争が終わって11年後です。

C　日本は再び国際社会に復帰したんだね。

流行語で見る高度経済成長

㋕ 日本はどのように高度経済成長したのだろう

1,2 〈高度経済成長〉

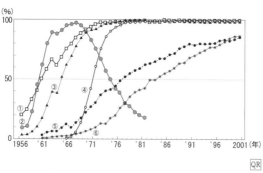

家庭電化製品などの普及
電気洗たく機　　カラーテレビ
白黒テレビ　　　乗用車(カー)
電気冷蔵庫　　　クーラー
(三種の神器)　(新三種の神器)

・便利な生活

・東京オリンピック…新幹線，高速道路の建設

・金の卵＝集団就職で都会へ来た中卒者

POINT　グラフを提示する場合，後半部分を隠して提示するとよい。後半部分がどのような値を示すのか，理由を含めて考えさせる。

1 グラフから家電製品の普及を読み取る。

拡大したグラフ QR を黒板に掲示する。

T　これは家庭電化製品などがどれだけ家庭で使われるようになったかの変化を表すグラフです。①〜⑥は，カラーテレビ，白黒テレビ，電気洗濯機，乗用車，クーラー（エアコン），電気冷蔵庫のどれでしょう。資料 QR に書き込んで発表しましょう。

C　う〜ん，②は今はないから白黒テレビかな？

答えを黒板に書き込む
①電気洗濯機　②白黒テレビ　③電気冷蔵庫
④カラーテレビ　⑤乗用車　⑥クーラー

T　1950年代の後半から急激に普及して"三種の神器"と呼ばれたのは，何でしょう。

C　白黒テレビ，電気洗濯機，電気冷蔵庫がグラフで急に増えているから，これだな。

（写真画像 QR を見せる）

2 高度経済成長について考え，クイズに答える。

T　1950年代の後半から70年代の初め頃，工業生産を中心に日本の経済は急速に発展しました。この頃のことは何と呼ばれているでしょう。

①急速経済発展期　②高度経済成長期
③工業生産飛躍期〈正解②〉

T　1960年代前半頃に"金の卵"と言われたのは誰？〈正解①〉

①中学卒業後，都会に集団就職してきた若い人
②新しい製品の開発をしていた人たち
③日本に出稼ぎに来ていた外国人労働者

T　1964年には東京オリンピックが開かれました。この時に，日本で初めてできたものを2つ答えましょう。ヒントは交通に関係があります。

C　港かな？でも，初めてのものじゃないなあ。

C　分かった！高速道路じゃないかな！

〈正解〉高速道路　新幹線

3 〈三ちゃん農業〉

じいちゃん，ばあちゃん，かあちゃんによる農業

父ちゃんは都会の工場へ出稼ぎ

農業だけでは
生活できない

4 〈光化学スモッグ〉

・工場のけむり

・自動車のはい気ガス＋太陽光

・水また病　四日市ぜんそく…

3　高度経済成長期の農業について考える。

T　工業が発展し，電化製品の普及で便利な生活になりました。この時期，"三ちゃん農業"という言葉も流行しました。どういう意味でしょう。
　※ヒントで「父ちゃん，母ちゃん，じいちゃん，ばあちゃん，兄ちゃん」など選択肢を出して選ばせても良い。

C　三ちゃんって誰だろうな？

C　3人のちゃんという意味？

C　父ちゃん，母ちゃん，兄ちゃんじゃないかな？

C　三ちゃんが農業をするということだね。

T　じいちゃん，ばあちゃん，母ちゃんです。

C　お年寄りと女の人だけだよ。

T　父ちゃんや兄ちゃんはなぜいないのかな？

C　出稼ぎ。農業だけでは生活ができないから。

C　都会の工場へ働きに行った。

C　これじゃあ，工業はすごく発展してきたのに，農業は全然だめじゃないか。

4　環境に関係のある流行語を探して考え，経済成長の結果について深める。

T　環境に関する 1970 年の流行語はどれでしょう？
　①五月病　②新三種の神器　③光化学スモッグ

C　五月病かな？新三種の神器ではなさそうだ。

C　光化学スモッグじゃないかな。

T　正解は③です。資料 QR で確かめてわかったことを発表しましょう。

C　工場からの煙や自動車の排気ガスが原因です。

C　高度経済成長で工業が発展したけど，こんな問題も出てきたのか。

T　他にも，公害や環境問題がこの時期に起こっていましたね。5 年の学習を思い出しましょう。

C　水俣病，四日市ぜんそく。

C　酸性雨とか，自然破壊もいろいろあったね。

T　高度経済成長で生活は便利になったけど，農業や環境などで問題も起きたのですね。

変化の中の日本

板書例

㋯ 今日本はどのような変化の中にいるのだろう

1〈世界の国の対立〉

1989 年

アメリカ×ソ連の
冷戦がおわる

しかし…
各地で戦争・ふん争がつづく

　　　　↑ 解決にあたる

（国際連合）

2〈日本の経済〉

〔1980年代後半〜1990年頃〕

バブル経済…土地・株の値上がり

（好景気）

　　　　↓

〔1991年以降〕

バブル経済ほうかい…値下がり

不景気が続く

POINT インターネットで調べる場合，「どこで」「何を」がキーワードになる。この時間では，政府のHPや歴史館のHP，「戦後の

---

1 世界の国の対立はどのように変化したのかつかむ。

資料「冷戦後の世界」QR を配る。

T　アメリカとソ連が対立していた冷戦はどうなったでしょう？

C　1989 年にアメリカとソ連が冷戦の終わりを宣言したので終わりました。

T　東西の冷戦が終わって，世界は平和になったのでしょうか？

C　第2次大戦が終わってからも，世界のどこかで戦争が起きている。

C　冷戦後は，かえって紛争などが増えている感じがする。

T　世界の各地で起きている戦争や紛争は，違う民族の間での対立や，宗教の違いによる対立などで起きることも多いのです。こうした争いを防ぐ中心になっている国際的な組織は何でしょう。

C　国際連合です。

---

2 日本の経済はどのように変化したのかつかむ

T　日本の経済は，どのように変化していったのでしょう。資料のマンガ QR を見てください。

C　1970 〜 80 年代にかけて景気がよくなった。

C　土地と株の値段がどんどん高くなっていった。

T　その後どうなりましたか。

C　91 年以降土地も株も値下がりしてしまい，土地や株をたくさん買った人や会社は大損をした。

C　会社もたくさん倒産して不景気になっていった。

C　バブル経済が崩壊した。

準備物	・資料2枚 QR ・2つの震災の画像（インターネットより―必要なら） QR	I C T	日本の課題について，インターネットで調べる。「どこで」「何を」といった調べ学習に必要な事項を指導して，学習に臨ませると，児童の調べる力がつく。	

3 〈2つの大震(しん)災(さい)〉

　　1995年1月17日　阪神淡路(あわじ)大震災

　　2011年3月11日　東日本大震災

　　各地でひ害

　　多くのボランティアが集まる

阪神淡路大震災：神戸市の
道路（提供：神戸市）

東日本大震災：岩手県宮
古市

4 〈変化の中の日本の課題〉

> ・エネルギー問題
> ・少子高れい化社会
> ・平和の問題
> ・自然災害

※児童の意見を板書する

日本の成長」を調べさせる。

---

3 **2つの大きな地震災害について調べる。**

T　1995年と2011年に，日本で大きな自然災害が起こりました。それは何ですか。

　　資料「日本で起きた2つの大震災」QR を配る。

C　1995年1月17日の阪神淡路大震災です。

C　2011年3月11日の東日本大震災です。

T　<u>資料を読んでわかったことや思ったことを話し合いましょう。</u>

C　どちらもすごくたくさんの人が亡くなっている。地震って怖いね。

C　東日本大震災では，原発事故が起きたから大変だわ。10年以上もたっているに，まだ避難したままなんてひどいね。なんとかしないと…。

T　この2つの震災の時やその他の災害の時に，全国から支援に集まった人達がいました。

C　ボランティアです。

C　海外からも来てくれた人たちがいました。

4 **地域や社会の課題について考える。**

T　<u>変化の中にある日本ですが，地域や社会には今どんな課題があるのか，周りを確かめてみましょう。</u>

C　原発の事故があったけど，エネルギーの問題がある。火力発電や原発より，太陽光や風力発電などを増やしたらいいと思う。

C　子どもの数が減ってきて，高齢化社会になってきたと言われているね。

C　まだ世界は平和になっていないところもある。日本は大丈夫かな？

T　いろいろな課題がありますね。自分たちは，どうしていったらいいのでしょう。

C　また，大きな地震が起きるという予報もあるから，しっかりと災害に備えないと…。

C　ボランティアなどで助け合うことも大事だ。

C　世の中のことに無関心になったらダメなんだ！

これからの日本を考えよう
―解決すべき課題―

板書例

め　これからの日本を考えよう

1,2 〈解決すべき課題〉

・防災…大じしん，台風，大雨

・少子化，高れい化…高れい人口，介護しせつ

・領土…北方領土（ほっぽうりょうど）返かん問題

・人権…子どものぎゃくたい，いじめ

・沖縄…アメリカ軍の基地問題

・働く人…非正規こよう

・伝統文化を守る…アイヌ文化

・地球の温暖化　　　　　　　　　　　　　など

---

1 今の日本には，どのような解決すべき課題があるか見つける。

T　平和で豊かな社会になった日本では，様々なことがありました。①和食がユネスコ無形文化遺産に登録され，②ノーベル賞を受賞し，③外国では日本文化がテーマの催しが開催されています。このことについて，話し合いましょう。

　　教科書に写真があれば見て話し合う。

C　和食のよさが世界に認められたってすごい！

C　外国人が日本の文化を知ってくれてうれしい。

T　平和で豊かな社会になった日本ですが，まだ解決するべき課題があります。どんなことでしょう。

C　子どもの虐待やいじめなど，人権の問題も大きな課題だよ。

C　少子化と高齢化の問題があります。

C　領土問題や非正規で働く人の問題もある。

C　大雨などの水害だけでなく，いつか大地震が起こるから防災問題がある。

2 それぞれどんな課題なのか，知っていることを交流する。

T　今出た課題について，もっと調べたり知っていることを発表して，みんなと共有しましょう。

　　教科書で調べてもよい。ここでは全体での交流にしているが，グループで話し合ってもよい。

C　沖縄では米軍ヘリの部品が学校に落ちたりしたんだって。

C　地震だけじゃなくて，台風や大雨の被害も大変。温暖化の影響かなと思うわ。

C　介護が必要なのに，介護施設になかなか入れないお年寄りが多いと，隣りの人が言ってたよ。

C　北方領土には，今はロシア人が住んでいる。

C　コロナの例のように医療体制が不安だ。

T　近くの国との友好，若い人やお年寄りの暮らしの問題，沖縄や被災地の復興…課題は多いね。

3,4 〈課題を選んで話し合い，発表しよう〉

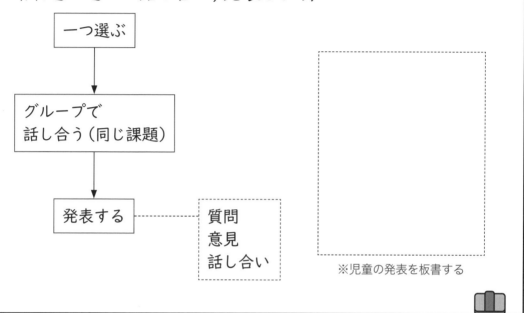

※児童の発表を板書する

3 自分が考えてみようとする課題を選んで話し合う。

T いろいろ課題がありますが，その中から自分が話し合いたい課題を1つ選びましょう。

C ぼくは，災害と復興の問題に決めよう。

C 沖縄は戦争で大きな被害があったのだから，真剣に基地問題を考えないといけないと思う。

C 少子化と高齢化の問題は大きな問題だし，みんなに関係してくるからこれにしよう。

　　同じ課題を選んだ者同士でグループをつくり，日本がどんな国になるべきか話し合わせる。

C ぼくは，災害で被災した人を助けることを，国がもっと優先してするべきだと思う。

C その前に，もっと防災に力を入れて，国の予算も使うべきだよ。

C 電気やガスが使えなくなった時の備えも，もっとしてかないと。

C でもそれで近くの国と争いになるのはどうかな。

4 課題ごとに話し合ったことを発表する。

T グループで話し合ったことを発表します。発表を聞いて質問や意見があれば出してください。

　①私たちは，中国との関係を発表します。

　②歴史の授業で，中国とは大昔から深い関わりがあることを学びました。

　③今も，産業や貿易，文化交流が盛んで，関係が深まっています。

　④中国は尖閣諸島の領有を主張していますが，話し合いで解決していきたいです。

〈意見〉

C 尖閣諸島の問題は，話し合いで解決するの？

C よく中国の船が無断で近づいていると，ニュースになっているよ。

　　各グループから発表し，それぞれについて質問や意見を出して，話し合っていく。

キャッチフレーズをつくろう
―学習のまとめ―

学習したことを年表に整理し，キャッチフレーズをつくることができる。

板書例

め キャッチフレーズを作って，学習のまとめをしよう

1 〈学習したこと〉

・戦後改革
・サンフランシスコ平和条約
・国際連合
・冷戦
・高度経済成長
・東京オリンピック
・沖縄の復帰・米軍基地
・昭和から平成へ
・大震災　　　　　　　　　など

2 〈コメント発表〉

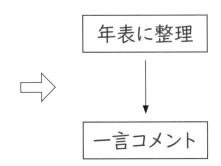

年表に整理

↓

一言コメント

---

1 学習したことを年表にまとめる。

T　戦後から現代までの歴史で，どのようなことを学習してきたか思い出しましょう。

C　日本は連合国軍に占領されました。

C　日本国憲法が新しくできて，日本は平和で民主主義の国になった。

C　サンフランシスコ平和条約を結んで独立したが，アメリカ軍の基地が沖縄などに残った。

C　朝鮮戦争や冷戦もあった。

C　経済が成長して，オリンピックや万博も開かれた。

　　ワークシート QR を配る。

T　戦後から今までの主な出来事を年表に書き入れましょう。隣同士で相談してもいいですよ。

C　日本国憲法の制定は，抜かせないね。

C　東京オリンピックも入れたいな。

C　公害の問題とか大震災とかも，忘れてはいけないと思うわ。

2 一言コメントを考える。

T　年表が出来上がったら，その中から3つの出来事を選んで，板書の（例）を参考にして一言コメントを書いて発表しましょう。

C　アメリカとソ連の冷戦がありました。

C　沖縄の日本復帰が決まって，沖縄の人の願いがやっと実現しました。

C　高度経済成長の時代に電化製品がたくさんつくられ，暮らしが便利になりました。

C　バブル経済が崩壊したよ。

C　高速道路や新幹線もできたよ。

C　東京オリンピック，日本中が夢中になりました。

C　長く続いた昭和の時代には，戦後も経済成長などいろいろな出来事がありました。

3,4 〈キャッチフレーズ〉

「国民の願いをこめた日本国憲法」

「初めての女性議員の誕生で変わる日本」

「くらしを変えた高度経済成長」

「平成は戦争のない平和な時代」

「いつまでも忘れてはいけない大震災」

ワークシート　新しい日本・平和な日本へ―まとめ
名前（　　　）

（1）学習したことを年表に整理し，選んだことに一言コメントを書きましょう。

1945	日本の敗戦	
1946	戦後初の総選挙 39人の女性議員が誕生	●一言コメント
1951	サンフランシスコ平和条約が結ばれる / 日米安全保障条約が結ばれる	●一言コメント
1972	沖縄が日本に返還される	
1989	元号が昭和から平成に変わる	●一言コメント
1995	阪神・淡路大震災が起こる	
2020	東京オリンピック・パラリンピックが開かれる。	●一言コメント

（2）キャッチフレーズをつくりましょう。

3 キャッチフレーズを作る。

T　キャッチフレーズを作るときに，どんなことに注意すればよいでしょう。

　作り方の留意点をみんなで確認させておく。

C　五・七・五にするとか…。

C　言いやすければ五・七・五じゃなくてもいいんじゃない。

C　自分が伝えたいことがきちんと表現されていることが，一番大事なことだと思います。

T　一言コメントや教科書の「ことば」をもとにして，時代や出来事を表すキャッチフレーズを考えましょう。

C　う～ん，なかなか思いつかないなあ。

C　『暮らしを変えた高度経済成長』うん，これがいいな。

C　私は，女性の活躍で作りたいから『初めての女性議員の誕生で変わる日本』にしよう。

4 キャッチフレーズについて話し合う。

T　キャッチフレーズをグループで発表し合い，意見を出して話し合いましょう。

C　ぼくがつくったのは『平成は戦争のない平和な時代』です。

C　そういえば，明治も大正も昭和も，ずっと戦争があった。初めて戦争がない時代だったのだね。

C　平和な時代になったから，オリンピックが開かれたんだね。

T　最後に，グループの代表キャッチフレーズを一つ選んで発表しましょう。

C　僕たちのグループは，『日本が熱狂した東京オリンピック』です。

C　私たちのグループは『いつまでも忘れてはいけない大震災』にしました。

　清書したキャッチフレーズを掲示するのもよい。

日本とつながりの深い国々

全授業時間7時間（導入1時間, A・B・C・D案3時間）

◉ 学習にあたって ◉

◇何を教えるのか　- この単元の特徴 -

　私たちの身の回りの品物・人・文化などを注意深く見ると，日本とつながりの深い国を探すことができます。この単元の学習のねらいは，私たちとは違った生活，文化，習慣を持つ国々を調べ，異なる文化や習慣を理解し合うことの大切さに気付かせることにあります。

　日本とつながりの深い国々として教科書で取り上げられているのは，アメリカ・中国・ブラジル・フランス・サウジアラビアなどです。教科書で取り上げている国々の中から，本書では，アメリカ，中国，ブラジル，フランスを取り扱っています。

　学習内容としては，①学校教育や子どもたちの様子，②民族，文化，人々の暮らしぶり，③経済，国の特色と課題，に絞って学ばせていきます。

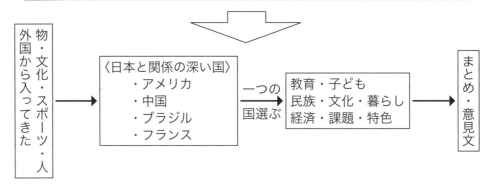

世界の国・人口・言語＝多様　→　共通の願い＝環境，平和，豊かな暮らし

物・文化・スポーツ・人　外国から入ってきた　→　〈日本と関係の深い国〉・アメリカ・中国・ブラジル・フランス　一つの国選ぶ　→　教育・子ども　民族・文化・暮らし　経済・課題・特色　→　まとめ・意見文

◉ 評　価 ◉

知識および技能	・経済，文化，歴史などの面で日本とつながりの深い国の人々の生活の様子や，それぞれの国には大切にされている文化や習慣があることを理解している。 ・外国の人々とともに生きていくためには，異なる文化や習慣を理解し合うことが大切であることがわかる。
思考力，判断力，表現力等	・経済，文化，歴史などの面で日本とつながりの深い国の人々の生活の様子について，学習問題を立てたり，自分の考えを表現できる。
主体的に学習に取り組む態度	・経済，文化，歴史などの面で日本とつながりの深い国の人々の生活の様子に関心を持ち，意欲的に調べようとしている。 ・日本とつながりの深い国々の文化や習慣を理解し合うことの大切さがわかり，共に生きていくために何をすべきか考えようとしている。

時数	授業名	学習のめあて	学習活動
導入	世界の国々の今と人類の願いを知ろう	・世界には多くの国があり，多くの人々が様々な言語を使って暮らしていることが分かり，人類共通の願いに関心が持てる。	・世界には多くの国があり，多くの人々が多様な言語を使って暮らしていることを確かめる。 ・世界の人々の共通の願いについて考える。
1	日本と関係の深い国を探そう	・身の回りの品物，人，文化などから日本とつながりの深い国を探すことができる。	・外国から入ってきた品物，文化，生活への影響などを身の回りから探す。 ・日本と関係の深い国を選び，日本との関係をまとめる。
2	調べる国を決めよう	・調べたい国を決め，学習問題をつくり，学習計画を立てることができる。	・4か国の基本情報を調べ，意見交換する。 ・学習問題をつくり，調べたい国を決める。 ・調べる内容や調べ方を話し合う。
A案3	アメリカの学校と子どものくらし	・アメリカの学校の様子や子どもの暮らしぶりがわかる。	・アメリカの学校と日本の学校を比べて，勉強，子どもの暮らし，子どもが楽しむ行事などを調べる。 ・アメリカの子どもの暮らしについて，さらに調べてみたいことを話し合う。
A案4	移民の国・アメリカ	・アメリカは，移民が多く暮らす多民族社会であることがわかり，海外領土や州について調べることができる。	・アメリカ合衆国の民族の構成を知り，その背景を考える。 ・アメリカの領土や州について調べる。 ・アメリカ合衆国の特徴をまとめる。
A案5	世界にえいきょうをあたえる国	・アメリカは，経済，文化など，さまざまな面で世界に影響を与えていることがわかる。	・アメリカから世界各地へ物や文化が広まり，大企業も進出していることを知る。 ・アメリカはどんな国かをテーマ別にまとめる。
B案3	中国の文化と伝統行事	・中国の伝統行事・芸能・食文化・世界遺産を調べることができ，調べたことに感想や意見をもつことができる。	・日本の暮らしの中にある中国文化を確かめる。 ・中国の伝統行事，料理，世界遺産について調べる。
B案4	中国の民族・学校	・中国は多くの少数民族と漢民族からなる多民族国家であることが分かる。学校の様子や子どもの暮らしが分かる。	・地図やグラフの資料から，中国の人口や民族の構成の特徴をつかみ，少数民族の暮らしを調べる。 ・中国の学校や子どもの暮らしを調べ，話し合う。
B案5	中国の経済発展と人々のくらし	・中国の経済が急速に発展し，それに伴って人々の生活も変化してきたことがわかる。	・中国の経済発展の理由と，中国国内の人々の暮らしについて考える。 ・中国を調べて分かったことを作文に書く。
6・7	まとめる	・4つの国について調べてきたことを発表し合い，世界の国々や人々との関係で大切にしたいことを意見文として書くことができる。	・調べたことを発表し，日本との共通点や相違点を整理する。 ・意見文を書き，外国との関わり合いについて考える。

※C案・D案の指導計画についてはQR資料内を参照

板書例

ⓜ 世界の国の今についていろいろ調べてみよう

1,2 〈世界の国の数と人口〉

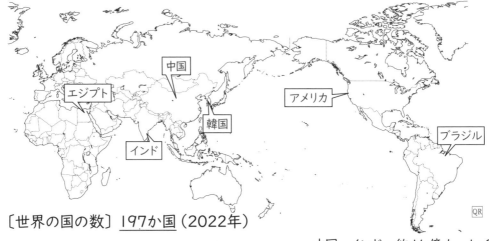

中国

エジプト

アメリカ

韓国

ブラジル

インド

QR

〔世界の国の数〕197か国（2022年）

　　　　　193か国が国連に加盟

〔世界の人口〕約80億人（2022年）

・中国・インド　約14億人　1・2位
・アメリカ　約3億3千万　3位
・日本　　　約1億2千万　11位

POINT 参考資料をもとに，クイズを作成し，資料を児童のタブレットと共有すると興味がわく。

1 知っている国を出し合い，世界の国の数を確かめる。

T できるだけたくさん，知っている国をノートに書きましょう。時間は3分間です。

C いくつ書けるかな？　アメリカ，中国，インド。

C ワールドカップで覚えた国もあるよ。

T では，紹介しながら，国名を発表しましょう。

C ブラジルのサッカーはすごいよ。

C 韓国は，テレビの韓国ドラマで知りました。

C エジプト。ピラミッドに興味があるので…。

　　プリント「国名入り世界白地図」QR で，見つけた国に赤で印をつける。タブレットで交流し合あってもよい。

T 世界には国がいくつあると思いますか。

　　100，200，300 の中から一つ選んで挙手をする。

T 2022年4月現在で197カ国。国連に加盟しているのは，193カ国です。

C 知らない国が世界にはいっぱいあるんだ。

C ほとんどの国が国連に加盟している。

2 世界の全人口と，人口の多い国について話し合う。

T 世界には 200 近い国があるのですね。では，この世界には，何人ぐらいの人が住んでいると思いますか。

　　30億人，50億人，80億人の中から選んで挙手をする。

T 2022年3月で79億人，今は80億人を超えています。人口の多い国をインターネットで調べてみましょう。日本は何位でしょう。

C 中国とインドは14億人をこえている!!

C 3位はアメリカ。日本は11位だね。

　　2023年にはインドが中国を抜いて人口世界1位になると予想されている。（2022年時点）

T 世界の人口について，他に調べてみたいことはありませんか。あれば調べて発表しましょう。

C 平均寿命の長い国はどこかな？

C 世界の人口の移り変わりも調べたいな。

　　時間を決めて，グループ毎に調べたり交流をする。

準備物	・国名入り世界白地図 QR ・参考資料「世界各国の人口」QR ・参考資料「世界で多くの人に使われている言葉」QR ・世界白地図 QR	ICT	国名入りの世界白地図を，児童のタブレットに送信しておく。タブレット上で国ごとに色を塗ったり，国の数を数えさせたりして，気が付いたことを話し合う。	

3 〈世界で使われている言語〉

　　１位　英語
　　２位　中国語
　　３位　ヒンディー語
　　４位　スペイン語

こんにちは　　ハロー
ボンジュール　　ニーハオ

4 〈人類の願い〉

　いろいろな地域・人々→それぞれが様々な願い

　<u>人類共通の願いとは？</u>

　・かん境を守る
　・平和な世界　　　----→
　・うえや貧困をなくす

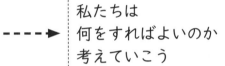

私たちは
何をすればよいのか
考えていこう

---

3 世界にはどれぐらいの言葉があり，どんな言葉が多く使われているか確かめる。

T　世界の人たちは，それぞれの言語を使って生活しています。どんな言語を知っていますか。

C　英語，フランス語，中国語…。

T　世界の国の挨拶を地図帳で探しましょう。

C　中国語で「こんにちは」は，「ニーハオ」。

C　英語は「ハロー」，フランス語は「ボンジュール」。

T　世界でどんな言葉が多く使われているか「キッズ外務省」で調べましょう。

　　グループ毎にアジア，アフリカなど地域を分担して調べ，発表し合う。

C　アフリカは，英語，フランス語，アラビア語。

C　中南米は，スペイン語と英語が多い。

C　使っている言葉は，国の数より多いかも…。

　　参考資料「世界で多く使われている言葉」QR も配る。

C　やっぱり英語が多い。中国語は中国の人口が多い分多い。スペイン語が多いのはなぜかな？

4 世界の人々の願いについて話し合う。

T　多くの国があり，多くの人が住み，多くの言葉で話している。<u>世界の人々はどんな願いを持っているのか考えてみましょう。</u>

　　南米の山地に住む家族，東南アジアの棚田で働く親子，外国の援助で作られた井戸で水を汲むアフリカの人たちなど具体的な場面で考え意見を交流する。

C　飲み水や食べ物の心配がなくなってほしい。

C　作物が豊作になってほしい。

C　戦争のない世の中になってほしい。

T　地域や人によって，様々な願いがありますね。では，<u>人類共通の願いとは何だと思いますか。</u>

C　地球の環境を守りたいということが一番だ。

C　世界中が平和になってほしい。

C　飢えや貧困のない豊かな生活だと思う。

T　人類共通の願いの実現のため，私たちは何をしていけばよいのか，考えていきましょう。

日本と関係の深い国を探そう

板書例

ⓜ 日本と関係の深い国はどこか，探してみよう

❶ 〈外国の製品〉

100 円ショップにある品物

インド　QR　　　ベトナム　QR　　　中国　QR

❷ 〈外国から入ってきたもの，文化，スポーツ，人々〉

バナナ（フィリピン）　　野球（アメリカ）　　野球やサッカー選手

キムチ（韓国）　　漢字（中国）　　工場や店で働く人

Ｔシャツ（中国）　　パスタ（イタリア）　　観光客

1　外国の製品を身のまわりから探す。

竹かご，ボールペン，紙バッグの画像 QR を見る。

T　これらは 100 円ショップで見つけた品物です。どこの国で作られたものでしょうか。

C　竹かごや紙バッグは日本製だとおもう。

C　ボールペンは，アジアのどこかの国かな？

画像をクローズアップして確かめる（MADE IN INDIA など）。

C　竹かごはベトナム，紙バッグは中国製だった。

C　ボールペンはインド製だとは思わなかった。

画像に代えて実物を使えば児童の興味はさらに増す。

T　他に，どんな品物が日本に来ているでしょう。

C　フィリピン産のバナナ。

C　韓国産のキムチ。

T　食べ物以外では，どうですか。

C　中国製のＴシャツ。中国製の服は多いよ。

2　外国から入ってきた文化やスポーツ，外国から来ている人を身の回りから探す。

T　外国から入ってきたのは，品物だけではありませんね。文化やスポーツはどうでしょう。

C　野球はアメリカから伝わった。

C　サッカーなど，外国から来たスポーツは多いね。

C　漢字は中国から入ってきた。

C　外国の映画もあるし，音楽もいっぱいある。

C　洋服や靴も外国から伝わったね。

C　パスタもカレーもハンバーガーも，みんな外国から伝わったものを食べている。

T　外国から来ている人も多いですね。

C　野球やサッカーなどにも外国人選手がいる。

C　工場やお店などで働いている外国人も多い。

T　外国人観光客も多いね。コロナ前の 2018 年の観光客数は 1 位中国，2 位韓国，3 位台湾からでした。

| 準備物 | ・画像 QR (竹かご，ボールペン，紙バッグ) ・ワークシート「日本とつながりの深い国」QR ・世界白地図 QR | ICT | 児童の家や身の回りにある「Made in japan」以外の製品を探して，タブレットで撮影し，班や学級全体で共有する。日本製のものが意外と少ないことに驚くでしょう。 | |

3,4 〈日本と関係の深い国を4つ選ぼう〉

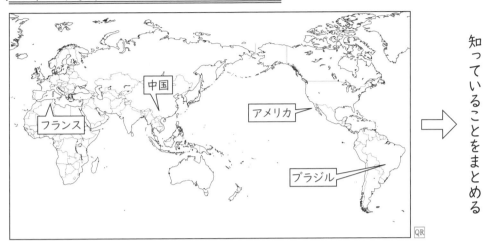

知っていることをまとめる

アメリカ…生活に大きな影響
中国…文化，貿易，観光
ブラジル…日系移民，日本の工場へ
フランス…観光客，富岡製糸場

※児童の発表を板書する

---

3 日本と関係の深いと思う国を4つ選ぶ。

T みんなで話し合って，日本に関係が深いと思う国を，理由も付けて4つ選びましょう。

　グループで話し合い，全体で発表して交流する。

C アメリカ，中国，ブラジル，フィリピンです。アメリカは，日本人の生活に一番大きな影響がある国です。国どうしの結びつきも強い。

C 中国，アメリカ，韓国，ブラジルです。中国とは貿易も多く，遠い昔から関係があります。

C 中国，アメリカ，ベトナム，フランスです。フランス料理のお店もあるし，観光客の行き来も多いと思います。

T アメリカ，中国，ブラジルを選んだグループは多いですね。あと一つは，意見が分かれています。どうしましょうか？

C 教科書にフランスが載っているから，それでいいと思います。

4 4つの国と日本との関係をまとめる。

　ワークシート「日本とつながりの深い国」QR を配る。

T 4つの国について，自分の知っていること，テレビからの情報などをワークシートにまとめましょう。□の枠の中には，写真を貼ったり絵や図などをかきましょう。

　タブレット等を使ってワークシートを共有し，グループの共同作業としてもよい。

C アメリカ大リーグでは，大谷翔平選手らが活躍している。日本にはアメリカ軍の基地も多い。

C 中国とは，輸出も輸入も1位だね。中華料理もよく食べる。中華街も横浜や神戸にある。

C 歴史で勉強した富岡製糸場はフランスの技術者が支えた，なんて知らなかったなあ。

C ブラジルには日本人移民が多い。今はブラジルから日本の工場へたくさん働きに来ている。

　時間があれば，全体で交流をする。

調べる国を決めよう

板書例

ⓜ 調べたい国を選び，学習計画を立てよう

1 〈4つの国の面積・人口〉

約983万km²
約3.4億人

アメリカ合衆国

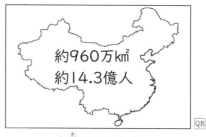

約960万km²
約14.3億人

中華人民共和国

約851万km²
約2億1500万人

ブラジル連邦共和国

約54万km²
約6500万人

フランス共和国

POINT　児童が記入したワークシートを，タブレットで撮影，提出し，皆で共有する。自分が調べたこと以外の内容も知ることがで

---

1 4つの国の基本情報を調べる。

T　前の時間に選んだ4つの国について，基本情報として，どんなことを調べたらよいでしょう。

C　国の広さと人口。

C　正式な国名と首都も知りたいね。

C　どんな言葉を話しているかも知りたい。

T　では，教科書や地図帳などで，正式国名，面積，人口，首都，言語の5項目を調べましょう。

　　ワークシート「4つの国の基本情報」QRに書く。インターネットで調べた結果は，グループで確認する。

C　アメリカ合衆国は，首都がワシントンD.C.。英語で，約983万km²，約3億4000万人。

C　中華人民共和国は，首都が北京。中国語で，約960万km²，約14億3000万人。

　　ブラジル：ブラジリア，ポルトガル語，約851万km²　約2億1500万人
　　フランス：パリ，フランス語約54万km²　約6500万人

2 調べたことを比べて，意見交換をする。

T　4つの国の基本情報を比べて，どんなことを思いましたか。

　　グループで話し合い，意見の交換をする。

C　世界人口が80億人ぐらいだから，世界中の人の5人に1人近くが中国人になる。すごいね。

C　面積も世界4位で日本の20倍以上だよ。

C　中国は大きな国だけど。アメリカも大きな国だよ。面積は中国より広いんだ。

C　言葉はアメリカ語じゃなくて英語なんだ。

C　どちらも広すぎて困ることはないのかな。

C　ブラジルもアメリカや中国くらい，広い国土があるんだ。人口も日本よりずっと多い。

C　アマゾン川とジャングルで有名だね。

C　フランスは日本より広い国だけど，人口は日本よりかなり少ないね。

2 〈調べたことを比べよう〉

- ・中国, アメリカ…広い国
- ・ブラジル…とても広い
　　　　　　人口も多い
- ・フランス…日本より広い
　　　　　　人口少ない

3 〈調べたい国を決める〉

4 〈学習計画を立てる〉

　〔共通して調べること〕
- ・気候, 自然
- ・子どものくらし, 学校, 遊び
- ・食べ物, 習慣, 年中行事
- ・産業, 文化

　〔調べ方〕
- ・観光パンフレット・インタビュー
- ・大使館に聞く・インターネット

　〔まとめ方〕
- ・新聞, 紙しばいなど・画面にうつす

き, 調べる国を決める時の助けとなる。

3 自分が調べたい国を決め, 学習問題をつくる。

T　4つの国について, どんなことを調べていきた いですか。みんなで学習問題を作りましょう。

　グループで話し合い, 全体で交流をする。

C　どんな服を着て, どんな生活をしているのだろう。

C　その国の有名な観光地を知りたい。

C　学校の様子や, どんな遊びをしているのか知り たい。

C　信じている宗教によって, どのように生活が違 ってくるのだろう。

T　では, それぞれの国の生活を中心に調べること にして, 調べたい国を一つ選びましょう。

C　食べ物やスポーツなどで一番つながりの深いア メリカを調べてみます。

C　中国のことをあまり知らないし, 調べたら奥が 深そうなので, 中国を調べます。

4 調べる内容や調べ方を話し合い, 学習計画を立てる。

T　教科書を参考にして, 先の5項目以外に共通し て調べることを確認しましょう。

C　気候, 自然の様子も調べたいな。

C　子どもの暮らし, 学校, 遊び。

C　食べ物, 習慣, 年中行事, 産業や文化。

T　この中の全部, またはいくつかを調べましょう。 他に興味のあることを調べてもいいですよ。

T　調べ方は, どうしましょう。

C　観光パンフレットや教科書を見る。

C　行った人にインタビューをする。

C　日本にある大使館に電話や手紙で聞く。

　世界の国々の政府観光局のサイトを検索できる。外務省 のサイトや旅行者のサイトも活用できる。

T　まとめ方はどうしましょう。

C　新聞, 表や図, 絵本, 紙芝居などにする。

C　パソコンを使ってプレゼンをしたいな。

アメリカの学校と子どものくらし

本時の目標　アメリカの学校の様子や子どもの暮らしぶりがわかる。

板書例

ⓜ アメリカの学校と子どもについて調べよう

1,2 〈アメリカの学校〉

〔勉強面〕
- ・9月～6月
- ・夏休みは2か月
- ・60分授業
- ・飛び級
- ・スピーチやディベート

〔スクールライフ〕
- ・通学はスクールバスや自転車など
- ・たくさんの民族がいっしょに過ごす
- ・給食，弁当，売店
- ・クラブなし，そうじ無し

> ・日本の時間割とすごくちがう
> ・自由な感じ
> ・いろんな民族が一緒に学ぶのは，どんな感じ？
> ・そうじなし＝いい　飛び級＝いや

---

1 アメリカの学校での勉強について，日本の学校と違うところを見つける。

T　アメリカの学校の様子を教科書で調べます。先ず，勉強について，日本の学校と比べて特色を見つけましょう。

C　9月に始まり6月に終わる。夏休みは2か月。

C　授業時間は45分じゃなく60分と長い。

C　スピーチやディベートの授業が盛ん。

C　コンピューターの授業が重視されている。

C　成績がよいと上の学年に行ける（飛び級）。

C　授業は20人ぐらいで受ける。

T　アメリカの学校の勉強について，どう思いますか。

C　少ない人数の授業はいいと思う。

C　授業時間が60分は長くていやだな。

C　同じクラスだった人が飛び級で上の学年に行くのは，絶対イヤだ。

C　日本の時間割と随分ちがうと思った。

2 アメリカの学校の勉強以外のことで，日本と違う特徴を見つける。

T　勉強以外の学校のことで，日本と違う特色を見つけましょう。まず，通学から…。

C　自転車やスクールバスに乗ったり，歩いたり，通学は人によってさまざまなんだ。

C　たくさんの民族の人が一緒に学んでいる。

C　幼稚園から高校まで義務教育になっている。

C　お昼は給食だけじゃなく，お弁当や売店でピザなどが買える学校もある。

C　クラブ活動はない。掃除もない。

T　こんな学校の様子をどう思いますか。

C　お弁当だったり，売店で買って食べられるのはすごくいい。

C　たくさんの民族が一緒に勉強しているって，想像がつかないな。

C　日本よりすごく自由な感じがする。

| ICT | できるだけたくさんの画像をインターネットで集め, 児童のタブレットに送信しておく。教科書や資料集だけでは, 想像しづらい。多くの画像に触れさせたい。 | |

---

3 〈子どもの生活や行事〉

[QR]

・ハロウィン
・ホームパーティー
・感謝祭
・クリスマス

> ・日本にもほしい行事
> ・パーティーやごちそう
> いいな！

4 〈さらに調べてみたいこと〉

・食べ物
・服装
・家
・勉強→よりくわしく
・休み時間

---

3 学校外での, アメリカの子どもの生活や行事などを調べる。

ハロウィンのイラスト [QR] を見る。

T これは何でしょう。子どもたちは何をしていますか。

C ハロウィンのお祭り！

C 魔女などに化けてお菓子をもらいに回る。

C いいな。日本にもこんな行事はないかな？

T 他に子どもが楽しむ行事はありませんか。学校外では, 子どもたちはどんな生活をしているのでしょう。

C 週末には, 家族でホームパーティを楽しむ。

C 11月には, 感謝祭で家族や親戚が集まって七面鳥などのごちそうを食べる。

C クリスマスは, 1年間で最大の行事です。

C 大勢で集まってパーティー, ごちそう, いいな。

4 アメリカの子どもの暮らしについて, さらに調べてみたいことを話し合う。

ここまでの学習を教科書の写真やインターネットの画像などを見て振り返る。

T 教科書中心にアメリカの学校や子どもの暮らしを見てきましたが, もっと調べてみたいことはありますか。

C アメリカの子どもは毎日どんな物を食べているのかな。ハンバーガーとかが多い…かな？

C 服装は, かっこよさそうだから調べてみたい。

C 家はきっと広いんだろう。庭でパーティーができるんだろうな。

C 学校でしている勉強の内容をもっとくわしく知りたい。

C 学校の休み時間は, 何をしているのかな？

T 衣食住は生活の基本ですね。服装, 食べ物, 住んでいる家について, もっと調べて発表会をしましょう。学校についても, もっと調べたいですね。

移民の国・アメリカ

アメリカは，移民などによる多民族社会であることが分かり，海外領土や州についても調べることができる。

ⓜ アメリカ合衆国に住んでいる人と 領土について調べよう

1 〈食文化から移民の国を調べよう〉

ホットドッグ	←	（ドイツ）
ピザ	←	（イタリア）
ステーキ	←	（イギリス）
チリコンカン	←	（メキシコ）
カルフォルニアロール	←	（日本）

ネイティブアメリカン 0.7%
アジア系 6.1%
その他 4.6%
アフリカ系 12.1%
ヒスパニック 18.7%
ヨーロッパ系 57.8%

QR

アメリカ合衆国の民族割合（2020年国勢調査）

2 〈アメリカ人はどこから?〉

もともと住んでいた地域
・ヨーロッパ
・中南米
・アフリカ
・アジア

⬇

移民やどれい

元からアメリカに
住んでいた先住民も

板書例

---

1 食べ物から，アメリカにはどんな人が住んでいるのかを確かめる。

T 世界の国には，それぞれの国の料理があります。例えば，日本には日本料理，他には…?

C 中華料理，フランス料理，イタリア料理…。

T では，アメリカ料理って聞いたことある?

C 聞いたことないな。そんなのあるの?

T アメリカでよく食べられている次の食べ物の起源はどこか，当ててみましょう。

　　問題「アメリカ人の食べ物の起源」QR を見て話し合う。

C ピザは分かった！他は分からないな…。

C アメリカ人が食べているものは，いろんな国から来ているんだ。どうしてかな?

T 資料「移民の国・アメリカ」QR のグラフを見て下さい。

C アメリカにはいろんな人が住んでいるんだ。

C ヨーロッパ系が多いが，半分はそれ以外だね。

C だからいろんな国の食べ物が持ち込まれた！

2 アメリカ人たちは，どこからどんな理由でやってきたのか考え，話し合う。

T 先のグラフに出てきた人たちはどこから来た人たちで，どうしてやってきたのでしょう。

T まず，ヨーロッパ系の人たちはどうですか。

C ヨーロッパからやってきた白人の人たち。

C 移民として，アメリカにやって来た。

T ヒスパニックとは，中南米出身の人たちです。

C やっぱり，移民としてやって来た。

T アフリカ系の人たちはどうですか。

C アフリカ大陸からやって来た黒人だと思う。

C 奴隷として連れて来られたと聞いたよ。

T アジア系の人たちはどうですか。

C 中国や日本など，アジアから来た移民だね。

T ネイティブアメリカンとはどんな人ですか。

C 元からアメリカに住んでいた先住民たち。

T アメリカはいろんな民族の人たちが暮らしている国なのですね。

| 準備物 | ・アメリカ国旗（独立時・現在）QR
・子どもの顔 QR
・資料「移民の国・アメリカ」QR ・円グラフ画像 QR
・問題「アメリカ人の食べ物の起源」QR　地図帳 |

　インターネット上の地図と地図帳とを比較して，各国の土地の様子を調べると理解が深まる。地図の読み方の習熟にもなる。日本の土地の様子と比べてもよい。

3 〈アメリカの領土〉

　　アメリカ本土
　　アラスカ　　ハワイ
　　グアム　　サモア　　ミッドウェー

〈アメリカの特ちょうをまとめよう〉

```



```

※児童の発表を板書する

4 独立時　13 州

↓

現在　50 州

・合州国→州のあつまり
・だんだん大きな国に
・いろんな人たちが住む

---

3 アメリカの領土を調べる。

T　地図帳の世界全図（世界の国々）のページを開いて，アメリカ合衆国を探しましょう。

C　北アメリカ大陸の，カナダとメキシコの間。

C　アラスカとハワイ諸島もアメリカだね。

T　アメリカの領土は，太平洋，大西洋の島にもあります。よく探して見ましょう。

C　太平洋にあるグアム，サモア，ミッドウェー島もアメリカ合衆国と書いてある。

C　なぜ離れた所に領土があるのかな？

T　アメリカは，他国から買い取り，譲り受け，また併合などで領土を増やしてきました。

T　アメリカ国旗の星の数は州を表しています。

　　アメリカ国旗（独立時と現在）QR を比べて見る。

T　独立の時と現在の州の数はいくつですか。

C　独立の時が 13 州，現在は 50 州ある。

C　州もだんだん増えて来たんだね。

4 アメリカ合衆国の特徴を知り，まとめる。

T　アメリカの州について少し調べましょう。

C　州って，日本の都道府県みたいなものかな？

T　日本とは，かなり違います。州には州政府があり，独自の法律，警察，軍隊を持っています。

C　じゃあ，州が一つの国みたいだね。

T　州が集まった連邦国家がアメリカ合衆国なのです。連邦政府にも軍や警察があります。

T　アメリカ合衆国の特徴をまとめましょう。

C　州が集まってできた…"合州国"とも言えるね。

C　だんだん領土が広がり，大きな国になった。

C　いろんな人たちが一緒に住んでいる国だ。

　　最後のまとめとして，アメリカの特徴について，画像や拡大図などを共同で見ながら確認していく。（様々な民族の生徒が集まる学校の画像，世界地図やアメリカの地図でその領土や知っている州を探すなど）

T　アメリカがどんな国か分かってきましたね。

世界にえいきょうをあたえる国

板書例

㊌ アメリカと世界や日本との関係を調べよう

1 〈農業の特色と日本との関係〉

アメリカ

〔輸入量1位の農産物〕
・ぶた肉　牛肉　小麦
・大豆　とうもろこし　など

〔農業の様子〕
・広い農地
・大型機械

日本

2 〈アメリカから広まったもの〉

ハンバーガー
フライドチキン
ジーンズ
スマートフォン
：
：

POINT　児童の自宅や自分の身の回りにある，○○（調べている国）製のものをタブレットで撮影し，皆で共有すると，意外性があっ

1 アメリカの農業の特色と日本との関係を調べる。

アメリカからの輸入農産物を事前に調べさせておく。

T　調べてきた農産物を発表してください。

C　牛肉やグレープフルーツ。

C　アメリカ産のとうもろこしや大豆が原料のお菓子がありました。

大豆
その他 1.1%
フランス 16.0%
カナダ 10.0%
米国 71.4%
輸入額 3,091億円

T　資料 QR の①「日本の主な農産物の輸入先」を見て，気付いたことを発表しましょう。

C　アメリカから多くの農産物を輸入している。

C　とうもろこしや大豆は特に多い。半分以上だ。

C　野菜もアジアの国に次いで2位になってる。

C　私たちは，毎日アメリカ産の食べ物をたくさん食べている。

アメリカ農業の様子について教科書やインターネットの画像，資料 QR の②「農地面積の比較」を見て話し合う。

C　すごく広い畑だ。機械も超大型だ。

C　農地の広さは日本と比べものにならない。

2 アメリカから日本や世界に広がったものを調べる。

ハンバーガーを見せる。（実物または画像 QR ）

C　ハンバーガーだ！

T　これは，もとから日本にあったお店ですか？

C　違う。アメリカからやってきた。

C　日本だけじゃなくて，世界中にあるよ。

T　他に私たちの身の回りで，アメリカから入ってきたもの，世界中に広まっているものを探してみましょう。

C　フライドチキンをたべながら，ハリウッド映画を見たことがある。

C　日本にあるいくつかのテーマパークもアメリカから入ってきたものだね。

C　お兄ちゃんが着ているジーンズ。

C　お父さんが使っているスマートフォンもそうだ。

ジーンズの実物，映画の宣伝等を見せて，身近に感じさせるとよい。

<table>
<tr><td>準備物</td><td>・課題プリント「アメリカ産の食べ物調べ」QR
・資料「世界にえいきょうをあたえるアメリカ」QR
・アメリカから広まった物の実物や画像など</td></tr>
</table>

| I C T | 今までの資料を使ってまとめる場合, 分かったことだけでなく, 自分の考えを書かせる。「最初は…でしたが,今は…」と考えの変化を書かせる。 |

3 〈世界に広がるアメリカ〉

　　・ファストフード店
　　・巨大ITき業
　　・保険会社
　　　　　　　　　など

　　　　　　　　　※児童の発表を板書する

　　企業だけでなくアメリカ軍も世界中にいる

4 〈アメリカがどんな国かまとめよう〉

　　〔テーマ〕
　　「学校と子どものくらし」
　　「産業」
　　「国の成り立ち」　　　　など

ておもしろい。

---

3 アメリカの会社で, 日本や世界で活躍している会社を調べる。

T　ファストフード店やスマートフォンを作る会社のように, アメリカの会社が日本に入ってきています。どんな会社を知っていますか。

　　※児童の発言を板書する。

T　これらの会社は, 日本だけに入ってきているのでしょうか。

C　違う。どれも, 世界中の国に広がっている。

T　他にどんな会社があるか資料QRの③「世界や日本に広がるアメリカ企業」を見ましょう。

C　すごく多くの会社が世界に広がっている。

T　会社だけではありません。資料QRの④も見ましょう。

C　アジアやヨーロッパのいろんな国にアメリカ軍がいる。日本には多くのアメリカ軍がいる。

4 アメリカについて調べてきたことをテーマ別にまとめる。

T　学習してきたことをもとに, アメリカがどんな国だと思うか, まとめましょう。

　　教科書, ノート, 配られた資料などを見直し, 必要なことや興味のあることはさらに調べてもよい。

T　「民族」「国の成り立ちと広がり」「学校と子どもの暮らし」「産業」など, まとめるテーマを決めてからノートに書きましょう。

　　グループでまとめたいことを交流し, それも参考にして, 自分がまとめたいことを決める。

C　ぼくは,「学校と子どもの暮らし」についてまとめます。様々な民族の子どもが一緒に勉強しているのがいいなと思ったから。

C　わたしは,「産業と貿易」についてまとめます。アメリカの生産力や貿易は, 世界1, 2位の規模で, 世界に影響を与えているのが魅力だわ。

　　まとめたことは, 別に時間をとって交流させたい。

中国の文化と伝統行事

め 中国の文化や伝統行事を調べよう

1 〈日本にある中国文化〉

〔物〕
- ・お茶
- ・漢字　毛筆
- ・漢方薬

〔行事や習慣など〕
- ・ももの節句　七夕
- ・仏教
- ・故事成語

你好（ニーハオ）こんにちは

2 〈伝統行事・芸能〉

〔春節〕
- ・旧正月を祝う
- ・竜舞（りゅうまい）　ばく竹
- ・学校や工場は休み
- ・帰省　旅行

横浜・神戸中か街でも

〔京劇〕
- ・派手な衣装やメイク
- ・動きがすごい

板書例

---

1 中国と日本のつながりを確かめ合う。

T　中国から日本に伝わって来たものは，身の回りにたくさんあります。思いつくものを発表しましょう。

C　シュウマイや餃子です。

C　お茶も中国から伝わった。

C　漢字や毛筆習字もそうだね。

C　漢方薬もそうじゃないかな。

T　もの以外に，中国から伝わってきて生活の中に根付いていることもあります。何でしょう。

C　桃の節句，端午の節句，七夕などの行事。

C　仏教も中国から伝わった。鑑真も日本へ来た。

C　故事成語，国語で習った。

T　日本と中国は，古くからいろいろなつながりがありましたね。

2 中国の伝統行事や芸能を調べる。

教科書の春節の画像や，インターネット上の動画を見て，春節について教科書の記述から調べる。

T　これは，中国のどんな行事ですか。

C　春節です。中国の旧正月を祝う行事です。

C　竜舞，獅子舞，京劇などが見られる。

C　お祝いに爆竹を鳴らす。

C　学校，お店，工場なども休みになる。いいな。

C　大勢の人が帰省したり，日本にも旅行に来る。

インターネットなどで京劇の動画を見て思ったことを交流する。

T　これは，中国の伝統芸能の一つ，京劇です。見てどう思いましたか。

C　衣装やメイクが派手で，音楽も特徴がある。

C　動きがすごい。おもしろい動きもある。

C　日本で言ったら，歌舞伎みたいなものかな。

C　国によって伝統芸能にもすごく違いがある。

準備物	・四大料理の画像 QR　・中国料理クイズ QR ・中国白地図（省別地図）QR　・世界遺産画像 QR ・資料「世界遺産の多い国」QR
I C T	できるだけたくさんの画像をインターネットで集め，児童のタブレットに送信しておく。教科書や資料集だけでは，想像しづらい。多くの画像に触れさせたい。

❸ 〈四大料理〉

・北京料理
・広東料理
・四川料理
・上海料理

日本中に広まる

↓

地域の特色のちがいが
料理に表れる

❹ 〈世界遺産〉

・登録数 56…世界第 2 位
・万里の長城
・兵馬俑坑
・莫高窟　　　　など

---

3 中国の四大料理を知り，地域との関係や自分たちとの関わりをを考える。

酢豚，麻婆豆腐，カニ料理，餃子の画像 QR を見せる。

T　みんながよく食べている中国料理です。何でしょう。

C　酢豚，麻婆豆腐。

C　カニ料理，餃子。

T　これらは，中国四大料理の代表的なものです。これから四大料理クイズを出します。

中国四大料理クイズ QR を出す。3択クイズなので，答えが分からなくてもゲーム感覚で答えさせる。

C　第１問の答えは，北京料理，四川料理も聞いたことがあるな。あとは…。

C　麻婆豆腐は四川料理…。

C　第三問の①は分かる！上海料理だ。

中国地図（省別地図 QR など）でどんな地域か確かめる。

C　地域の特色の違いが料理に表れている。

C　日本でも四大料理が食べられるんだね。

4 中国の世界遺産を調べる。

T　日本の世界遺産を知っていますか。

C　屋久島，白神山地，京都のお寺…。

T　では，中国の世界遺産で知っているものは？

C　パンダ？万里の長城…。

T　日本と中国の世界遺産の数を比べましょう。

資料「世界遺産の多い国」QR で調べる。

C　中国は 56 もある。世界 2 位，すごいなあ。

中国の世界遺産画像を何枚か見せる（万里の長城，故宮，莫高窟，兵馬俑坑，麗江古城 QR など）。

T　知っているものはありますか？

C　兵馬俑坑は分かる。

C　中国皇帝の宮殿だ。何て言うのかな。

T　中国の文化や行事について調べてきました。学習した感想を出し合いましょう。

C　知らないことがいっぱいで面白かった。

C　中国って奥が深そう。もっと調べてみたい。

中国の民族・学校

板書例

ⓜ 中国の民族や学校とくらしについて調べよう

1　〈中国でくらす人々〉

　　漢民族（9割以上）＋ 55 の少数民族 ⟹ 多民族国家

2　〈少数民族のくらし〉

　　〔自治区〕
　　・ある程度の自治
　　・面積は広い
　　・周辺部，内陸
　　・砂ばく，高原，山地
　　・漢民族が多数の自治区も

条件のよい土地ではない

　　どんなくらしをしているのだろう？

---

1 中国の民族や人口を調べる。

T　日本の都道府県にあたるところは，中国ではどうなっているのでしょう。

　　中国の省別白地図 QR で調べる。

C　○○省となっている。自治区というのもある。

T　自治区とは，どんなところだと思いますか。

C　チワン族自治区，回族自治区などがあるね。

C　自治区だから，チワン族や回族の自治が認められているのかな。

T　中国は，漢族と 55 の少数民族がくらす多民族国家です。少数民族が多く住む地域は，その民族の自治が認められています。

T　資料「中国の民族と人口」QR の(1)(2)のグラフを見て気付いたことを言いましょう。

C　漢民族が人口の90％以上を占めている。

C　少数民族の人口は日本の人口と同じ位だ。

C　55 の民族には，どんな民族がいるのかな。

2 中国の少数民族とそのくらしを調べる。

　　中国省別地図の自治区を赤鉛筆で囲む。

T　地図で自治区のあるところを見て気付いたことはありませんか。

C　自治区は国全体の面積の半分近くもある。

C　でも，どこも中国の端の方の内陸側にあるね。

C　海近くや中心部にはない。

T　自然条件を地図帳で調べてみましょう。

C　砂漠や高原や，山の多いところ。

C　自治区は条件のよい土地ではなさそうだね。

T　資料の(3)，自治区の人口グラフも見ましょう。

C　漢民族も多くて半数を超えるところもある。

C　自治区に漢民族が入り込んできているのかな。

C　暴動が起きたとニュースで見たことがある。

T　少数民族の暮らしを調べてみましょう。

　　何枚か画像 QR を見せて想像させ，インターネットなどでも調べて，後日交流の機会を設定する。

| 準備物 | ・資料「中国省別地図」QR ・「中国の民族と人口」QR
・画像「少数民族の村」4枚 QR
・「少数民族の工芸品」4枚 QR ・「学校」QR
・地図帳 | ICT | インターネット上の地図と地図帳とを比較して，各国の土地の様子を調べると理解が深まる。地図の読み方の習熟にもなる。日本の土地の様子と比べてもよい。 | |

3,4 〈学校と子どものくらし〉

・1クラス50人ぐらい

・1年から漢字900字

・英語，コンピューター

・受験勉強

・飛び級

・2時間の昼休み（家に帰る子も）

・たっ球が人気

・農村の子どもは家ちくの世話など

中国の学校

・勉強がきびしそう
・一人っ子は期待が大きくて大変そう
・地域によって生活がちがう

※児童の発表を板書する

---

3 中国の学校の様子や子どもの暮らしを調べる。

T　中国の学校での勉強について，教科書で調べましょう。日本とどこが違っているでしょう。

　　教科書の写真や学校の写真 QR も参考にする。

C　1クラス50人ぐらい。

C　1年生から900字以上の漢字を覚える。

C　英語やコンピューターの授業が重視される。

C　低学年では，ゆずり合いの精神などを教えられる。

C　受験勉強に熱心で，飛び級の制度がある。

T　勉強以外の生活はどうですか。

C　昼休みは2時間。家に食べに帰る子もいる。

C　朝7時過ぎに登校して，午後5時頃に帰る。

T　中国の子どもたちの暮らしはどうでしょう。

C　学校から早く帰った日は，友だちと遊ぶ。

C　卓球は人気の遊び。

C　農村の子どもは，家畜の世話や家の仕事をよく手伝う。

4 中国の学校と子どもの暮らしについて話し合う。

T　中国の子どもの勉強や生活について，勉強して思ったことや考えたことを話し合いましょう。

C　飛び級やコンピューター重視の学習はアメリカと似ている。

C　日本より勉強が厳しそう。受験勉強とか，1年から漢字をたくさん覚えたりとか…。

C　一人っ子政策があったみたいだね。兄弟がいなかったら寂しいだろうと思う。

C　みんな一人っ子なんて，不思議な感じ。

C　一人っ子だと親からの期待も大きくて，中国の子どもも大変そうだな。

C　農村と町の子では，生活がかなり違いそう。

C　少数民族の子も，貧しそうな気がする…。

T　もっと，少数民族のことや子どもたちの生活について，調べてみるといいですね。

中国の経済発展と人々のくらし

本時の目標　中国の経済が急速に発展し，それに伴って人々の生活も変化してきたことが分かる。

板書例

㋰ 中国の経済と人々のくらしについて調べよう

1 〈中国経済の現状〉

2 〈中国経済の発展〉

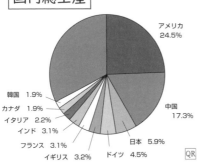

国内総生産

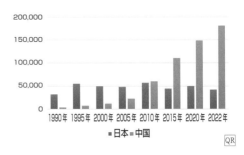

中国と日本の生産額

中国…アメリカとならぶ経済大国

国内総生産＝世界2位
輸出＝世界1位
輸入＝世界2位

急速に発展→日本を追い抜く

POINT 児童の自宅や自分の身の回りにある，○○（調べている国）製のものをタブレットで撮影し，皆で共有すると，意外性があっ

1 中国経済の現状をつかむ。

T　資料プリント QR の（1）の円グラフから中国経済の今について，気付いたことを発表しましょう。

　　資料のグラフは，タブレットで共有して読み取る。

C　国内総生産が世界第2位になっている。

C　アメリカと中国が他の国より断然多い。

C　国内総生産ってなんだろう？

T　国内総生産とは，その国で1年間に生産された物やサービスの合計金額です。

T　中国の貿易についても，資料プリントの（2）（3）のグラフを見て気付いたことを発表しましょう。

C　輸出は断トツで世界1位です。

C　輸入はアメリカに次いで世界第2位です。

T　これらのグラフから，今の中国経済の特徴について，どんなことが言えますか。

C　すごく大きな経済力を持っている。

C　アメリカとならぶ経済大国だと言える。

2 中国経済が急速に発展してきた理由を考える。

T　資料プリント QR の（4）は，中国と日本の国内総生産の移り変わりを表したグラフです。気付いたことを発表しましょう。

C　1990年の中国は，日本よりはるかに少ない。

C　2010年には日本を追いこして，2022年には日本の4倍以上になっている。

C　すごい勢いで中国の生産額は増えている。

C　中国経済は急速に発展してきた。

T　どうしてこんなに中国経済が発展してきたのか，教科書も参考にして話し合いましょう。

C　人口が多いから，働く人がたくさんいる。生産した物を買う人もたくさんいる。

C　外国にもたくさん輸出して売り，生産に必要な物はどんどん買って輸入している。

C　国土が広いから，資源も豊かなんだと思う。

C　経済特区があって，外国企業も進出している。

〔急速な発展の理由〕
・人口が多い→労働力，こう買力
・貿易→海外にも広がる
・広い国土→豊かな資源
・経済特区→外国企業の進出

3 〈くらしの変化〉

・豊かになった
・オリンピック開さい
・日本へも大勢の観光客
・公害問題
・都市と農村・少数民族の格差

4 〈中国について分かったことをまとめよう〉

日本と中国
学校を比べる

経済発展
の問題点

ておもしろい。

---

3 経済の発展によって，中国の人たちの暮らしが変わってきたことについて話し合う。

T　経済の発展によって，人々の生活はどのように変わってきたのでしょう。教科書の写真や書いてあることも参考にして話し合いましょう。

　　グループで話し合い，その内容を全体で交流する。

C　大きなビルがいっぱい建っているから，暮らしはよくなっていると思う。

C　日本にも中国人観光客が大勢来て，爆買いをしてるから，暮らしにゆとりができている。

C　オリンピックやパラリンピックを開催できるのはお金があるからだよ。

C　でも大気汚染や公害の問題も起きている。

C　若い人が農村から都市に出稼ぎに来ている。都市と農村の格差が大きくなっているんだ。

C　少数民族の人たちとの格差もあると思う。

T　生活がよくなった面もあるけど，格差の拡大などの問題点もありそうですね。

4 中国を調べて分かったことを作文に書く。

T　中国について学習してきて，印象に残っていることを発表して下さい。

C　多くの民族が住んでいる。

C　少数民族の暮らしや文化。

C　人口が多い。日本の 10 倍以上。

C　都市と農村の，暮らしの違い。

C　中国の学校や子どもの暮らし。中国の子どもの生活は結構大変だと思った。

C　経済がすごく発展している。アメリカを追い抜くんじゃないかな。

T　中国の学習のまとめとして，中国についてわかったことを作文に書きましょう。

C　わたしは，経済発展をしている中国が抱えている問題について書こうと思う。

C　ぼくは，日本の学校と中国の学校を比べて，同じところと違っているところを書きたい。

フランスの学校の様子と子どもの生活

フランスの学校での学習や子どもたちの生活の様子が分かり，更に調べてみようとする興味を持つことができる。

板書例

ⓜ フランスの学校と子どもの生活について調べよう

1,2 〈フランスの学校〉

［勉強面］

・小学校5年　中学校4年
・9月から新学年
・飛び級や留年
・プール，家庭科室
　体育館，音楽室がない

↓

地域の施設へ

［スクールライフ］

・登下校→保護者つきそい
・昼休み2時間
　　昼食＝食堂や自宅
・夏休み2か月
　秋，クリスマス，冬，春休み

休みが多く長いいいな！

---

1 フランスの学校での勉強について調べ，日本の学校との違いを見つける。

T　フランスの学校では，どのような勉強をしているのか，日本との違いを調べましょう。

　　教科書を読んで分かったことを発表する。

C　小学校が6歳から5年間で中学校が4年間通う。小中学校に通う年数や小学校入学の年も違う。

C　水曜日が午前中授業や，休みのところもあるっていいな。

C　教科書に授業の様子の写真もあるね。

C　プールや家庭科室，体育館，音楽室がない。

C　地域の施設へ行くことがあるらしい。

　　キッズ外務省など，インターネットで更に調べる。

C　調理の授業はないみたいだよ。体育の時間も少なそうだね。

C　3歳から16歳まで学校に通うんだ。

C　飛び級や留年があるのは日本と違うね。

2 フランスの学校での勉強以外のことを調べ，日本と違う特徴を見つける。

T　今度は，勉強以外の学校のことで，日本と違う特色を見つけましょう。まず，通学から…。

　　教科書と併せて，先に調べたキッズ外務省やインターネットも活用する。

C　登下校は保護者が付き添います。

C　集団登校はしていないのかな。

C　子どもだけで外へ行けないのは不自由だね。

T　休み時間，昼食，夏休みなどはどうですか。

C　昼休みが2時間もある。すごいな。

C　昼食は食堂で食べたり，家に帰って食べたりする。給食がないんだ！

C　秋休み，クリスマス休み，冬休み，春休みが2週間ずつ。学年が変わる夏休みは何と2か月！こんなに休みがあるなんて，羨ましい。

T　いいことばかりじゃないかもしれませんよ。興味のある人は更に詳しく調べてみましょう。

③ 〈子どもの生活や行事〉

・じゅくに行かない
・おこづかい→手伝いをしてもらう
・習い事をする子どもが多い

習いごとの例
フェンシング　乗馬
ダンス　楽器

・ケルメス(学校の行事)

ケルメス
遊具，ゲーム，発表会
お菓子などのスタンド

④ 〈調べてみたいこと〉

[感想]

・ちがいが分かってよかった
・ケルメスが楽しそう

[さらに調べたい]

・勉強の内容
・休み時間
・友達との遊び
・マンガやゲームは？

3 学校外の子どもたちの日常生活や行事などについて調べる。

T　放課後は、どんな生活をしているのでしょう。

教科書を読んで分かったことを発表する。

C　習い事に行く子どもが多い。
C　でも、塾や家庭教師に習うことはないんだ。
C　フェンシングや乗馬、ダンス、楽器…。
C　私たちの習い事とかなり違うね。
C　フランスの方がいいな。塾もないし楽しそう。
T　その他に分かったことも発表しましょう。
C　お小遣いは、家の手伝いなどをしてもらう。
C　これは日本の方がいいかな…。
C　ケルメスという学校の行事があります。

ケルメスをインターネットで調べる（画像もある）。

C　ゲームコーナーがあったり、大きな遊具もあってミニ遊園地みたいになっている。
C　食べ物やお菓子を売るスタンドもできる。
C　学芸会みたいなこともやっている。

4 フランスの子どもの暮らしについて、さらに調べてみたいことを話し合う。

T　フランスの学校や子どもの生活を見てきましたが、学習したことの感想を出し合いましょう。
C　学校も生活も日本と違うところが多かった。
C　自分たちの毎日の生活が普通だと思ってきたけど、違うところもあると分かってよかった。
C　ケルメスが楽しそうでいいなと思った。
C　羨ましいなと思った所もあるけど、わたしはやっぱり日本の生活の方がいいかな…。
T　フランスの学校や子どもの暮らしについて、もっと調べてみたいことはありますか。
C　学校での勉強の内容がくわしく知りたい。
C　学校の休み時間は、どうしているのかな？
C　放課後や休みの日に、友達とどこで何をして遊んでいるのか知りたい。
C　マンガを読んだり、ゲームをしたりしているのかな？

フランスの人々のくらし

フランスのパリや地方での暮らしと，移民として移り住んだ人々の様子が分かる。

板書例

ⓜ フランスの各地に 住んでいる人たちのくらしを調べよう

1 〈地図上のフランス・パリ〉

パリ行政区

I区〜20区
うずまき状

インターネットで
パリ中心部地図を
探して拡大する

パリ中心部地図

日本とのちがいは？

円形の道に囲まれる
→周りに広がる道

2 〈パリでのくらし〉

・<u>交通が発達</u>

・マルシェ（市場）
　　↑お気に入りの店
　　　野菜，チーズなど

・フリーマーケット
　　ブロカント
　　子どもの出店

・朝食昼食＝簡単
・夕食リッチ？
・あくせくしない

---

1 地図でフランス・パリを見てみる。

T　<u>地図帳でフランスの位置や周りを確かめて，分かったことを発表しましょう。</u>

C　フランスはヨーロッパ大陸にあり，北は大西洋，南は地中海に面しています。

C　周りには，スペイン，ベルギー，ドイツ，スイス，イタリアがあり，北にはイギリスもある。

　　地図帳でパリの位置を確かめ，行政区図 QR を見る。

C　1区を中心に渦巻きのように広がっている。

C　20区まであるね

T　グーグルマップでパリ市内や周りの様子を見て，気付いたことを言いましょう。

　　　パリの地図を拡大したり縮小したりして見る。

C　パリを囲む円形の大きな道があり，そこから周りに放射線状に道が広がっている。

C　小さな道がクモの巣のように繋がっている。

C　日本の道の広がり方とは違う感じがする。

2 パリの人々の暮らしを調べる。

T　<u>パリの交通や買い物について教科書で調べて，分かったことを発表しましょう。</u>

C　交通がとても発達している。地下鉄は14路線もある。バスもくまなく走っている。

C　移動するには，便利そうだね。

C　マルシェという市場があり，野菜，肉，魚，チーズなどはその中のお気に入りの店で買う。

　　インターネットや教科書の写真で店の様子を見る。

C　たくさんの店があって，いろいろな品物を売っているね！食べ物は新鮮そうだ。

C　日用品はスーパーマーケットで買っている。

C　フリーマーケットも人気らしい。

C　ブロカント（古道具市）の写真も載っている。

C　子どもたちがお店を開いて，おもちゃなどを売ることもあるって書いてあるね。

C　日本ではないことだね。

| 準備物 | ・パリ行政区図 [QR]
・資料「フランス社会と移民」[QR]
・イラスト「アルザス地方の民族衣装」[QR]
・地図帳 |

| I
C
T | インターネット上の地図と地図帳とを比較して，各国の土地の様子を調べると理解が深まる。地図の読み方の習熟にもなる。日本の土地の様子と比べてもよい。 |

3 〈地方でのくらし〉

・地産地消
・ゆったり
・石造りやカラフルな家
・よい物を長く使う
・民族衣装も…

アルザス地方の衣装

いろいろ調べてみよう

4 〈フランス社会と移民〉

・いろいろなレストラン
　アフリカ料理
　中東料理など

・移民が多い（植民地だった国から）

　　　イスラム教徒多い

　問題，対立も

・政治と宗教を分り

　権利・自由・平等は保障

---

3 フランス人の1日の生活や地方の暮らしについて話し合う。

教科書の「デュボワさんの1日」を読む。

T　フランスの人の1日の生活について思ったことを話し合いましょう。

C　朝食や昼食はわりと簡単にすませている。

C　大人の夕食はちょっとリッチな感じ。

C　あまりあくせくしないで生活している。

T　パリの人々の生活は分かったけど，地方ではどんな生活をしているのでしょう。

教科書のひなさんのメモを読む。

C　地産地消が基本で，ゆったり生活している。

C　各地に古くから残る石造りの家がある。

C　あまり物を持たず，よい物を長く使う。

C　これも日本と違う。フランスの方が良さそう。

C　アルザス地方の民族衣装が載っている。

旅行社のサイトなどでアルザス地方を調べてみる。

C　きれいな家がならんで，花もいっぱい！

4 フランス社会の中の移民について調べ，話し合う。

T　「デュボワさんの話」の下2段落の移民の話を読んで，分かったことを発表しましょう。

C　植民地だった国からの移民が多く暮らしているので，いろいろな国のレストランがある。

教科書の画像で確かめる。

C　いろんな国の国旗が飾ってある。

C　アフリカや中東の料理店。日本には少ないね。

資料「フランス社会と移民」[QR] を読む。

C　移民が多くて，イスラム教徒も多い国なんだ。

C　移民をめぐっての事件や問題も起きている。

C　宗教と政治を厳しく分けている。

T　今日学習したフランスの人々や暮らしについて，意見を出し合いましょう。

C　いろんな国の人々が暮らしている国だね。

C　不満や対立もあるけど，理想も持っている国だと思った。それを大事にしてほしい。

農業と観光業が
さかんなフランス

板書例

㋑ フランスの農業と観光業を調べよう

1 〈農業〉

・国土の 50% 以上が農地

・食料自給率 131%

・主な農産物の生産量－日本と
　ケタちがい

　　　　↓

EU 最大の農業国

課題も…

・働く人 ⎫
・農地　 ⎭ 減っている

2 〈絹織物〉

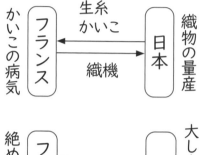

かいこの病気　フランス ← 生糸 かいこ ／ 織機 → 日本　織物の量産

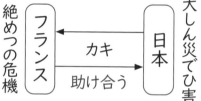

絶めつの危機　フランス ← カキ ／ 助け合う → 日本　大しん災でひ害

POINT 児童の自宅や自分の身の回りにある，○○（調べている国）製のものをタブレットで撮影し，皆で共有すると，意外性があっ

---

1 フランスの農業の特色を調べ，話し合う。

教科書の見出しを読み，今日の学習内容を確かめる。

C　フランスの農業と観光業です。

資料「フランスの農業―日本と比べて」QR を読む。

T　フランスの農業について分かったことと，それについて思ったことを出し合いましょう。

C　国土の半分以上が農地だなんてすごい。

C　日本のように山地が多くはないんだね。

C　消費される食料のほとんどをまかなっていると教科書に書いてあるけど，自給率が 131％ということは，余るぐらい生産している。

C　主な農産物を見たら，日本と桁が違うね。

T　フランスは EU 最大の農業国ですが，課題もあるのですね。教科書で調べましょう。

C　農業で働く人が減り，農地も減っている。

C　肥料を多く使うので，環境問題が起きている。

C　課題は日本の農業と似ている感じだね。

2 日本とフランスの産業の関わりについて話し合う。

T　日本とフランスの貿易について，教科書のグラフを見て，気付いたことを発表しましょう。

C　日本からフランスへの輸出より日本のフランスからの輸入の方が金額が多い。

C　でも，農産物関係はぶどう酒ぐらいだね。

C　「その他」に農産物が入っているかも…

C　金額で調べたら，工業製品が高くなるよ。

T　教科書に書いてあるリヨンと日本のつながりを読んで，思ったことを話し合いましょう。

C　リヨンの絹織物業の危機を救ったのが，日本の生糸と蚕のまゆだったんだ！　へえ～！

C　日本も，絹織物についてフランスから学んで量産が可能になったんだ。

C　ギブアンドテイクだね。

フランス牡蠣の絶滅危機の時と東日本大震災の時に，互いに牡蠣を届けて助け合った話を紹介するとよい。インターネットでも調べられる。

| 準備物 | ・資料「フランスの農業—日本と比べて」QR
・資料「外国人旅行者数」QR　・同グラフ QR
・モンサンミッシェルイラスト QR |

| ICT | 今までの資料を使ってまとめる場合, 分かったことだけでなく, 自分の考えを書かせる。「最初は…でしたが, 今は…」と考えの変化を書かせる。 |

3 〈観光〉

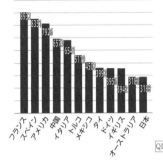

・世界一の観光客数

・美しい村, 古城

・美術館, 博物館

みりょくが｜いっぱい

↓

観光客

4 〈調べたことをまとめる〉

学習して印象に残ったこと

↓
　　・観光
　　・農業
　　・学校など

新聞に書こう

ておもしろい。

3　フランスの観光業を調べる。

T　フランスの観光地や施設でどんな所を知っていますか。

C　パリ, エッフェル塔, 凱旋門。

C　セーヌ川, モンサンミッシェル。

　　資料「外国人旅行者数」QR をみる。

T　グラフを見て, 分かったことや思ったことを発表しましょう。

C　フランスの外国人観光客数は世界一です。

C　日本の2倍以上も外国からの観光客がある。

T　教科書にも書いてあるので読みましょう。

C　美しい村もいっぱいある。

C　観光のために作られたのではなく, 歴史的な建物に暮らしながら村の美しさを守るというのがいいね。

C　美しい古城にも行ってみたいな。

C　有名な美術館や博物館もたくさんある。

C　魅力がいっぱいだから観光客が集まるんだ。

4　フランスについて調べたことを新聞に書く。

T　フランスについて学習してきましたが, どんなことが一番印象に残りましたか。

C　観光です。行ってみたいところがいっぱいある。

C　ぼくはフランスの農業に興味がある。

C　やっぱり学校や子どもの暮らしかな。国が変われば, 違うことがいろいろあるなと思った。

T　では, フランス学習のまとめとして, 調べたことを新聞に書きましょう。

　　教科書の例を見てどんな新聞を作ればよいかイメージを持つ。図書室, インターネット, 授業で使った資料などで調べる。時間がなければ, 次時までの課題とする。

C　こんな風に書けばいいのか。あまり難しくなさそうだ。

C　写真も入れるのもいいな。授業で使ったグラフも使えそうだ。

板書例

ⓜ ブラジルの学校と子どもの生活について調べよう

1,2 〈ブラジルの学校〉

［勉強面］

- 夏休み明けの2月が新学期
- 午前と午後の2部制
- 教科ごとに先生
- 席は決まっていない

［放課後の過ごし方］

- サッカーで遊ぶ
- じゅう道やサンバを習う
- 子どもだけでパーティー
（何をするか自分たちで
決めて夜おそくまで）
- 受験きょうそう
（じゅくに通うなど）

- 国語はポルトガル語
Bom dia（ボンジーア）おはよう　Oi!（オイ）こんにちは

---

1 ブラジルの学校での勉強について調べ，日本と比べてみる。

T　ブラジルの学校では，どのような勉強をしているのか調べ，日本と比べてみましょう。

　　教科書を読んで分かったことを発表して話し合う。

C　日本の冬がブラジルでは夏になる。

C　夏休みが終わる2月に新学期が始まる。

C　学校は午前と午後の2部に分かれていて，どちらか選べる。

C　日本とかなり違うね。

C　教科は，国語，算数，社会，理科，体育，芸術がある。

C　教科は日本と似ているかな…。

C　でも，国語はポルトガル語なんだ。

C　演劇が教科にあるのも日本と違う。

C　教科ごとに違う先生が教えるのは，日本の中学校みたいだね。席も決まっていないんだ。

C　担任の先生はいるのかな？

2 ブラジルの学校での勉強以外のことを調べ，日本と違う特徴を見つける。

T　学校が終わった放課後は，どんな過ごし方をしているのか調べ，日本と比べてみましょう。

　　教科書や資料「ブラジルの学校と子ども」QR を読み，分かったことを発表して話し合う。

C　サッカーをして遊ぶ。さすがブラジルの子だ。

C　柔道を習いに行くのは，日本でもあるけど，サンバも習いに行くのか…。

C　子どもだけでパーティーをすることもある。

C　何をするか自分たちで決めて，夜遅くまで楽しむんだって。

C　ブラジルの子って自由でいいなあ。

C　でも，受験競争が激しくて，塾に通ったり，受験に失敗したら，何度も挑戦するんだ。

C　それは厳しいな…。

C　日本のキャラクターも人気があるなんて，驚いたな。

3️⃣ 〈子どもの生活や行事〉

・クカ
　　ま女
「早く寝ないとクカが来るよ」

・カーニバル
　　ダンス，衣装
　　　　↑
先住民などの民族の文化

4️⃣ 〈調べてみたいこと〉

・勉強以外の学校のようす
・サッカーと子どもたち
・食べ物　あそび
・なぜポルトガル語なのか？
・一番の希望は？

歌っておどって
もりあがるのが
すきそうだ

---

3 学校外の子どもたちの日常生活や行事などについて調べる。

T　教科書の続きを読んでみましょう。「クカ」というのが出ていますね。
C　7年に1回しか眠らない魔女だって。
C　遅くまで起きていると「クカが来る」と言って脅かされる。
C　写真のクカは，あまり怖そうじゃないね。
T　ブラジルには有名なお祭もありますね。
C　知ってる！リオのカーニバルだ！
C　すごい派手な衣装で踊りまくっている。
C　ダンスや衣装は先住民族など，いろんな民族の文化が合わさったというのは知らなかった。
　　インターネットでカーニバルの動画等を見てもよい。
C　すごい熱気がある。楽しそう。
C　子どもが楽しんでいるのだろうね。
C　他にもお祭りがある。ブラジルの人は，歌って踊って盛り上がるのが好きそうだね。

4 ブラジルの子どもの暮らしについて，さらに調べてみたいことを話し合う。

T　ブラジルの学校や子どもの生活について，学習したことの感想を出し合いましょう。
C　日本とは，ちょっと変わった勉強もしている。
C　夏にクリスマスなんて変な感じがする。
C　学校は半日で終わるのがいい。後は自由だ！
　　できれば，インターネットや図書で子どもの生活について更に調べさせたい（不就学児などの問題もある）。
T　ブラジルの学校や子どもの暮らしについて，もっと調べてみたいことはありますか。
C　勉強以外の学校の様子があまり分からないのでもっと調べてみたい。昼食や休み時間など。
C　子どもたちとサッカーの関係を詳しく調べたい。
C　食べ物や遊びについて調べたい。
C　なぜ国語がポルトガル語なのか？
C　子どもの一番の希望は何かな？

大都市とアマゾンの様子

大都市と移民などの住民の暮らし，自然豊かなアマゾンの開発をめぐる問題や住民の暮らしが分かる。

板書例

ⓜ ブラジルの大都市やアマゾンの様子を調べよう

1 〈ブラジルの大都市〉

ブラジリア
リオデジャネイロ
サンパウロ
QR

・人口200万人以上の都市が7つ
・サンパウロ　1239万人余

　高層ビル

　道路混雑

　活気ある市場など

2 〈日本人移民〉

・1908 〜 1971 年
　笠戸丸(かさともまる)など
　コーヒー農園で働く

↓

熱帯林を開たく・土地を買う

QR

------ 苦労して
　　　働くようす

・現在 − 日系人 200万人
　　日本人が広めた習慣など

---

1 ブラジルの大都市の様子を調べる。

T　ブラジルにはどんな大都市があるでしょう。
　地図帳で探してみましょう。

C　ブラジリア，リオデジャネイロ，サンパウロ。

T　どれくらいの人口がいるのか，日本の大都市とも比べてみましょう。

　　資料「ブラジルのいろいろ」QR の (1) で調べる。

C　サンパウロの人口がすごい。1200 万人をこえている。200 万人以上の都市が7つもある。

C　名前の知らなかった都市の方が多い。

T　では，ブラジル1の大都市サンパウロの様子を教科書で調べましょう。

C　高層ビルが並び，道路はいつも混んでいる。

C　ショッピングセンターや市場は活気にあふれている。写真が載っているね。

C　日本，中国，韓国の移民が住む東洋人街がある。和菓子や日本料理の店もある。

2 ブラジルに渡った日系人移民の歴史と暮らしを調べ，感想を交流する。

T　日本人移民の歴史や暮らしについて調べ，分かったことや思ったことを出し合いましょう。

　　教科書や資料「ブラジルのいろいろ」QR の (2) で調べる。インターネットで笠戸丸出航や神戸市の海外移住と文化の交流センターの画像も見られる。

C　明治から昭和まで，すごく長い間続いたんだ。

C　移民って，もっと昔の話かと思っていた。

C　初めはコーヒー農園で働き，その後土地を切り開いたり農地を買った。随分苦労したと思う。

C　アマゾンの森林を切り開くって，すごい！

C　移民の子孫の日系人が 200 万人もいる。

C　その中には，サンパウロの東洋人街に住んでいる人もいるんだね。

C　日本人が広めた習慣もあるんだ。(生野菜食)

準備物	・資料「ブラジルのいろいろ」 QR ・イラスト「コーヒー収穫」「アマゾン熱帯林」 QR ・ブラジル白地図 QR ・地図帳	I C T	インターネット上の地図と地図帳とを比較して，各国の土地の様子を調べると理解が深まる。地図の読み方の習熟にもなる。日本の土地の様子と比べてもよい。

3 〈アマゾン熱帯林〉

・世界最大の熱帯林
・大河アマゾン川
・多くの生き物

多様な生き物のすみか
CO_2 吸収　O_2 を出す
温暖化を防ぐなど

4 〈熱帯林の開発と人々の生活〉

問題

・森林が減っている
　開発 – 農地，牧場，道路
　い法な木材の切り出し

原住民が土地を追われる
日本の面積以上を失う

役割が果たせない
大変！！

---

3 アマゾンの熱帯林について調べ，話し合う。

T　アマゾンの熱帯林について，どんなことを知っていますか。

C　世界最大のジャングル。アマゾン川が流れている。

C　すごくたくさんの動物が住んでいる。

C　サルの仲間が多いんだ。ナマケモノもいる。

C　巨大魚もいる。水族館で見たことがある。

　　教科書を読み，インターネットの画像も見てイメージを広げる。以下の展開でも，随時活用していきたい。

T　アマゾンの森林は，どんな役割を果たしていると思いますか。

C　多くの生き物の住む場所になっている。

C　植物もいっぱい。

C　大量の二酸化炭素を吸って，酸素を出している。地球の温暖化を防ぐために大切な森林だ。

4 熱帯林の開発と人々の生活について考える。

T　今，アマゾンの熱帯林で問題になっていることがあります。それは何でしょう。

　　まず，教科書を読んで調べる。

C　農地や道路などの開発で，森林が減っている。

C　木材も切り出されている。

C　原住民が土地を追われ，
　伝統的な生活が守れない。

　　アマゾン熱帯林の減少（破壊）についてインターネットで調べ，発表し合う。

C　森林を切って大牧場を作り，牛を飼う。

C　違法伐採した木材が売られている。

C　大規模な農場を作り，家畜のえさの大豆などを大量に栽培するんだ。

C　日本の面積より広い森林が失われている。

T　熱帯林の減少が続けば，どうなるでしょう。

C　熱帯林の役割が弱まれば大変なことになる。

日本と関わりの深い産業

本時の目標：ブラジルで盛んな産業を調べ，日本との関係を調べることができる。

板書例

ⓜ ブラジルの産業や日本との関係について調べよう

1 〈さかんな産業〉

・輸出世界一
　　コーヒー豆　さとう
　　牛肉　とり肉
・良質の鉄鉱石
　　生産量世界第2位
・主な農産物

2 〈日本とブラジルの貿易〉

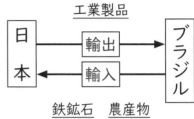

工業製品

日本 ←→ 輸出 → ブラジル
日本 ← 輸入 ← ブラジル

鉄鉱石　農産物

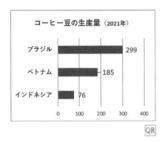

コーヒー豆の生産量（2021年）

ブラジル	299
ベトナム	185
インドネシア	76

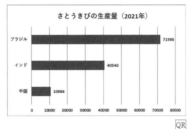

さとうきびの生産量（2021年）

ブラジル	71566
インド	40540
中国	10666

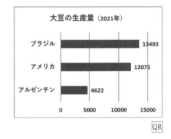

大豆の生産量（2021年）

ブラジル	13493
アメリカ	12071
アルゼンチン	4622

POINT　児童の自宅や自分の身の回りにある，○○（調べている国）製のものをタブレットで撮影し，皆で共有すると，意外性があっ

1 ブラジルで盛んな産業を調べる。

T　ブラジルでは，どんな産業が盛んなのか，教科書を読みましょう。

C　輸出量が世界一なのは，コーヒー豆，砂糖，牛肉，鶏肉。日本も多く輸入している。

C　ということは，農業が盛んなのだね。

C　質のよい鉄鉱石もとれる。

T　ブラジルの鉄鉱石の生産量は，オーストラリアに次いで世界第2位です。主な農産物の生産量と世界順位も調べてみましょう。

　資料「ブラジルの農産物」QR を見て発表する。

C　コーヒー豆とさとうきびと大豆の生産量が世界1だ。牛の飼育数も。

C　農業生産では，世界トップクラスの国なんだ。

　教科書でフェアトレードの意味も確かめる。

C　他にもチョコレートなどのフェアトレード製品も売られています。お店で確かめましょう。

2 日本とブラジルの貿易について調べ，話し合う。

T　日本とブラジルとの貿易について調べてみましょう。

　教科書の輸出入の円グラフを見る。

T　日本からブラジルへの輸出のグラフから，どんなことが分かりますか。

C　機械類の輸出が多い。

C　輸出で多いのは，工業製品ばかりです。

T　ブラジルからの輸入のグラフからは，どんなことが分かりますか。

C　鉄鉱石が一番多い。

C　他は，農産物が多いね。

T　二つのグラフから気付いたことや思ったことを話し合いましょう。

C　輸出額より輸入額が2倍以上になっている。

C　ブラジルにとって，日本はいい貿易相手だ。

C　日本も鉄鉱石が多く買えるからいいと思う。

3 〈バイオエタノール〉

　・植物性の燃料→さとうきび

　・世界第2位の生産量

　・石油に代わり自動車燃料

　・石油よりかん境によい
　　食べ物からつくる？

4 〈学習のふり返り〉

　・つながりを深めたい

　・アマゾンを守る

　・学校の交流

　・バイオエタノール

↓

調べたこと・考えたこと
ノートに整理する

ておもしろい。

3　バイオエタノールの活用について話し合う。

T　教科書にバイオエタノールという言葉が出てきますが，何のことですか。

C　植物などからつくられるエタノールです。

T　アルコールの仲間（エチルアルコール）です。

C　石油の代わりに自動車の燃料にもなる。

C　ブラジルでは，さとうきびから作られる。

C　だから，さとうきびの生産が多いんだ。

　　できればインターネットのキッズページでバイオエタノール（バイオ燃料）について調べさせたい。

T　バイオエタノールは，トウモロコシや間伐材や木くずなどからも作れます。バイオエタノールの活用について意見を出し合いましょう。

C　石油より環境に優しいんじゃないかな。

C　でも，さとうきびもトウモロコシも食べ物でしょ。食料不足で困る人々もいる。

C　ブラジルは世界第2位の生産国なんだ。

4　ブラジルについて調べてきたことをノートに整理する。

T　ブラジルについて学習したことを振り返って，考えたことを出し合いましょう。

C　ブラジルと日本は，これからも，もっとつながりを深めていけたらよいと思う。

C　アマゾンの熱帯林は，大事に守っていかなければならないと思う。

C　ブラジルと日本の学校の交流がしたいね。

C　バイオマス燃料は環境に優しいけど，トウモロコシやさとうきびは，世界で飢えている人のために使う方がいい。

C　バイオエタノールは，木くずや間伐材など，捨ててしまうような物を使ったらいいんだ。

T　では，学習のまとめとして，ブラジルについて調べてきたことや考えたことを，ノートに整理しましょう。

　　教科書の例を参考にして書く。

まとめる

板書例

㊍ 調べたことをまとめて，世界との関係を考えよう

1 〈調べた国〉

アメリカ
・通学，給食は自由

中国
・日本との貿易が多い

フランス
・観光業がさかん

ブラジル
・日本からの移民が多く，日本人街がある

2

まとめプリント　　日本と似ているところ、大きく違うところ

名前

	日本と似ているところ	日本と大きく違うところ
中国		
アメリカ		
フランス		
ブラジル		

QR

POINT ○○○。

1 調べたことを発表する。

この時間は，3・4・5時間目を調べ学習として設定した場合の，発表会とまとめの時間として位置づける。

T　アメリカ，中国，フランス，ブラジルについて，調べたことを発表しましょう。

C　まずアメリカから発表します。アメリカの学校は，通学方法やお昼ご飯を自由に選ぶことができます。

C　次は中国です。中国は日本との貿易額が一番多い国です。長い文化交流の歴史もあります。

C　フランスは，観光が盛んな国です。外国からたくさんの観光客が有名な美術館や博物館，美しい風景を見にやってきます。

C　ブラジルは，世界最大の熱帯林であるアマゾンがある国です。かつて日本からの移民が多く，日本人街があります。

発表ごとに質疑応答の時間をとる。

2 日本との共通点と相違点をまとめて整理する。

T　4カ国の「日本と似ているところ，大きく違うところ」をまとめプリント QR に書きましょう。

先の発表や教科書も参考にして，それぞれ違う4つの国を調べたメンバーでグループを作り，共同してまとめプリントを書く。

C　国や民族によって，生活習慣や宗教など違うところがいっぱいあるね。

C　いろいろな民族や人種が一緒に住んでいる国もある。少数の人たちも，多数の人たちと同じように大切にされなければいけないと思う。

C　国土の広さや気候，歴史，宗教，民族などいろいろなことが生活の仕方にも影響している。

C　国どうし似ているところもあるけど，違うところもいっぱいある。それが普通なんだ。

ここまでで1時間の学習とする。

3,4 〈意見文を書いて発表しよう〉

・学習して分かったこと

世界には、様々な文化
　　　　　考え方
　　　　　多くの民族

↑

自分の意見、考えを発表する

⇒

世界の国々・人々
↑
大切なこと
ちがいを認め合う
世界をもっと知る
世界とのつながりに気付く

---

3 まとめを元にして、意見文を書く。

T 作った表を見て、自分の意見を書きます。どんなことから書いていけばよいでしょうか。

C まず学習して分かったことを書いて、その後に自分の意見を書くとわかりやすい。

C 4つの国と日本とのつながりについては、必ず書いた方がいいと思う。世界には様々な文化や考え方があることも書きたい。

C 世界には、いろいろな民族や人種の人たちが住んでいるから、そのことについても自分の考えを書いた方がいい。人種差別とか、民族間の争いとか問題もあるようだから。

T では、教科書やみんなの意見を参考にして、「日本とつながりの深い国について」というテーマで意見文を書きましょう。題名は、内容に合わせて考えて下さい。

　教科書に意見文例が載っていれば参考にする。

4 世界の国々や人々との関係で、大切にすべきことを考える。

　まとめプリントを書いたときとメンバーを変えて、グループごとに意見文を発表し合う。

T 意見文を聞いて、世界の国々や人々との関係で大事にすべきことをグループで話し合いましょう。

C 自分たちと違う習慣や考え方があることを認め合うことが大切だと思う。

C 「みんな違って、みんないい」だね。

C 自分たちも、もっと世界のことを知っていく必要があると思う。

C 身の回りには世界とのつながりがたくさんある。そのことに気付かないといけないと思った。

　最後に、各グループで出された意見を全体で交流する。

世界の未来と日本の役割

全授業時間６時間

◉ 学習にあたって ◉

◇何を教えるのか　- この単元の特徴 -

　世界には，ごく少数の大金持ちと多数の貧しい人たちがいることから分かるように，富が偏在し，暮らしぶりに大きな違いが生まれています。その結果，平和，環境，健康と暮らしといった面において，さまざまな問題が起こっています。まず，世界に起こっている現状の課題をつかむことが学習の出発点です。

　世界では，国際連合を中心に，NGOなどさまざまな機関や団体が，持続可能な社会の実現を目指して取り組みを始めています。教科書では，2030年達成を目指すＳＤＧｓの取り組みが大きく扱われています。こうした活動に日本はどのように取り組んでいるか調べ，日本が果たす役割について考えさせるのが，この単元の目標です。

　地球温暖化や海洋汚染といった地球規模の環境問題は，現在まで悪化し続け，地球上のどこに暮らしていたとしても避けることのできない人類の生存に関わる問題となっています。子どもたちにとって，自分たちの日常生活とつながりのある，身近に考えられる課題です。

　「日本は平和憲法を持った戦争をしない国家」と世界の各国から認められているので，世界の各地で安全に活動できてきたことを私たちは忘れてはなりません。また，単に戦争がないというだけでなく，飢えや貧困，差別や抑圧，暴力などからも解放され，平和のうちに生存することが保障される国際社会を実現することが大切であるという視点も持たせたいところです。この単元で扱う教材にはこうした内容も含んでおり，日本が果たす重要な役割についても伝えていきます。

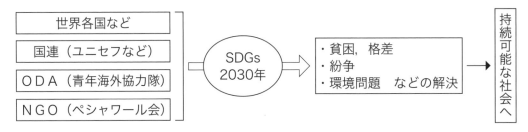

◉ 評　価 ◉

知識および技能

・世界には，平和・環境・健康といった分野において諸問題があり，それらの問題を解決するために，国際連合やNGOなどの様々な機関や団体による取り組みが行われていることを理解している。

・日本の国際交流や国際協力の様子がわかり，世界において日本が果たしている役割を理解している。

		・世界の平和・環境・健康などの分野における問題の解決に向けての取り組み，持続可能な社会の実現をめざす取り組みをふまえ，日本が国際社会に果たしている役割を考え，表現している。

思考力，判断力，表現力等

・世界の平和・環境・健康などの分野における問題の解決に向けての取り組み，持続可能な社会の実現をめざす取り組みをふまえ，日本が国際社会に果たしている役割を考え，表現している。

主体的に学習に取り組む態度

・世界の平和・環境・健康などの分野における様々な問題に関心を持ち，問題の解決に取り組んでいる人々や国際機関について調べようとしている。

・持続可能な社会の実現に向けて，今後日本が国際社会において果たすべき役割について考えようとしている。

● 指導計画　6時間 ●

時数	授業名	学習のめあて	学習活動
1	SDGsの達成に向けて世界の諸課題 I 貧困	・世界には，貧困・飢餓・格差・環境問題・紛争などの課題があり，その解決に向けてSDGsが設定されたことがわかる。	・持続可能な社会とSDGsについて話し合う。 ・世界の貧困・格差問題を調べる。
2	世界の諸課題 II 世界各地の武力紛争	・世界ではさまざまな地域で紛争が起こっており，紛争が終わった後も人々の生活を苦しめていることがわかる。	・紛争の被害に苦しんでいる住民の姿を知り，被害をもたらした原因を取り除くために，何をしなければならないかを考える。
3	国際連合で働く人々	・国際連合の機関としてのユニセフの活動を通して，日本の働きについて理解できる。	・アフリカ中・南部や南アジアの地域で，なぜ多くの子どもたちの命が奪われるのかを考える。 ・問題の解決にあたるユニセフの活動を通して，国連の役割について考える。
4	地球の環境を守るために	・地球の環境問題の現状を知り，日本や世界が環境を守るためにどのような取り組みをしているかがわかる。	・世界の環境問題とその原因について考える。 ・環境問題と日本の関わりとを考える。 ・持続可能な社会の実現に向けて必要な取り組みを考える。
5	国際協力の分野で活やくする人々	・国際協力に取り組むNGOやODAの具体的な活動の様子がわかる。	・ODAの青年海外協力隊とNGOのペシャワール会の具体的な活動について調べる。 ・医師である中村哲さんが，井戸や用水路をつくる活動をしていた理由を話し合う。
6	調べたことをまとめよう	・学習を振り返り，世界の平和や発展のために，自分や日本ができることを意見文にまとめることができる。	・学習を振り返り，調べてきたことをカードに書く。 ・意見文を書くために，調べたことの中から自分の興味・関心のあるテーマや内容を選び出す。

板書例

㊌ 世界の課題と SDGs について知ろう

1,2 〈持続可能な社会に向けた目標〉

〔世界の課題〕　ふん争　かん境　貧困　…

⬇ 解決に向けて

平和をもっと取り上げる

SDGs のロゴを国連のホームページで調べる。

QR

貧困をなくすことが一番

経済とかん境どちらも大事

SDGs（持続可能な開発目標）　…17 の目標

2030年までに達成 ──▶ 持続可能な社会へ

POINT ICT 機器を使って調べることも大切だが，電話やインタビュー，実際に足を運ぶことも指導をしたい。

1 「持続可能な社会」とは，どんな社会なのかを考える。

T　世界には，今，解決しなければならないとして，どんなものがあるでしょう。

C　各地で紛争が起こっている。

C　自然が破壊され温暖化が進んでいる。

C　飢えや病気で苦しむ貧しい人が大勢いる。

T　これでは，世界はどうなってしまうでしょう。

C　滅んでしまう。

C　大勢の人が死んだり，苦しんで，不幸になる。

C　環境が破壊されたら，地球に住めなくなる。

T　今，世界は「持続可能な社会」を目指そうとしています。どんな社会だと思いますか。

C　環境に優しい社会のことだね。

C　飢えや病気で苦しむ人がいなくなる。

C　世界中の人が豊かに暮らせる社会だと思う。

C　資源を使いすぎない。環境を破壊しない社会。

C　本当にそんな社会にすることができるのかなあ？

2 SDGs（持続可能な開発目標）について話し合う。

T　2015 年，国連本部で「持続可能な開発サミット」が開かれ，2030 年までの達成を目指す SDGs（持続可能な開発目標）が定められました。

　SDGs を1つずつ確認して，意見を出し合う。

T　17 の目標について，大事だと思ったことや考えたことを話し合いましょう。

SUSTAINABLE DEVELOPMENT GOALs

C　貧困をなくすことが大事だと思う。貧困がなくなれば，飢餓や健康などの問題も解決できる。

C　食べなければ生きていけないから，飢餓をなくすことと，水問題もすごく大事だ。

C　経済成長や産業のことも挙げているから，環境問題と両方大事にしていこうとしている。

C　戦争が貧困や環境破壊の原因になるから，平和のことをもっと取り上げるべきだと思う。

C　環境対策がたくさん目標に入っている。

ICT 世界的な活動になっている SDGs だが，自分の住んでいる自治体の取り組みを知ることも大切である。各自治体のサイトで調べることができる。

3,4 〈世界の諸課題Ⅰ　貧困〉

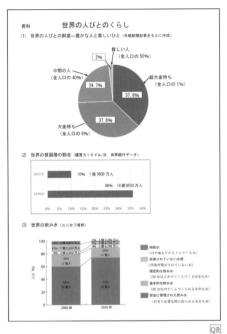

資料　世界の人びとのくらし
(1) 世界の人びとの財産―豊かな人と貧しいひと（日経新聞記事をもとに作成）
(2) 世界の貧困層の割合（購買力1.9ドル/日　世界銀行データ）
(3) 世界の飲み水（ユニセフ資料）

世界の財産 100 兆ドル
・人口の10% の人が
　世界の財産の75%
・人口の半分＝世界の財産の2%

〔特に貧しい人〕
　全人口の 36% → 10%

〔安全な飲み水を飲める人〕
　全人口の 62% → 74%

・富の集中と大勢の貧困
・暮らしはよくなる方向
・課題はのこっている

QR

3 世界で生み出される財産と，それを所有する人について調べる。

T　では貧困や格差の問題を詳しく調べましょう

T　1年間にモノやサービスを売り買いした代金の合計は 2022 年には 100 兆ドルを超えました。これらは，誰のものなっていると思いますか。

C　会社の社長。

C　働いている人みんなかな？

C　大金持ちがたくさん持って，貧しい人は少し。

T　経済学者が，こんな資料 QR を発表しています。これについて，意見を出し合いましょう。

　　資料「世界の人びとのくらし」(1) の円グラフ QR を見る。

C　人口の 10%しかいない大金持ちが世界の財産の4分3以上をもち，人口の下から半分もいる貧しい人はたったの 2%しかもっていない。

C　すごい偏りがある。

T　貧しさの基準によって，数字は変わってきますが，ごく一部の人たちに世界中の財産が集中し，貧しい人が大勢いるのが現実ですね。

4 世界の人たちの暮らしは，どう変わってきたのか調べる。

　　資料 QR の (2) (3) から，分かったことを出し合う。

T　貧困層の数や割合はどうなっていますか。

C　特に貧しい人たちの数も割合は減っている。

C　減ってきているけど，世界の人口の3分の1が1日1.9ドル分しか買い物できない。

C　ということは，1日290円ぐらい。少ない！

T　飲み水についてはどうですか。「安全に管理された飲み水」が，みんなが飲んでいる水です。

C　安全な水がいつも飲める人は増えている。

C　でもまだ世界の4分の1の人たちは，安全でない水を飲んだり，水を得るのに苦労している。

T　これらのことについて話し合いましょう。

C　人々の暮らしは，少しずつよくなっている。

C　でも，まだ全部はよくなっていないね。

C　これからどうしていくかが大事だね。

C　世界には，まだ課題が残されているんだ。

板書例

㊝ 世界各地のふん争と，人びとの生活やひ害を考えよう

❶ 〈ふん争の発生地域〉

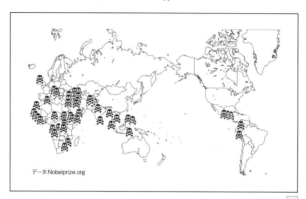

データ:Nobelprize.org

・世界のいろんな場所で起こっている

・アフリカや中東地域が特に多い

・原因：
　宗教，民族や文化，
　資源や土地，独立運動，
　権力争い　など

---

1 世界で紛争が起こっている地域を探す。

T　世界の各地で今も紛争は起こっています。ニュースなどで知った紛争を発表してください。

C　ロシアがウクライナに攻め込んでいる。

C　ハマスがイスラエルを攻撃し，イスラエルがガザ地区を空爆した。たくさんの子どもや住民が犠牲になっている。

　　　資料「紛争の発生地」QR を見る。

T　1990 年以降に紛争が発生した地域を表した地図です。気付いたことはありますか。

C　世界のいろんな地域で紛争が起こっている。

C　アフリカや中東の地域が特に多い。

C　アジアや中南米でも起こっているね。

T　紛争が起こる原因はいろいろあります。どんな原因が考えられますか。

C　宗教をめぐっての対立から起こる。

C　民族や文化の違いからも起きる。

C　資源や土地（領土）の奪い合い。

C　独立や政府に反対する運動，権力争いなど。

2 紛争のあった地域の人々の生活がどうなったか想像する。

T　紛争があった地域の人々の生活は，紛争が終わった後，どうなったか考えてみましょう。

C　家が焼けたり壊されたら，住むところがない。

C　食べ物や飲み水で困ることもあるだろう。

C　親が死んだら子どもは孤児になってしまう。

　　　QRコードやインターネットで，難民キャンプ QR の写真を見る。

C　ここは何だろう。ここに住んでいるのかな？

T　紛争で国外に逃れた難民のキャンプです。2021 年の難民の数は 2710 万人です。食料や水，医療，教育などで厳しい生活をしています。

　　　インターネットでカンボジアの孤児院の写真を見る。

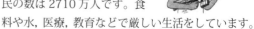

C　子どもたちの顔は明るそうだけど…。

T　内戦後のカンボジアでは，両親を亡くした子どもたちが自分の力で生きていくために，一生懸命勉強しています。

準備物
・資料「紛争の発生地域」QR
・難民キャンプ画像 QR　・片足少年イラスト QR
・地雷画像 QR　・資料「オタワ条約」QR

ICT
資料のイラストや写真を掲示したり，児童のタブレットに共有したりして，しっかりと見ることで，時間をかけて話し合わせたい。自分たちの生活と比較する。

2,3 〈ふん争終了後の地域の生活〉

〔ふん争終了後の地域は〕

・住居　食料や水　難民キャンプ
　医療　教育…厳しい状況

・こ児…生きていくために勉強

〔地らい〕
　毎年1000人以上のひ害（カンボジア）
　命を失う，ケガをする

シリア難民キャンプのようす QR
（画像提供：UNHCR）

4 〈オタワ条約〉

・対人地らい全面禁止条約
・現状の改善の動き
・残された課題も…生産国・使用国が
　　　　　　　　賛成していないなど

残された地雷 QR

---

3 紛争が終わった地域に残された兵器（地雷など）による被害を知る。

T　カンボジアの内戦中に 400〜600万個埋められたのがこの兵器です。何だと思いますか。

　　地雷の写真 QR を見て想像する。

C　土にささっているのは爆弾かな？

C　土に埋められているのなら，地雷かな。

T　地雷という兵器です。内戦後も毎年1000人以上の人が犠牲になっています。どのような被害にあっていると思いますか。

C　爆発して大ケガをする。

C　地面に埋まっているから，気付かずに踏んでしまうんだね。

T　命が助かったとしても，地雷を踏んで片足をなくしてしまった子ども QR がたくさんいます。

C　こんなのが何百万個も残っていたら，紛争が終わっても，ちっとも安全な生活はできないよ。

4 地雷などの兵器をなくすにはどうすればよいかを考える。

T　地雷のような兵器をなくすためには何をすればよいと思いますか。話し合いましょう。

　　グループで話し合って，全体で交流する。

C　残っている地雷を取り除こうとしている人の活動がテレビで放映されていた。

C　今後地雷を使わないようにしないといけない。

C　それよりも，作らないことが大事だよ。

　　資料「オタワ条約」QR を読んで話し合う。

T　資料を読んで，意見を出しましょう。

C　これで地雷が使われなくなったらいいね。

C　少しずつ被害も減ってきている。

C　でも，まだ全部なくなったわけではない。

T　2018年現在で，日本を含む164カ国が賛成していますが，地雷の生産・使用国であるアメリカ・ロシア・中国・インドなどは参加していません。

C　課題はまだまだ残っているんだ。

国際連合とそこで働く人びと

国際連合の存在を知り，国際連合の機関としてのユニセフの活動を通して，日本の働きについて理解できる。

板書例

ⓜ 国連について知り，ユニセフの活動を調べよう

1 国際連合（国連）

〔国際連合憲章〕
・争いは話し合いで解決
・国は平等，仲良く発展
・問題の解決に各国の協力

〔国連のがい要〕
193か国が加盟（2023年）
目的に応じた機関
総会で全体に関わることを決める

2 〈子どもたちに起こっている問題〉

〔5才未満の子どもの死亡〕
500万人（2021年）

栄養不足・病気・戦争
⬇
アフリカ中・南部が多い

---

1 国際連合とは何か，基本的なことを確かめる。

T　国際連合（国連）とは何か，教科書で調べます。まず，国連憲章について意見を出しましょう。

　　教科書記載の国連憲章の要旨を読む。

C　世界の平和と安全を守るのは大事だ。争いは話し合いで解決するというのがいい。

C　国はみな平等で，仲良く発展していくことを考えようと言っている。わたしも賛成です。

C　問題を解決するために各国は協力するとしている。

T　国連はどんな組織で，どんな活動をしているか発表しましょう。

C　世界の193カ国が加盟している。

C　ユニセフやユネスコなど目的に応じた機関がある。世界遺産を選んでいるのはユネスコだね。

C　全体に関わることは総会で決めます。

2 世界の子どもたちに起こっている問題をつかみ，原因を考える。

T　2018年に5才未満で死亡した子どもは530万人でした。出生1000人あたりの死亡数を示した分布図QRを見て，気付いたことを発表しましょう。

C　アフリカの中・南部で死亡した人数が多い。

C　アジアでも多い地域がある。ミャンマーやアフガニスタンの辺りかな。

T　子どもたちがたくさん死亡する原因は何だと思いますか。話し合いましょう。

C　食料が不足しているからだと思う。

C　病気もあると思う。伝染病とかも…。病気やケガを治療する病院がないのかもしれない。

C　前に出てきた「紛争の発生地」の図と重なるような気がする。

C　戦争に巻き込まれて命を失う子どもはたくさんいると思う。ウクライナでもそうだよ。

C　戦争が原因で，食料や医療も不足する。

準備物	・画像「国連旗」[QR] ・画像「5才未満の死亡率」[QR] ・資料「国ごとの5才未満死亡率」[QR]	ICT	ユニセフについてインターネットで調べさせる。CMなどで少しは内容を知っている児童もいるが，具体的に自分たちが何をすればよいかが分かるようにしたい。

3,4 〈ユニセフ（国連児童基金）〉

・国連の専門機関

・<u>病気，食料難，戦争から子どもを守る</u>

・民間の寄付金で活動

〔ユニセフ大使〕

黒柳徹子（くろやなぎてつこ）

リオネル・メッシ選手

・子どもの様子を知らせる
・ぼ金等の活動に協力
・現地へ行く

〔具体的な活動〕

・マンスリーサポート

・栄養補助食品や薬の配布

・教育の支えん

ぼ金
CM
テレビ
ネット

3 ユニセフとはどんな機関なのかを確かめる。

T 厳しい暮らしをしている地域の子どもたちを助けるために作られた機関があります。

C 知ってる！　ユニセフです。

C 寄付を呼びかけるコマーシャルを見ました。

T ユニセフは国連の専門機関の一つで「国連児童基金」といいます。この活動の支援をしている人をテレビで見たことはありませんか。

C 黒柳徹子さん。

T 黒柳さんは国際親善大使で，サッカーのメッシ選手や俳優のジャッキー・チェンもそうです。

T <u>ユニセフとはどんな機関なのか，教科書で調べましょう。</u>

C 戦争や病気，飢えに苦しむ子どもを助けています。

C 戦後の日本でも，給食の支援を受けていた。

C 民間の寄付金で活動が支えられています。

4 ユニセフの具体的な活動を調べる。

T <u>黒柳さんやメッシ選手は，ユニセフ大使としてどんな活動をしているのでしょうか。</u>

C 黒柳さんは，テレビでアフリカの子どもたちの様子を知らせている。

C メッシ選手は，支援などを呼びかけていた。

　　インターネットで二人の活動を見る。

C 実際にアフリカの国などに訪問している！

T <u>ユニセフは，他にどんな活動をしているでしょうか。知っていることを発表しましょう。インターネットでも，調べてみましょう。</u>

C テレビで「マンスリーサポート」の宣伝をしていた。きれいな水が飲めるといいなあ。

C 栄養補助食品や薬を子どもたちに配るための募金を呼びかけていた。

C 教育の支援，暴力などから子どもを守る活動。

T 自分たちも何かできないか考えてみよう。

地球の環境を守るために

㊑ 地球のかん境問題を知り，解決に向けて考えよう

板書例

1　〈世界のかん境問題〉 - - - - - - - - - - - - **2** - - - - - - - - - - - - - -

○北極や南極の氷がとける
　白くまの危機
　島や低地が水没

〈地球温暖化〉

〔原因〕

・工場や自動車からはい出
　される CO_2 の増加

○大気のよごれ
　デリーや北京

・CO_2 を吸収する木の
　減少

○熱帯林のばっ採
　アマゾンなど農園開発

世界中がひ害

POINT　日本や世界の過去の最高気温や最低気温を調べさせてもよい。自分たちにとってより身近な問題になる。

1　世界で起こっている環境問題をつかむ。

T　教科書を見て，世界で起こっている環境問題の中で一番関心のあることを発表し，話し合いましょう。

C　地球温暖化で北極圏の氷が溶けて，白くまの生活が危機に陥っている。

C　白くまだけでなく，太平洋の島や世界中の低い土地が水没の危機にあるんだよ。

C　アマゾンなど熱帯林の伐採が激しい。

C　農園開発のために熱帯林が伐採されているんだよ。アマゾンだけじゃないよ。

C　大気の汚れ。デリーだけじゃなく北京の様子もよくニュースで出てくる。

C　工場などからの煙で空気が汚れている。

　インターネットでより詳しい様子を確かめる。
　他にどんな環境問題があるか教科書で確かめる。

C　海洋プラスチック問題って，大変らしいよ。

2　地球温暖化の原因について考え，話し合う。

T　地球温暖化はどうして起こるのでしょう。これまでの学習も思い出して話し合いましょう。

C　工場や自動車が出す二酸化炭素が原因で起こってしまう。

C　二酸化炭素を吸収する木の切りすぎなど原因はいろいろあるみたいだよ。

C　二酸化炭素は，熱を逃がさないでためてしまうので，気温が上がってしまうんだね。

T　二酸化炭素のように温暖化の原因になるものを温室効果ガスと呼びます。二酸化炭素は北極や島国でたくさん出してきたのでしょうか。

C　違うと思う。自動車も工場もないか少ない。

C　アメリカや中国など，工業の盛んな国が多く出していると思う。

C　温室効果ガスをたくさん出していない国や動物たちまで被害を受けるのはかわいそうだよ。

| 準備物 | ・イラスト：北極の氷と白くま 〔QR〕 デリーの大気汚染 〔QR〕 ・参考イラスト 2 枚 〔QR〕 | ＩＣＴ | 日本で起こっている環境問題や水産業の問題などをインターネットで調べる。複雑な内容なので，教師があらかじめ調べておき，児童に共有しておいてもよい。 |

解決に向けて

3 〈かん境問題と日本との関わり〉

日本も原因を作り，ひ害を受ける

| プラスチックの大量使用　など | 低い土地が海にしずむ　など |

自分たちの問題

4 〈持続可能な社会〉

＝身近＝
・電気自動車
・太陽光発電
・プラスチック→木

＝世界＝
・パリ協定
・ＳＤＧｓの実現
・ユニセフの活動

---

3 様々な環境問題と日本との関わりについて考える。

T　普段，私たちの身の回りで感じる環境問題というのはありますか。

C　夏になると，過去最高の気温になったとか，よくニュースに出てくる。

C　水不足で，ダムが干上がりかけたりする。

C　過去に経験したことがない豪雨というのもある。土砂災害などの被害もよく起こっている。

T　SDGs でも，環境に関わる目標は多くありましたね。これらの環境問題は，日本とどんな関わりがあるか考えてみましょう。

C　5 年で学習した低い土地とか，海面が上昇したら，海に沈む土地が日本にもたくさんある。

C　温暖化の影響は日本も同じように受ける。

C　私たちもいっぱいプラスチックを使っているから，海を汚す原因になっていると思うわ。

C　世界の問題は，全部自分たちの問題なんだ。

4 持続可能な社会づくりに向けて，環境問題の取り組みを知る。

T　では，今，持続可能な社会を目指し，どんな取り組みがされているのか，身の回りや知っていることを発表しましょう。

C　環境に優しいハイブリッド車や電気自動車。

C　太陽光発電や風力発電が増えてきている。

C　プラスチック容器を紙や木に変えている。

T　国連や世界でどんな取り組みがありますか。

C　2015 年にパリ協定が結ばれ，温室効果ガスの削減目標が定められた。

C　SDGs の実現のために，それぞれの国で取り組んでいる。

C　ユニセフが中心になって，世界の子どもの健康や教育をよくするために，募金活動などをしている。

T　2030 年までに，SDGs が全部達成できるように，私たちも関心を持ち続けましょうね。

板書例

㊎ ODA や NGO は，どんな活動をしているのか調べよう

1 〈国際協力〉

ODA（政府開発援助）…国が資金や技術をえん助する国際協力
NGO（非政府組織）……ぼ金や寄付金，ボランティアで
　　　　　　　　　　　　支えられる民間団体

2 〈青年海外協力隊〉

・ODA の活動の１つ
・教育，文化，スポーツ，医りょう，農業など
　知識や技術を生かして発展と上国をえん助
・アフリカ・アジア・中南米などの国へ派けん
・1000 人以上を派けん

---

1 日本からは，どのような国際協力の活動が行われているのか確かめる。

T　今日の授業のテーマとなっている「国際協力」とは，どんなことがされていますか。

　　教科書で調べて発表する。

C　十分な社会環境が整っていない国に対して，産業や生活のための援助をする。

C　援助が必要な国へ行って，現地の人を助ける。

T　具体的には，例えばどんな国を援助するのですか。

C　紛争で荒れてしまった国。

C　食料や水が乏しく産業が発展していない貧しい国。

C　発展途上国といわれている国。

T　ODA と NGO という言葉が教科書に出てきますが，どう違うのでしょう。

C　ODA は「政府開発援助」といって，国が資金や技術を提供します。

C　NGO は民間の団体です。活動は募金や寄付金とボランティアの協力で支えられています。

2 青年海外協力隊の活動について調べる。

T　青年海外協力隊というのは何ですか。

C　ODA の活動の一つです。

C　青年だから，若い人たちの活動だと思います。

T　どんな地域で，どんな活動をしているのか，教科書で調べましょう。

C　大体 1000 人以上の人が派遣されている。

C　アフリカに派遣される人が一番多くて，アジアや中南米にも多い。

C　教育や医療，農業などの分野で，自分の知識や技術を生かして活動している。

C　活動しているのは，男の人の方が多いね。

C　アフリカの学校で子どもたちを教えていたという人を知っているよ。

　　青年海外協力隊に行った知り合いや，テレビなどで見た経験があれば出し合うとよい。ゲストティーチャーとして呼んで話してもらうのもよいだろう。

3,4 〈ペシャワール会の活動〉

・パキスタン，アフガニスタンで医りょう活動を行う国際NGO
・アフガニスタンで食料えん助

 大干ばつ

↓

飲み水・畑の水不足が
病気を引き起こす

------------- 「薬で治す前に水がいる。」

中村哲医師

↓

井戸をほる
用水路をつくる

------------- 「百のしんりょう所より一本の用水路。」

↓

食べ物を自分の畑で　→　軍に入る必要がなくなり，
作れるようになる　　　兵隊にならない人が増えた

---

3 ペシャワール会は，どんな団体で，どんな活動をしているのか調べる。

T　この人 QR は誰か分かりますか？
C　分からない。
C　知らない。
T　この人は中村哲さんといって，ペシャワール会で活動してきた人です。

　　　資料 QR の（1）（2）を読んで，ペシャワール会と中村哲さんについて分かったことを発表する。

C　ペシャワールで活動する国際NGO団体。
C　パキスタンで医療活動をして，アフガニスタンの難民や住民の支援もしている。
C　中村哲さんは，お医者さんです。

　　　パキスタンとアフガニスタンの位置を地図帳で調べる。

T　ペシャワール会は，医療の他にどんな活動をしているのか，資料の（3）〜（5）を見て下さい。
C　井戸や用水路をつくっている。
C　アフガンへの食料援助をしている。
C　用水路をつくって農業の再生をしている。

4 ペシャワール会がなぜ井戸や用水路をつくるのか考え，話し合う。

T　なぜ，医者である中村さんたちが，井戸や用水路をつくったり，農業を復活させようとしたのか，考えて話し合いましょう。
C　食べ物や水も大事だと思ったのかな？
C　それは他の人に任せたらいいと思うけど…。
C　食べ物や水がないと，早く元気になれない。

　　　インターネット「中村哲医師（子ども向け）サイト→教材用素材→砂漠を緑にかえたお医者さん③⑤：西日本新聞」を見て話し合う。

C　水と食べ物がないから病気になる。だから，「薬で病気を治す前に水がいる」んだ。
C　薬で治しても，次々と病人が出てくるから。
C　食べ物を畑で育てるためには用水路がいる。
C　農作物を自分たちで育てられたら，軍隊に入ってお金を稼がなくてもよくなる。兵隊になる人が減って，戦いもなくなっていく。すごい考えだ！
T　「百の診療所よりも1本の用水路」なのだね。

調べたことをまとめよう

学習を振り返り，世界の平和や発展のために，自分や日本ができることを意見文にまとめることができる。

板書例

㋱ 調べたことをまとめ，意見文を書いて発表しよう

1 〈学んだことを発表〉

※児童の発表を板書する

2 〈国際カードにまとめる〉

テーマは大きく

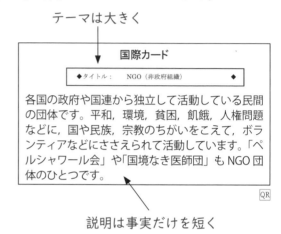

国際カード

◆タイトル： NGO（非政府組織） ◆

各国の政府や国連から独立して活動している民間の団体です。平和，環境，貧困，飢餓，人権問題などに，国や民族，宗教のちがいをこえて，ボランティアなどにささえられて活動しています。「ペルシャワール会」や「国境なき医師団」もNGO団体のひとつです。

QR

説明は事実だけを短く

---

1 学習したことを振り返り，今日のめあてを確かめる。

T これまで，どんなことを学んできましたか。発表して下さい。

C 世界の人々の暮らしは，以前よりはよくなってきているが，財産のほとんどがごく一部の大金持ちに集中し，一方で大勢の貧しい人がいる。

C 世界の子どもの暮らしも厳しい。

C 世界では，今も各地で紛争が起きている。 SDGs

C 世界の平和と安全を守る仕事を国連がしている。

C 世界では，持続可能な社会をめざして，様々な努力がされている。

C ODAで青年海外協力隊が活動している。

C ペシャワール会は，医療だけでなく，井戸や用水路をつくり，農村の復興も目指している。

T 今日は，これまでの学習で調べたことなどをカードに整理して，意見文を書きます。

2 調べたことを国際カードに書き，交流をする。

T 調べたことを国際カード QR に書きます。例えば，世界で起こっている課題や，世界の平和のために活動している団体など，この単元で学習したことに関連することです。タイトルは内容が分かるように大きく書きます。

国際カードの見本 QR を見て，書き方を確かめる。

国際カード

◆タイトル： ◆

QR

T 下の説明は，意見や感想は書かないで，調べた事実だけを書きましょう。

カードはテーマごとに分けて教室に掲示してもよい。

3 〈意見文の作成〉

テーマを選んで意見文を書く

・平和と軍事力

・かん境問題

・ふん争地帯の生活

・子どもの教育や安全

など

4 〈意見文を発表する〉

発信する

・インターネット
・新聞に投書
・意見集→図書館
・意見発表会

---

3 テーマを選んで意見文を書く。

T 振り返りや国際カードをもとにして，世界の様々な課題を解決するため，どのような活動をしていくことが大切か，意見文を書きましょう。

  教科書に意見文の例がのっていたら参考にする。
  グループで意見交換をしながら，テーマを選び，書く内容を考えていく。

C ぼくは，軍事力では平和は実現しないという意見を書こうと思う。

C わたしは，身近な所から環境問題を解決する方法を考えてみたい。

C ぼくは，紛争地帯の暮らしに目を向けて，解決方法をみんなで考えることが大切だと思う。

C わたしは，自分と同じ子どもたちが，ちゃんと教育を受けられ，安全に暮らせるにはどうすればよいかを考えてみたい。

  意見交換の後に，各自で意見文を書く。

4 意見文を発表する方法について話し合う。

T みんなが書いた意見文を発表する方法を考えてみましょう。自分の意見をどのように広げていきたいですか。

C インターネットで意見を発信したいなあ。

C インターネットは，個人情報の取り扱いなど注意することが多いから，事前に先生や家の人に相談することが必要だよ。

C 新聞の投書欄に投稿するのもいいかもしれない。

C 「意見集」みたいな本にして，図書室におくのはどうかな。見たい人は，いつでも，誰でも見ることができる。

C 意見発表会を開いて，みんなの前で自分の意見を発表できたらいいな。

  インターネットで発信する場合は，不特定多数が受信するので，事前に大人（第三者）による十分な点検が必要であることを理解させておく。

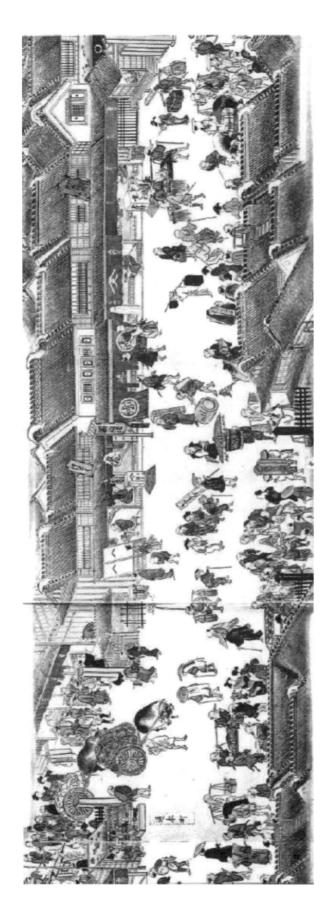

☆下の図は江戸の町の様子がえがかれています。

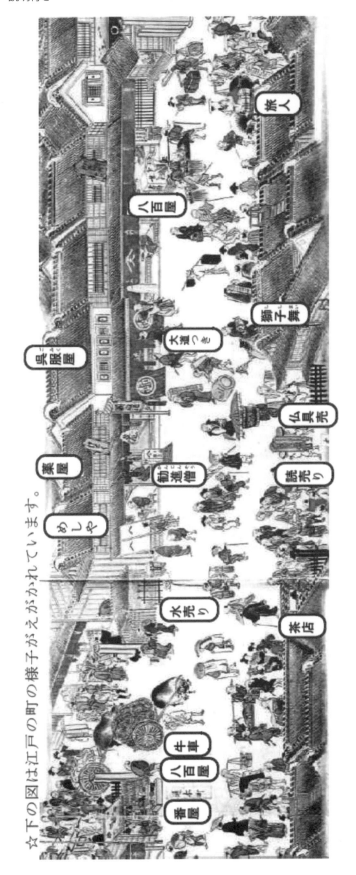

旅人

八百屋

扇子売

大道つき

呉服屋

仏具売

薬屋

勧進僧

読売り

めしや

水売り

茶店

牛車

八百屋

番屋

著者紹介

羽田　純一
元京都府公立小学校　教諭
京都歴史教育者協議会　会員

主な著書
「新版まるごと授業　社会　4 年　5 年　6 年」
　（喜楽研）
「社会科の本質がわかる授業②　産業と国土」
　（日本標準）
「京都おとくに歴史を歩く」（かもがわ出版）

中楯　洋
元大阪府公立小学校　教諭
元大阪府公立中学校　非常勤講師

主な著書
「新版まるごと授業　社会　3 年　4 年　6 年」
　（喜楽研）
「楽しい社会科の授業づくり　6 年①②」（喜楽研）

倉持　祐二
元奈良教育大学附属小学校　教諭
歴史教育者協議会　会員
日本社会科教育学会　会員
日本教育方法学会　会員
日本教師教育学会　会員
現京都橘大学発達教育学部児童教育学科　教授

主な著書
「食べることから始めてみよう－生活科・社会科・
総合的な学習」（喜楽研）
「社会認識を育てる教材・教具と社会科の授業づくり」
　（三学出版）
「新版まるごと授業　社会　5 年　6 年」（喜楽研）

松森　靖行
元岡山県小学校　教諭
大阪府高槻市小学校　教諭
高槻市教育研究会小学校社会科部　部長
近畿・教育実践のための教師塾　塾長

主な著書
「デキる教師の目配り・気配り・思いやり」
　（単著）（明治図書）
「小学校社会科　子どもの思考をゆさぶる発問・指
示テクニック」（単著）（明治図書）
「マンガでわかる　ICT で楽しい学級づくり・授業づ
くり　77」（共著）（喜楽研）

*2024 年 3 月現在

参考文献一覧（順不同）

『新しい社会６歴史編』 東京書籍 令和２年度
『新しい社会６政治・国際編』 東京書籍 令和２年度
『小学社会 ６』 教育出版 令和２年度
『小学社会 ６年』 日本文教出版 令和２年度
『社会科授業大全集 ６年①②』
　　河﨑かよ子ほか 喜楽研
『楽しい社会科の授業づくり ６年①②』
　　河﨑かよ子ほか 喜楽研
『明日の授業に使える 小学校社会科６年生』
　　歴史教育者協議会編 大月書店
『まるごと社会科６年』 河﨑かよ子ほか 喜楽研
『まるごと社会科中学地理（上）』 喜楽研
『まるごと社会科中学歴史（上）（下）』 喜楽研
『子どもの目でまなぶ近現代史』 安井俊夫 地歴社
『日清戦争 東アジア近代史の転換点』
　　藤村道生 岩波新書
『シリーズ日本近現代史〈３〉日清・日露戦争』
　　原田敬一 岩波新書
『日露戦争史』 横手慎二 中公新書
『高知の漁民50名が厳寒の海を泳いで投票』
　　東京朝日新聞 1928年２月20日
『週刊朝日百科104 日本の歴史 新改訂増補』
　　朝日新聞
『シリーズ日本近現代史〈４〉大正デモクラシー』
　　成田龍一 岩波新書

『青い目の人形物語』
　　森脇健夫ほか 教科研授業づくり部会 学事出版
『戦時下のレシピ 太平洋戦争下の食を知る』
　　斉藤美奈子 岩波現代文庫
『中城村史 第四巻 戦争体験編』
　　中城村史編集委員会 中城村役場
『日本の歴史 ７』 家長三郎 ほるぷ出版
『占領戦後史』 竹前栄治 岩波書店
『凛とした小国』 伊藤千尋 新日本出版社 2017年
『うさぎとかめの話』『尋常小学読本参考』（明治44年）
『あたらしい憲法のはなし』 文部省
『世界国勢図会 2023／24』
　　公益法人矢野恒太記念会 編集・発行
『江戸の町（上）』 草思社
『諸説日本史』（山川出版社）
『日本のすがた 2019』 矢野恒太記念会
『コンビニ外国人』 芹澤健介（新潮新書 2018年）
『つなみ 被災地のこども80人の作文集』
　　（文藝春秋 2011年）
『3.11 複合被災』 外岡秀俊（岩波新書 2012年）
『食の実験場アメリカ』 鈴木透（中公新書 2019年）
『世界がもし100人の村だったら お金篇』
　　池田香代子（マガジンハウス社）
『地雷ではなく花をください』
　　絵／葉祥明・文／柳瀬房子（自由国民社）

参考WEBページ一覧（順不同）

政府関係統計・資料・画像（環境省 外務省 農林水産省 総務省 国土交通省 宮内庁 国税庁）
地方自治体関係統計・資料画像（和歌山県 串本市）
川口市立戸塚児童センターあすぱる
日本ユニセフ協会資料
中国統計年鑑 2012「少数民族自治区の人口割合」
串本町観光協会資料
ペシャワール会ホームページ（参考資料）
Wikipedia
いばらき食と農のポータルサイト
首相官邸HP
明治大学図書館
参議院キッズページ
公益財団法人「明るい選挙推進協会」国政選挙における年代別投票率について
官邸キッズ
京都市子育て支援総合センターこどもみらい館
京都市情報館「平成29年度決算参考データ集」
世界遺産 北海道・北東北の縄文遺跡群
吉野ヶ里遺跡関連写真ギャラリー
世界経済のネタ帳
FAOデータ
国連人口基金 2023版世界人口白書
日本経済新聞
世界銀行
国連UNHCR

資料等協力頂いた団体・企業（順不同）

外務省
宮内庁
文化庁
国連UNHCR
広島平和記念資料館
長崎県島原市立第一小学校
学校法人 平安女学院
DEG. ミニ・マップ・ミュジアム
探検コム
中国まるごと百科事典
中世夢が原
宮津海陸運輸株式会社
京都市歴史資料館
Google Map（地図引用）
福島県富岡町
神戸市立博物館
特定非営利活動法人地雷廃絶日本キャンペーン（JCBL）
朝日新聞
西日本新聞
埼玉県さきたま史跡の博物館
三内丸山遺跡
吉野ヶ里遺跡

◆複製、転載、再販売について

　本書およびデジタルコンテンツは著作権法によって守られています。

　個人使用・教育目的などの著作権法の例外にあたる利用以外は無断で複製することは禁じられています。

　第三者に譲渡・販売・頒布（インターネットなどを通じた提供・SNS等でのシェア・WEB上での公開含む）することや，営利目的に使用することはできません。

　本書デジタルコンテンツのダウンロードに関連する操作により生じた損害、障害、被害、その他いかなる事態についても著者及び弊社は一切の責任を負いません。

　ご不明な場合は小社までお問い合わせください。

※ QRコードは（株）デンソーウェーブの登録商標です。

（喜楽研の QR コードつき授業シリーズ）

改訂新版
板書と授業展開がよくわかる

まるごと授業　社会　6年

2024年3月15日　　第1刷発行

細　密　画：　日向博子

イ ラ ス ト：　日向博子・山口亜耶 他

著　　　　者：　羽田　純一・中楯　洋・倉持　祐二・松森　靖行

企画・編集：　原田 善造（他 10 名）

編　　　　集：　わかる喜び学ぶ楽しさを創造する教育研究所　宮城　敬

発　行　者：　岸本 なおこ

発　行　所：　喜楽研（わかる喜び学ぶ楽しさを創造する教育研究所：略称）
　　　　　　　〒 604-0854 京都府京都市中京区二条通東洞院西入仁王門町 26-1
　　　　　　　TEL　075-213-7701　FAX　075-213-7706
　　　　　　　HP　https://www.kirakuken.co.jp

印　　　刷：　創栄図書印刷株式会社

ISBN：978-4-86277-452-1　　　　　　　　　　　　　　Printed in Japan